VOYAGE

AUX

TROIS GUYANES

ET AUX

ANTILLES

M. G. VERSCHUUR

G. VERSCHUUR

VOYAGE

AUX

TROIS GUYANES

ET AUX

ANTILLES

PARIS

LIBRAIRIE HACHETTE ET Cie

79, BOULEVARD SAINT-GERMAIN, 79

1894

Droits de traduction et de reproduction réservés.

VOYAGE AUX TROIS GUYANES
ET
AUX ANTILLES

PREMIÈRE PARTIE
LES ANTILLES[1]

CHAPITRE I

Le paquebot la *France*. — De Saint-Nazaire au Venezuela. — Passagers ennuyeux et passagers aimables. — Les Açores. — La Guadeloupe. — La Martinique. — Les trigonocéphales. — Route de Saint-Pierre à Fort-de-France. — Le cyclone de 1891. — La Savane. — La Guayra. — Chemin de fer de la Guayra à Caracas.

Aucune autre gare à Paris ne présente une animation comparable à celle qui règne à la gare Saint-Lazare dans la matinée du dimanche, quand un beau soleil de printemps invite à la promenade aux alentours de la

---

[1] Nous donnons la relation du voyage de M. Verschuur dans l'ordre où il a été exécuté. Si le titre du volume porte en première ligne les *Trois Guyanes*, c'est que la description de ces régions constitue la partie la plus importante du livre. (Les Éditeurs.)

bruyante capitale et que des milliers de travailleurs, employés et ouvriers, amènent leurs familles vers l'air pur et fortifiant des champs.

Les trains sont pris d'assaut; on se compte, on s'appelle, et les figures épanouies escomptent les jouissances que le programme de la journée, tracé par le père de famille, va leur procurer dans les bosquets fleuris de la banlieue ou sur les bords rafraîchissants de la Seine. Ils reviendront le soir harassés de fatigue, chargés de pâquerettes et de lilas, les enfants endormis dans leurs bras, la belle-mère n'en pouvant plus, le père constatant que l'addition de la journée a dépassé son calcul, — mais enchantés, après tout, de la somme d'exercice que peut fournir un jour de repos, et prêts à recommencer un autre dimanche quand le budget le permettra.

La matinée du 8 mai 1892 présentait cet aspect de besoin général de l'air libre, quand un commissionnaire descendit mes bagages à la gare Saint-Lazare, et m'adressa la question consacrée : Pour quelle destination?

Au guichet qu'on me montre du doigt, les voyageurs sont peu nombreux; c'est l'aile du bâtiment qui dessert les grandes lignes. Je prends mon billet pour Saint-Nazaire, et je choisis ma place dans un compartiment, où aucun siège ne se trouve encore occupé. Et voilà que ce même quai de départ se trouve envahi en cinq minutes par une bande de gens, criant, gesticulant, s'interpellant, s'embrassant et se tapant dans le dos.

Don Luis, Señora Teresita, Julia, Carmelita, caro Ignacio, et tout un vocabulaire de tendresses et d'épanchements, auquel un paisible voyageur, qui se tient à côté de moi, ne comprend absolument rien. Il se croit transporté en Espagne, avant même que la locomotive ne soit attachée au train!

Le conducteur esquisse un léger sourire; il est habitué à cette cohue deux fois par mois, et explique à mon voisin que sur les cent personnes qui font ce vacarme, il y en aura tout au plus une douzaine qui partent. Les Américains du Sud sont toujours escortés par une avalanche de parents et d'amis, qui viennent leur dire bonjour à la gare et semblent se donner le mot pour faire le plus de tapage possible.

« Le Mans, Angers, Nantes, Saint-Nazaire — en voiture! » A cette injonction, les accolades et les embrassements deviennent fantastiques; le monsieur ahuri qui est monté dans mon compartiment se bouche les oreilles au concert qui se dégage de toutes ces poitrines en délire. Heureusement le train s'ébranle au milieu des cris, des pleurs et des mouchoirs agités en signe d'adieu; nous voici tranquilles.

Mon compagnon me quitte au Mans, où il va marier sa fille, non sans se lamenter sur mon sort après avoir appris que je pars pour les Antilles, et devinant qu'une partie de cette société bruyante se retrouvera le lendemain sur mon bateau. Si son futur gendre avait été originaire de l'Amérique du Sud, il aurait, me dit-il, mis à temps le holà au mariage.

Le bateau sur lequel j'ai pris passage s'appelle la *France*; il a la réputation d'un rouleur, mais c'est un des bons paquebots de la Compagnie générale transatlantique. Le lendemain matin je vais faire une visite au commandant Viel, auquel je suis tout particulièrement recommandé par un ami commun de Paris, et qui, tout en approuvant le choix de la cabine que j'avais pu faire, m'en offre une autre qui lui est supérieure au point de vue de sa situation. J'accepte avec empressement, et, sûr d'y rester seul, je puis m'installer tout à mon aise.

A deux heures nous partons, et les côtes de France ne tardent pas à disparaître à l'horizon.

Le récit d'un voyage à bord d'un grand paquebot ne peut présenter que peu de variations sur le même thème, et cependant aucune traversée ne se ressemble. J'ai pu le constater dans tous les voyages par mer où m'a conduit mon tempérament nomade, et rien que la mosaïque des passagers offre chaque fois un champ d'études nouveau.

Le commissaire est une ancienne connaissance; j'ai fait auparavant une traversée avec lui à bord de la *Colombie*; l'agent des postes me reconnaît également : nous nous sommes rencontrés jadis sur la ligne de Chine. Je ne me trouve donc pas comme un inconnu sur la nappe immense que nous aurons à franchir.

De plus, cet agent des postes, aimable causeur, jamais à défaut d'anecdotes piquantes, ayant bourlingué depuis trente ans sous toutes les latitudes et fait les études de mœurs les plus variées tant sur mer que sur terre, possède d'excellents cigares qu'il se procure facilement à chacun de ses passages à la Havane.

M. Lumet, car je tiens à vous le présenter, lecteur, m'en offre un délicieux au moment où l'on détache les amarres. Nous nous asseyons sur un banc et passons la revue des passagers qui défilent devant nous. Ils ne sont pas nombreux heureusement, car franchement la qualité laisse à désirer.

Je revois d'abord les hurleurs de la gare Saint-Lazare; ils ne sont qu'une dizaine, mais font plus de bruit que tout l'équipage aux manœuvres. J'apprends que ce sont des Vénézuéliens retournant dans leur pays. Ils trouvent des alliés dans un lot de voyageurs pour la Colombie et l'Équateur, dont la voix mélodieuse retentit également d'un bout du pont à l'autre.

Quelle charmante société et quels amours d'enfants, jonchant l'entrée du salon de coquilles de noix et de pelures d'oranges! Une mère de famille plantureuse, dont les intonations nasillardes font penser au bruit d'une crécelle, ajoute un charme de plus au brouhaha que nous savourons en philosophes.

Voici un type tout à fait différent : c'est un nègre de la Martinique, affublé d'un chapeau haut de forme qu'il ne quittera pas jusqu'à son arrivée à Fort-de-France. Il raconte au maître d'hôtel qu'il vient de terminer ses études à Paris. Nous le verrons peut-être député plus tard. Pour le moment il paraît se contenter de son ton d'importance et de l'effet qu'il est convaincu de produire, malgré le zézaiement propre à sa race et son horreur de la lettre *r*. Pauvre béjaune, que ne donnerais-tu pas pour pouvoir changer la couleur de ton épiderme?

Heureusement j'aperçois aussi des figures plus sympathiques, qui constitueront ma société pendant la traversée. A la table du commandant, où je suis placé aux repas, se trouvent un commandant d'infanterie de marine avec sa femme, un médecin de la marine et un fonctionnaire, tous se rendant à la Guadeloupe. Voilà certainement des passagers dont je conserve le meilleur souvenir.

Un Colombien de Bogota s'est embarqué avec sa femme, quatre enfants, deux domestiques, cinq chiens et onze chevaux. Ces derniers sont casés sur le pont, chacun dans un box. Est-ce un Crésus, ou un marchand de chevaux, que ce monsieur aux belles cravates et aux épingles en diamants? J'opte pour la dernière hypothèse; dans tous les cas sa progéniture est loin de porter un cachet de noblesse. Quand on a un père à onze chevaux, on ne se mouche pas dans ses doigts !

Le reste des voyageurs se compose de différents éléments : un juge se rendant à Cayenne, homme fort aimable dont le hasard m'a fait faire la connaissance quelques jours avant mon départ; un Parisien de la meilleure société qui va faire de l'élevage au Venezuela; deux ou trois négociants partant pour le Pérou, et, parmi quelques personnages insignifiants, un jeune Suisse qui sera le souffre-douleur du bord, et dont la face rubiconde rappelle la pomme de reinette.

Cet adolescent a été engagé comme employé dans la succursale, à Arequipa, d'une maison de commerce de Paris. Il porte un veston gris avec col et ceinturon vert; sa tête est coiffée d'un bonnet à carreaux, rabattu jusqu'au nez. Comme personne ne connaît son nom, on l'a baptisé Guillaume Tell et on ne l'interpelle que sous ce titre. Le citoyen de l'Helvétie est d'un tempérament des plus accommodants et supporte avec une patience stoïque toutes les niches qu'on lui fait. Pourvu qu'il puisse siroter ses trois bouteilles de bière entre ses repas, et étudier sa grammaire espagnole dans un coin du fumoir, il sera toujours content.

Les enfants des Vénézuéliens et des Colombiens sont tout bonnement insupportables, mais nous avons la chance que, pendant une partie de la journée, ils s'amusent sur le devant avec les rejetons d'une famille des troisièmes. Par contre, un gentil petit gamin de sept ans nous amuse beaucoup. Il part pour la Pointe-à-Pitre, avec son père, un créole de la Guadeloupe.

Le petit Ernest devient bientôt le favori de tout le monde en raison de sa bonne tenue et de ses saillies ingénues. Il y a quatre mois il a été cruellement mordu à la jambe par un chien enragé, mais le traitement de M. Pasteur a pu enrayer le mal, et c'est avec une sorte de fierté qu'il montre l'énorme cicatrice résultant de l'attaque dont il a été victime.

Huit jours avant de partir pour ce voyage, il est allé se promener en catimini devant la maison paternelle, et s'égarant de plus en plus, il est venu échouer devant les baraques de foire du boulevard des Batignolles. Une idée lumineuse traverse son cerveau, il hèle un cocher de fiacre, et se fait reconduire place Pereire. Le père, éperdu, qui l'a cherché pendant deux heures, en a été pour ses deux francs de voiture, et Ernest a reçu comme châtiment de son escapade une bonne paire de claques.

Depuis notre départ de Saint-Nazaire, nous avons un temps superbe et une mer exceptionnellement calme; jamais je n'en ai vu de plus belle dans cette partie de l'Atlantique. Pendant toute la traversée ce beau temps nous accompagnera, et nous permettra de filer nos treize à quatorze nœuds.

13 mai. — En me réveillant, j'aperçois la terre à travers mon hublot. C'est l'île de San Miguel, du groupe des Açores. Par le temps exceptionnel que nous avons, le commandant passe tout près de cette côte, tandis que le plus souvent le passage se fait entre Flores et Graciosa.

Les Açores, situées à 700 milles des côtes du Portugal, dont elles dépendent, comptent neuf îles; les principales sont San Miguel et Terceira. Dans cette dernière se trouve la ville d'Angra, chef-lieu de l'archipel, dont la population totale s'élève à 250 000 habitants. Il est aisé de voir que ces îles doivent leur origine à quelque éruption sous-marine; la nature des rochers l'indique suffisamment.

Nous passons d'abord devant Villafranca; viennent ensuite quelques bourgades disséminées entre les collines, et finalement Ponta Delgada, capitale de San Miguel, bâtie en amphithéâtre, au fond d'une large baie et défendue par une citadelle.

Une verdure fraîche et abondante couvre les coteaux; les maisons, peintes en blanc, jaune et rose, rappellent les constructions portugaises. La culture commence au bord de la mer et continue jusqu'au sommet des mamelons. Le commandant nous raconte au déjeuner qu'à San Miguel il n'y a pas le plus petit lopin de terre qui ne soit cultivé. Le climat est sain et tempéré; le sol produit des bananes, des ignames, des oranges, des citrons, des céréales et des vins délicieux. La vie aux Açores est à très bon marché : un poulet coûte six sous; une douzaine d'œufs se paie de trois à cinq sous. Avec 5 000 francs de rente on y jouerait le rôle d'un Rothschild; quel Éden pour les petites bourses, recherchant les délices de la vie à prix réduit! San Miguel, la plus grande des îles, est de beaucoup la plus importante. Elle porte plus que les autres les traces de soulèvements volcaniques et contient des sources thermales et plusieurs cratères éteints, qui jadis vomissaient des scories brûlantes et qu'emplissent maintenant les eaux de pluie.

L'extrémité occidentale est presque entièrement occupée par un cratère circulaire, dont l'ourlet se développe sur une circonférence de 15 kilomètres. D'après la légende, ce gouffre se serait ouvert il y a quatre siècles. L'enceinte circulaire porte le nom de « Caldeira das Sete Cidades » (la chaudière des sept villes), nom donné par les premiers habitants; c'est une merveille de San Miguel.

Le 16 mai nous franchissons le Tropique du Cancer;

la Croix du Sud est devenue visible, et la mer bleue charrie les sargasses. Cette plante marine, sorte de fucus, que les marins appellent familièrement *raisin des tropiques*, couvre souvent l'océan sur une centaine de milles d'étendue et a donné naissance à la dénomination de *mer des Sargasses*. Il commence à faire chaud, et les vêtements blancs ont fait leur apparition. La hausse du thermomètre a délié encore davantage la langue de nos bons Espagnols, mais tandis que ceux-ci deviennent de plus en plus bruyants, les onze pauvres chevaux commencent à ressembler aux coursiers d'Hippolyte.

Ils ont la tête baissée, se laissent pendre sur les sangles qu'on leur a passées sous le ventre, et trois d'entre eux souffrent de la gourme. On se demande si les malheureuses bêtes pourront aller jusqu'au bout : elles ont vingt jours de séquestration dans leur étroite prison avant d'être débarquées à Savanilla, et de ce port un autre voyage de douze jours en rivière les attend avant d'arriver à destination.

Guillaume Tell, accablé de chaleur, n'arrive pas à se désaltérer avec ses trois bouteilles de bière quotidiennes; il lui faut un supplément, et l'absorption de cette masse liquide produit sur sa figure joufflue un effet des plus comiques. Parfois il gonfle comme un melon.

Un jour à table il avise un ravier rempli de poivres rouges, et demande ce que c'est. On lui explique que ce sont des carottes des Antilles, très bonnes à manger, et voilà que le négociant en perspective en prend une, et y mord à belles dents. Pour faire passer la cuisson qu'il éprouve, un autre bourreau lui verse du vin rouge à profusion, ce qui ne fait qu'aggraver, bien entendu, la situation.

Le onzième jour, nouvelle terre à l'horizon. Cette ligne indécise que nous apercevons au bout de nos lorgnettes, est la côte de la Désirade. Quelques heures après, nous passons entre cette île à tribord et Marie-Galante à bâbord, et nous jetons l'ancre dans la baie de la Pointe-à-Pitre.

Il est une heure après midi ; je vais à terre avec un passager. La ville n'a pas changé depuis les escales précédentes que j'y ai faites, et la chaleur y règne comme toujours. Néanmoins, quand depuis onze jours on n'a eu comme limites de promenade que le pont d'un paquebot, on éprouve une certaine distraction à se dégourdir les jambes, fût-ce dans une petite ville qui n'offre rien de bien curieux.

On va flâner sur le marché, on fait le tour de la Grande Place, on prend une consommation glacée dans un café tout en regardant les négresses, attifées de leurs madras multicolores.

Nous partons au déclin du jour, après avoir pris une vingtaine de passagers nègres et créoles pour la Martinique. Dans le nombre il y a un fou, qui est atteint de la manie des grandeurs. Lui aussi a fait son droit à Paris, comme son congénère au chapeau haut de forme qui nous accompagne depuis Saint-Nazaire. Il adore les discours et nous amuse pendant un certain temps, mais quand à table il se lève pour commencer une nouvelle harangue, on l'expulse du salon avec tous les honneurs dus à son rang.

Trois heures après notre départ de la Pointe-à-Pitre, nous mouillons devant la Basse-Terre, et, sitôt l'ancre jetée, nous sommes entourés par de nombreux canots, et littéralement envahis par une avalanche de visiteurs et de marchands.

La Martinique. — Vue de Saint-Pierre.

C'est ici que doivent nous quitter quelques voyageurs sympathiques. La nuit est noire et la houle passablement forte, aussi ce débarquement dans les ténèbres offre peu d'agréments. Il faut bien cependant qu'on s'y soumette; les embarcations sont solides et ne chavirent pas.

Ma cabine ce soir-là avait une température de four à plâtre, le soleil y ayant donné en plein pendant notre arrêt à la Pointe-à-Pitre. Je me mets en mauresque, et je passe la nuit dans un fauteuil sur le pont.

Aux premières lueurs de l'aube nous sommes arrivés devant la coquette ville de Saint-Pierre, capitale de la Martinique. Le jour où Christophe-Colomb découvrit cette île, en novembre 1493, était la fête de saint Martin. C'est pourquoi le célèbre navigateur lui donna le nom de la Martinique. Le bateau n'y restera que le temps strictement nécessaire pour débarquer le courrier et les passagers, et continuera sa route pour Fort-de-France, où le séjour dépasse souvent vingt-quatre heures, et où les paquebots de la compagnie renouvellent leur provision de charbon.

Le commandant Viel m'ayant informé qu'il ne partirait de Fort-de-France pour le Venezuela que dans la soirée du lendemain, je quitte le bateau, muni d'une légère valise, et je le rejoindrai le jour suivant, quand le chargement du charbon sera terminé et qu'un bon lavage aura fait disparaître les traces de cette salissante opération. Au surplus, un projet a germé dans mon cerveau : je désire refaire la belle route par terre de Saint-Pierre à Fort-de-France.

Nous débarquons à quatre; un de mes compagnons manifeste le désir de descendre à l'Hôtel de Paris, établissement nouvellement ouvert, et supérieur, d'après les on dit, à l'Hôtel des Bains, où j'étais descendu antérieurement. En effet, le bâtiment est plus élégant en apparence, les chambres sont plus spacieuses, mieux meublées et pourvues d'une sonnette électrique, mais la nourriture laisse à désirer.

Le prix d'une voiture pour Fort-de-France étant assez élevé, j'essaie d'embaucher mes trois compagnons pour cette excursion vraiment ravissante. L'un d'eux préfère prendre dans l'après-midi le petit vapeur côtier et retourner à bord ; les deux autres acceptent ma proposition. Le propriétaire de l'hôtel nous conduit chez un loueur qui, moyennant 60 francs, met à notre disposition une voiture suffisamment confortable. Ce véhicule viendra nous prendre le lendemain matin à la pointe du jour.

La Martinique est un pays qui m'a toujours laissé les meilleurs souvenirs. Non pas que j'aimerais l'habiter, mais outre sa belle végétation, elle a un cachet d'originalité qui me plaît, et sa population à l'accent bizarre a le privilège d'exciter ma gaieté. L'un de mes compagnons y aborde pour la première fois et déclare que les émanations du nègre, les odeurs de mélasse et de morue, qui sont répandues dans toute la ville, le rendent malade. Deux jours après, en pleine mer, il prétend que ses narines sont encore imprégnées de cet amalgame de parfums, complètement nouveaux pour lui.

Nous faisons nécessairement le tour du marché, promenade indispensable dans chaque colonie, et je remarque que Saint-Pierre aussi a fait des progrès. Un marché en plein air de modeste envergure a fait place à une grande construction en fer, où les négresses étalent leurs charmes et leurs poissons. Leurs costumes aux couleurs voyantes font concurrence aux tons veloutés et chatoyants des fruits que contiennent leurs corbeilles. Notre néophyte en matière d'excursions coloniales désire acheter un couvre-chef, l'abritant mieux que son petit chapeau melon contre les ardeurs d'un soleil tropical. C'est un boulanger qu'on nous indique comme vendant les meilleurs casques en liège : singulier cumul de fonctions !

Pendant que notre ami essaie ses casques, et que des négresses, la pipe à la bouche, font leurs provisions de pain, je fais un tour dans la boulangerie, dont les fourneaux m'envoient des caresses brûlantes. Le patron de l'établissement nous offre un cigare de la Havane : c'est encore un article faisant partie de son commerce.

Nous continuons notre promenade en ville, puis nous nous dirigeons du côté du Jardin des Plantes. Ce beau jardin me paraît moins sauvage qu'autrefois ; les sentiers plus symétriques et plus coquets qu'on y a tracés depuis ma dernière visite, ne me satisfont pas complètement, et le petit lac, qui autrefois n'existait pas, répond bien plus à l'installation d'un parc européen qu'à la nature désordonnée d'un pays tropical. Il n'est pas possible de se promener à la Martinique sans que la conversation tombe sur le serpent, ce terrible fléau de la colonie. C'est sur le bateau déjà qu'invariablement les récits ont commencé sur les nombreux accidents qui résultent de la fréquence du trigonocéphale, trouvé dans la bouche d'un canon, dans le râtelier du cheval, sous l'oreiller du bébé à la campagne, sur la savane de Fort-de-France, même dans l'intérieur des maisons.

Il y en a beaucoup, c'est certain ; mais cela ne m'empêche pas de croire à l'exagération, et pour ma part, bien qu'ayant fait plusieurs voyages à la Martinique et m'étant promené à différentes reprises dans les parties boisées, je dois à la vérité de dire que je n'en ai jamais vu un seul.

Tant que vous suivez les chemins et les sentiers tracés, il n'y a jamais aucun accident à craindre. Tout serpent, à quelque catégorie qu'il appartienne, se sauve au moindre bruit qu'il perçoit, et si par hasard il s'en trouvait un endormi au beau milieu de la route, le promeneur le distinguera à temps et pourra l'esquiver. Ce qui est dangereux, sans conteste, c'est de marcher dans les broussailles, où la bête peut se trouver en repos, cachée par les herbes. Vous mettez inconsciemment le pied dessus, ou bien le bruit de vos pas la réveille, et que ce soit la peur ou l'instinct de la défense, elle se jette sur l'imprudent, dans lequel elle voit un ennemi.

C'est pour cela qu'on vous dira toujours dans les pays infestés de ces horribles reptiles : « Ne craignez jamais le serpent que vous voyez, mais craignez celui que vous ne voyez pas ».

Je n'ai jamais pu comprendre à quoi le serpent, surtout le venimeux, peut être utile. Il est hideux pour tout le monde, il nous a fermé l'accès du Paradis depuis le commencement du monde, et il tue des milliers de personnes par an. Les rats qu'il dévore dans les champs de canne à sucre ne peuvent pas entrer en ligne de compte à côté des ravages épouvantables qu'il fait dans le monde entier. Les statistiques de l'Inde n'établissent-elles pas qu'il meurt en moyenne de 15 000 à 20 000 personnes par an à la suite des morsures du redoutable cobra, qui pullule dans la péninsule hindoue ?

Le venin du trigonocéphale tue généralement dans une heure de temps. On prétend que les nègres possèdent des simples dont l'application détruit l'effet de la morsure, mais le bien fondé de cette assertion me paraît sujet à caution. Toujours est-il que les recherches des savants n'ont pu aboutir jusqu'aujourd'hui à la neutralisation efficace du venin absorbé. Un médecin de la marine, M. le docteur Calmette, a fait des expériences très curieuses en Cochinchine sur le venin, extirpé des glandes de cobras; sur des lapins, des cobayes, des poules, des pigeons, des singes et des chiens. Le docteur Calmette recommande l'injection interstitielle d'une solution de chlorure d'or pur à un centième. Le mélange de cette substance, même en proportion très faible, avec le venin enlèverait à celui-ci toute sa toxicité.

On a fait des expériences nombreuses sur des bêtes et également sur des hommes qui venaient d'être mordus, avec l'iode, l'ammoniaque, l'éther, l'alcool, le chloroforme, le sulfate de cuivre, le nitrate d'argent et le bichlorure de mercure. Le permanganate de potasse avait été longtemps considéré comme le meilleur neutralisant du venin d'ophidiens. Cette substance cependant reste absolument inactive lorsque le venin a pénétré dans les tissus; mais il le précipite et le rend insoluble lorsqu'il est injecté dans la plaie en même temps ou aussitôt après l'inoculation venimeuse. Il peut alors empêcher l'envenimement de se produire.

En Californie, où le serpent à sonnettes est très fréquent, on use d'un autre moyen pour sauver la vie à l'individu mordu. On lui fait avaler une bouteille de whisky ou de cognac. Si la victime ne se grise pas, au point de tomber ivre morte, elle est irrévocablement condamnée et succombe au bout d'une heure ou deux. Le poison absorbé par la morsure l'emporte alors sur les désordres organiques qu'occasionnerait en toute autre circonstance la dose d'alcool, et l'enivrement ne se produit pas. Si, par contre, le venin, représenté par une bouteille tout entière d'alcool, domine celui absorbé par la morsure du serpent, l'individu, plongé dans une ivresse profonde, n'a qu'à cuver son eau-de-vie et on peut le considérer comme sauvé. J'ai vu en 1876 dans les environs de San Francisco un jeune Chinois en parfaite santé, qui avait été mordu quinze jours auparavant par un serpent à sonnettes. On lui avait appliqué le remède en question, et après avoir subi pendant deux jours l'effet d'un enivrement complet, il s'était rétabli sans se ressentir le moins du monde de la fatale atteinte dont il avait été la victime.

Tous les auteurs qui ont entrepris des recherches sur le venin des ophidiens sont d'accord pour affirmer que celui du serpent à sonnettes et celui du cobra sont les plus actifs. Ils classent en seconde ligne celui du crotale et du trigonocéphale.

C'est égal, je m'incline devant l'efficacité du chlorure d'or, mais on n'a pas toujours cette composition dans sa poche, pas plus que la seringue devant servir à l'injection hypodermique. Dans ces conditions il faut donc se méfier du terrible reptile, et éviter de se promener dans les endroits qui en sont infestés.

L'île de Sainte-Lucie, située à proximité de la Martinique, cache comme elle sous sa puissante végétation des milliers de trigonocéphales. La Guadeloupe, au contraire, n'en a pas un seul, et les tentatives qui y ont été faites pour l'introduire dans les champs de canne dans le but de voir disparaître les rats qui portent de grands préjudices aux cultures, n'ont jamais pu réussir. Le reptile ne tarde pas à mourir sur ce sol volcanique.

Le propriétaire de notre hôtel déclare que nous serions sans excuse en ne visitant pas le plus grand dépôt de tafia de Saint-Pierre, qui se trouve au bout de la ville. Il tient absolument à nous y conduire, mais je crois bien qu'il nous promène en manière de réclame pour son hôtel, tout récemment ouvert, comme j'ai eu l'occasion de le dire.

Le dépôt de tafia peut être très intéressant pour son propriétaire, mais il ne nous ménage aucune surprise; aussi nous nous méfions d'une autre excursion à l'extrémité opposée de la ville, et préférons jouir de la brise du soir sur l'appontement qui s'avance dans la mer.

Une promenade après-dîner à Saint-Pierre, où la seule illumination des rues consiste en quelques rares lanternes suspendues par des cordes ou des fils de fer, offre peu d'agrément. Les magasins sont fermés, et par ce fait l'odeur de la mélasse et de la morue nous monte un peu moins au nez, mais en revanche les nègres et en majeure partie les négresses remplissent les rues de leurs émanations peu parfumées : on tombe de Charybde en Scylla. Ce que nous avons de mieux à faire, c'est d'aller nous coucher de bonne heure, en prévision surtout du réveil matinal forcé.

Il ne fait pas encore tout à fait jour le lendemain matin, quand nous prenons place dans la voiture. Au fur et à mesure que nous nous éloignons de la ville et que nous suivons la route qui ne cesse de monter pendant les premiers kilomètres, la vue devient ravissante. Bientôt Saint-Pierre s'étale coquettement à quelques centaines de mètres au-dessous du chemin que gravissent lentement nos mules, et, plus loin, la mer bleue, à peine ridée, calme comme un lac, s'étend à perte de vue.

Le soleil levant dore la crête des nombreux mamelons et pitons dont l'île est couverte ; une végétation vigoureuse recouvre dans toutes les directions cette terre enchanteresse et nous envoie ses effluves embaumés.

Paysage à la Martinique.

Les bananiers et les balisiers alternent avec le bambou; de splendides fougères arborescentes atteignent en certains endroits une hauteur prodigieuse. Sur les flancs des collines s'étendent des cultures variées, des champs de cannes à sucre, et plus près de nous des cocotiers aux panaches élégants et de gracieux bouquets de palmiers. Parfois sous les verts rameaux murmure un ruisseau cristallin qui, descendant du sommet de la montagne, traverse la route et va se perdre dans le précipice que nous côtoyons.

Le chemin est assez bon; une seule fois nous devons mettre pied à terre à un endroit où un éboulement s'est produit. Si le nègre qui conduit la voiture roule dans le ravin, il y aura un électeur de moins, mais au moins nous aurons la vie sauve!

Sur plusieurs points les effets du terrible cyclone qui a dévasté la Martinique en 1891 sont encore visibles. Nous apercevons des arbres renversés, tordus et dégarnis de leur ramure; nous voyons aussi des maisonnettes en ruines, complètement renversées. D'autres ont déjà été reconstruites ou bien touchent à leur achèvement.

Ce fut le 18 août que le sinistre eut lieu. Dès le matin, des symptômes inquiétants, une dépression barométrique effrayante, avaient été les signes précurseurs du cyclone, qui s'est abattu sur l'île vers les cinq heures du soir pour ne cesser qu'à neuf heures. D'après les détails que m'en ont donnés des témoins oculaires, l'ouragan était terrible. A partir du moment où son premier anneau traversait la colonie, les habitations se trouvant dans les endroits les plus exposés furent renversées; le vent coucha les récoltes, arracha des édifices les toitures et jusqu'aux plaques de tôle qui les recouvraient. Au camp de Balata, les maisons volaient dans l'espace, et l'éloignement des centres habités ne suffisait pas à garantir les habitants, que des débris arrachés par la tourmente allaient trouver et frapper au loin.

Tant à Fort-de-France qu'à Saint-Pierre, les dévastations furent immenses. Le cyclone découvrit les maisons, renversa bon nombre de bâtiments en construction, tordit et renversa un marché couvert en fer, en écrasant les habitants affolés qui y avaient cherché un refuge. La grande salle de l'hôpital militaire, bâtiment de plus de 40 mètres de longueur, en s'effondrant, écrasa ceux qui s'y trouvaient ; la Savane fut dévastée, partout les débris jonchèrent le sol.

La rade de Saint-Pierre contenait une quinzaine de navires au moment du déchaînement de la tempête. Quatre heures après, il n'en restait pas un seul : tous avaient été jetés à la côte ou emportés plus loin pour sombrer au large. Les jours suivants, la mer rejetait sur le rivage les cadavres des infortunés marins et des épaves de toutes sortes.

La ravissante localité du Morne-Rouge, à quelques kilomètres de la métropole, a été des plus éprouvées ; plusieurs familles s'y trouvaient en villégiature. On y a compté le lendemain 21 morts et un grand nombre de blessés. Pour l'île entière le nombre des morts s'est élevé à plus de 300 ; celui des blessés était bien plus considérable. Quant aux pertes matérielles, elles ont été énormes ; on les évaluait deux mois après au chiffre de 90 à 100 millions.

Et cette pauvre Martinique venait à peine de sortir d'une épreuve non moins terrible : le 22 juin de la même année, un vaste incendie avait détruit une partie considérable de Fort-de-France !

Le plus épouvantable cyclone dont les Antilles ont gardé le souvenir, fut celui de l'année 1780. Il y en eut même deux dans la même année, se succédant à quelques semaines d'intervalle, mais l'un a été vraiment effroyable. Ce fut encore la Martinique qui à cette époque fut le plus éprouvée, bien que la Guadeloupe, la Jamaïque, Sainte-Lucie, Saint-Vincent et la Dominique aient été dévastées en partie. Rien qu'à la Martinique, 9 000 personnes périrent, dont 1000 à Saint-Pierre, où pas une maison ne resta debout. La mer s'était élevée à plus de huit mètres par l'effet du ras de marée, balayant d'un seul coup plus de 150 habitations. A Fort-de-France, la cathédrale, sept autres églises et 140 maisons furent détruites de fond en comble ; plus de 500 malades furent ensevelis sous les décombres de l'hôpital.

A Saint-Vincent, des bancs de corail furent arrachés du fond de la mer, et lancés sur le rivage.

Ce n'est pas seulement dans les mers des Antilles que ces terribles ouragans se déclarent périodiquement, ils désolent en général toutes les régions tropicales et font fréquemment leur apparition dans les mers de Chine et du Japon. Les premiers navigateurs portugais qui furent à même de les observer, les avaient désignés sous le nom de *tornados*. Dans les mers de Japon et de Chine on les appelle *typhons*. Le nom de *cyclone* leur a été appliqué par le savant ingénieur anglais Piddington, qui a le premier indiqué la loi de leurs mouvements.

Aux îles Maurice et de la Réunion, les cyclones sont redoutés comme les plus funestes de tous les fléaux ; à Maurice on vient d'en subir, il y a quelques mois, les épouvantables conséquences.

Le professeur Mohn, de l'université de Christiania,

dans ses importants travaux sur la météorologie, a dressé un tableau très curieux des différents ouragans qui ont dévasté les Antilles depuis leur découverte jusqu'à l'année 1855. Pour cette période de 360 ans, il arrive au nombre de 355 cyclones *observés*, soit en moyenne un par an. Il en cite 42 pour le mois de juillet ; 96 en août, 80 en septembre et 69 en octobre. Les autres se répartissent sur les huit autres mois de l'année, où les cyclones ne se produisent qu'à titre d'exception.

Pour l'océan Sud-Indien il en trouve 53 de 1809 à 1848, dont la presque totalité pour l'île Maurice. Dans l'hémisphère austral, le cyclone ne se produit pas entre mai et novembre ; c'est dans les premiers trois mois de l'année qu'il est le plus à craindre. Cette même saison est également redoutable pour l'archipel des Fidji, les Nouvelles-Hébrides et la Nouvelle-Calédonie ; dans cette dernière colonie, ainsi qu'aux Hébrides, le cyclone de mars dernier a occasionné des ravages considérables.

Pour les mers de Chine et du Japon, le professeur Mohn en donne 46 de 1780 à 1845. Dans ces parages ils se présentent de juin à novembre.

Les cyclones sont des ouragans qui progressent en tournoyant avec une extrême rapidité. Ils embrassent une étendue dont le diamètre varie de 200 à 400 kilomètres au commencement, et de 1600 à 2000 kilomètres à la fin. Le sens du mouvement rotatoire est de l'ouest à l'est en passant par le sud, dans l'hémisphère boréal, tandis qu'il se produit en passant par le nord, de l'ouest à l'est dans l'autre hémisphère. La plus grande vitesse du vent atteint jusqu'à 250 kilomètres à l'heure dans la région moyenne du centre ; en ce point on observe un calme à peu près complet, ou bien des renversements brusques dans la direction du vent. Le cyclone marche avec une vitesse qui varie de 16 à 40 kilomètres à l'heure.

Le calme relatif, quelquefois même absolu, du centre est attribué à la raréfaction de la colonne d'air, autour de laquelle le cyclone tourne comme un immense anneau ; c'est l'axe ou l'œil de la tempête. Il n'est pas rare de voir en ce point les nuages se dissiper, l'azur ou les étoiles du ciel apparaître un instant. C'est pourtant près de ce centre que la force du tourbillon présente le plus grand danger, en sorte que les marins surpris par l'ouragan cherchent avant tout à s'éloigner de son centre et de sa ligne de translation présumée.

Dans l'axe, une puissante aspiration élève la mer en montagne conique et forme la lame de tempête, qui, en s'avançant sur la surface de l'océan, inonde les côtes et y produit le terrible phénomène des ras de marée.

En règle générale les cyclones s'annoncent un ou plusieurs jours à l'avance par des signes auxquels ne se méprennent guère les habitants des contrées tropicales et les marins accoutumés à naviguer dans ces régions. Le ciel prend une teinte laiteuse et lourde ; le soleil et la lune paraissent environnés d'un immense *halo* ; la mer grossit ; le baromètre baisse ; la chaleur est pesante et l'atmosphère saturée d'électricité.

Nous continuons notre route le long des gorges sauvages et des forêts encore vierges ; le coup d'œil est d'un pittoresque achevé. Seul un de mes compagnons n'est pas content : il interroge les touffes de verdure, le moindre buisson, le chemin lui-même, dans l'espérance d'apercevoir au moins un trigonocéphale, mais il en est pour ses frais. Par contre, des centaines de crabes s'esquivent dans les interstices de la végétation, ou se réfu-

Fort-de-France.

gient dans les anfractuosités des rochers. Il a plu abondamment quelques jours avant notre passage, et c'est alors que ces crustacés pullulent dans les chemins. Notre cocher, sous prétexte de donner quelques minutes de repos à ses mules, en ramasse une douzaine et les enferme dans un récipient en métal qu'il aura probablement emporté pour la circonstance. Mme Boule de Neige, sa tendre épouse, s'en régalera ce soir.

Sur les mornes mêmes qui dominent la ville de Saint-Pierre commencent les plantations de Saint-James, formant un vaste territoire ; les champs de canne s'étendent à perte de vue. Ces plantations sont la propriété de la célèbre société qui a répandu et fait connaître dans le monde entier le rhum Saint-James, dont les Martiniquais ont le droit d'être fiers.

Après avoir dépassé le camp de Balata, nous touchons au terme de notre voyage. Un coup d'œil identique à celui que nous avons eu il y a quatre heures, lorsque Saint-Pierre se trouvait à nos pieds, se présente de nouveau à nos regards émerveillés. Nous n'avons plus qu'à descendre au grand trot ; Fort-de-France se dessine là-bas, tout au fond, et le grand paquebot que nous distinguons près du bassin de carénage ne peut être que notre *France*, vierge, espérons-le, de toute la poussière de charbon dont l'opération de la veille l'aura inondée.

Au fur et à mesure que la ville devient mieux visible, j'éprouve une certaine surprise. On m'avait prévenu en Europe que Fort-de-France n'existait pour ainsi dire plus ; que le cyclone avait détruit le peu que l'incendie avait épargné ; que je ne verrais probablement qu'un monceau de ruines. Eh bien, l'aspect, au moins vu des hauteurs où notre véhicule décrit encore des zigzags, n'est pas conforme à mes prévisions. Beaucoup de vieilles bicoques ont fait place à des constructions plus ou moins élégantes ; en certains endroits les toitures en zinc toutes neuves reflètent même d'une façon fort désagréable à l'œil les rayons du soleil tropical. Je distingue des maisons parfaitement habitables, des villas aux couleurs vives et riantes, et, une fois de plus dans ma vie, je constate qu'une ville brûlée — à part la question des valeurs englouties — y gagne toujours.

Nous voici sur la Savane, où nous congédions notre automédon. Cette pauvre Savane a beaucoup souffert du cyclone ; ses arbres séculaires ont été en grande partie renversés. Aujourd'hui elle ressemble à un vaste champ de foire ; on y voit des baraques servant de boutiques provisoires pour coiffeurs, blanchisseuses, débitants de liqueurs et autres industriels. L'église ayant été détruite par l'incendie, on en a construit une autre en bois sur cette même Savane. Elle tranche d'une façon assez bizarre sur l'entourage, et les fidèles doivent être scandalisés par le voisinage immédiat de chevaux de bois, qui constituent pour les Apollons et les Vénus noirs une attraction irrésistible.

L'ancien hôtel d'Aviron, avant l'incendie le meilleur, ou plutôt le moins mauvais, a disparu dans le sinistre. A quelques pas de son ancien emplacement j'aperçois une pharmacie, installée avec un certain luxe ; cette partie de la ville et quelques rues que je parcours à gauche ne sont encore que très partiellement reconstruites ; sur certains points on attend encore l'enlèvement des ruines.

Au fond de la Savane, là où se trouvait autrefois l'agence de la Compagnie générale transatlantique, de nouvelles constructions sont terminées. Un nouvel hôtel a surgi de terre : c'est l'Hôtel des Paquebots, où nous commandons notre repas. Sans vouloir faire une réclame au propriétaire, je me plais à constater que nous y avons très bien déjeuné ; seulement je conseille au patron de faire venir de Bordeaux un vin tant soit peu meilleur, moins saturé de bois de campêche. Les touristes lui en sauront gré.

Fort-de-France m'a toujours paru une des localités les plus chaudes des Antilles ; enserrée dans une anse à l'abri de la brise de mer, c'est une fournaise perpétuelle, n'offrant du reste aucune distraction et manquant des belles promenades de Saint-Pierre. Je vais rendre visite à mon vieil ami M. Dupré, consul des Pays-Bas et du Venezuela, que les récents cataclysmes ont heureusement épargné, et je retourne à bord sous les bouffées brûlantes qu'un zénith embrasé déverse à pleins torrents.

Plusieurs de nos passagers sont jaloux de la belle excursion que nous avons faite ; il y a vraiment de quoi ! A leur retour, ils suivront notre exemple.

Notre bateau continuera sa route pour le Venezuela à neuf heures du soir. Après dîner une brise bienfaisante se lève ; je la savoure avec bonheur, mollement étendu sur une chaise longue, contemplant le ciel étoilé et appréciant le parfum de l'excellent havane que le boulanger-marchand de casques de Saint-Pierre m'avait offert la veille. Les soirées de la Martinique sont adorables en effet. Dès qu'une obscurité profonde a succédé au jour, disparu presque sans crépuscule, l'immense voile bleu ne tarde pas à s'émailler d'étoiles sans nombre, d'un éclat bien plus vif que celles de notre vieux continent. On oublie les souffrances d'une journée ardente, le poumon se dilate, la vie devient douce, la rêverie fait le reste, et le voyageur, plongé dans ses méditations poétiques, serait l'homme le plus heureux

Une Martiniquaise.

de la terre, si la conversation bruyante de l'élément espagnol, hélas de retour à bord, ne venait l'arracher à cette sensation de béatitude, qui, pour être complète, ne demande que si peu de chose : l'isolement et la tranquillité !

Je vais faire un tour aux troisièmes ; ces gens-là me sont plus sympathiques et comprennent dans mon genre les délices d'une nuit tropicale. Bien que manquant de fauteuils, je les trouve couchés sur le pont, l'œil entr'ouvert, dans cet état mi-parti veille, mi-parti somnolence, qui pour beaucoup d'entre eux assurément représente l'oubli des soucis de la vie, des complications d'un avenir incertain.

Un steamer arrivé dans l'après-midi est amarré à peu de distance du nôtre ; comme il doit repartir demain, il fait son charbon cette nuit. Du gaillard d'arrière j'assiste à l'opération, toujours la même, mais toujours amusante. Le travail se fait par des négresses à la lueur de torches ou simplement de gros morceaux de charbons incandescents.

Un coup de cloche retentit : c'est le signal du départ. Une mulâtresse tient absolument à ce que je prenne possession d'un paquet de linge et que je lui paie le montant de sa note. Vous faites erreur, adorable destructrice du linge des passagers : je ne suis plus assez novice pour donner à blanchir à Fort-de-France !

Le voyageur inexpérimenté se voit assailli, en arrivant au port, par une douzaine de blanchisseuses qui lui montrent leur médaille et s'engagent à lui rendre dans les vingt-quatre heures le linge qu'on voudra bien leur confier. La restitution dans le délai promis ne manque jamais, mais, juste ciel ! dans quel état ! Les chemises vous sont rendues à l'état de planches, les mouchoirs semblent des torchons. Les trous, dont vous vous apercevrez plus tard, forment une surprise de plus à l'addition fantastique que vous avez eue à payer.

Le métier de blanchisseuse est en général un gagne-pain lucratif dans les colonies; mais ces dames de la Martinique doivent faire vraiment des affaires d'or. Pour ma part, j'en avais fait aussi l'expérience la première fois que je fis escale à Fort-de-France; depuis cette époque ma clientèle n'a pas contribué à les enrichir.

L'ancre est levée; nous voici en route pour la Guayra, trajet qui demande à peu près trente-six heures. Ma première visite le lendemain matin est pour les pauvres chevaux, toujours enfermés dans leur étroite prison. Ils baissent tristement la tête et paraissent souffrir horriblement de la chaleur.

Nos passagers pour le Venezuela, la veille d'arriver à destination, sont devenus moins bruyants. Le fait est qu'un bateau de la Compagnie transatlantique, arrivé de la Guayra pendant que nous étions en relâche à Fort-de-France, avait apporté des nouvelles assez sérieuses de la révolution qui semblait battre son plein. Je me demande à moi-même si je ne commets pas une imprudence en débarquant le lendemain dans ce pays. Enfin, nous verrons bien!

24 mai. — De bonne heure je monte sur le pont. Une côte verdoyante s'étend devant nous; l'aspect en est magnifique. Les hautes cimes de la chaîne de Caracas se découpent à l'horizon et descendent presque à pic jusqu'à la mer. Peu à peu la ville de la Guayra se dessine dans le lointain, avec ses maisons, comme accrochées et suspendues aux roches.

Nous jetons l'ancre dans une rade, qui depuis la construction de la jetée-quai présente la forme d'un fer à cheval. Cette jetée, où peuvent s'amarrer trois paquebots, est de création récente; le Venezuela la doit à une compagnie anglaise. Comme les trois places sont prises, nous ne pouvons accoster à quai. Dans tous les cas, sa construction constitue un progrès, en ce sens que, même en ne pouvant y prendre place, le steamer ancré en rade se trouve plus abrité et le débarquement des passagers n'offre plus les mêmes inconvénients qu'autrefois.

Mon débarquement sur cette même rade il y a une dizaine d'années m'avait laissé des souvenirs tels, que j'avais toujours classé la Guayra parmi les ports les plus dangereux du monde. La lame, déferlant sans cesse sur cette côte inhospitalière, en rendait l'accès des plus pénibles, et s'il arrivait un accident, c'est-à-dire si la légère embarcation vous transportant à terre avait le malheur de chavirer, vous aviez neuf chances contre une d'être happé au passage par les requins qui foisonnent dans ces parages. Plus d'un passager a été victime de la voracité de ces terribles squales, toujours aux aguets, en voulant débarquer à la Guayra. Aussi avais-je obstinément refusé en 1881 de descendre à terre autrement que dans un énorme chaland, chargé de sacs de pommes de terre!

La figure de nos Vénézuéliens s'est allongée encore de quelques centimètres; le moment critique approche, ils vont savoir bientôt à quoi s'en tenir. Un canot se détache de terre et se présente le long du bord. Cette embarcation contient un personnage important, le ministre de la guerre, M. Sarria, dont la femme et les enfants se trouvent parmi les passagers. Le ministre, se croyant au-dessus des lois, veut absolument rompre la consigne et monter à bord. Malgré les protestations du commissaire, du second capitaine et du docteur, il ne

La Guayra.

veut pas entendre raison, et ce n'est qu'en remontant l'escalier qu'on le met dans l'impossibilité d'exposer le bateau à une mise en quarantaine, qui aurait été parfaitement justifiée.

C'est que la Santé n'est pas encore venue; en ce moment même son canot quitte le rivage. Peu de minutes après, l'autorité sanitaire reçoit des mains de notre docteur les papiers réglementaires. Tout est en règle; nous avons la libre pratique.

Montez maintenant, monsieur le Ministre! et vous tous, accourus dans une vingtaine d'embarcations, montez aussi, envahissez notre bateau à votre tour! S'il ne reste plus de place sur le pont, il y en aura suffisamment dans les salons et dans les couloirs!

En un clin d'œil, c'est un vacarme indescriptible. On s'embrasse, on se tape dans le dos; c'est à qui criera le plus fort. Je tâche comme tout le monde, au milieu de ce brouhaha infernal, d'apprendre quelque chose sur la situation du pays.

Voici en quoi se résument les dernières nouvelles : il y a des combats et des escarmouches dans l'intérieur du pays, surtout autour de Valencia, mais la Guayra, Puerto Cabello et Caracas sont tranquilles; donc aucun inconvénient pour débarquer.

Les agents de la Compagnie transatlantique sont MM. Hellmund et C°. L'un des associés de la maison monte à bord, ce qui me procure l'occasion de lui présenter la lettre d'un ami commun, qui me recommande à son bienveillant accueil. Je ne puis mieux tomber; la chaloupe de l'agence me conduit à terre, et M. Hellmund veut bien m'assister dans les formalités quelque peu compliquées dont la douane se plaît généralement à tracasser les voyageurs. Grâce à lui, la visite se passe

Chemin de fer de la Guayra à Caracas.

en quelques instants, et, séance tenante, mes bagages sont enregistrés pour le train qui partira à deux heures et demie pour Caracas.

La chaleur à la Guayra est accablante comme toujours. M. Hellmund me conduit au cercle, où, à la faveur des courants d'air établis, il règne une certaine fraîcheur. La ville n'offrant rien de curieux, j'emploie mon temps à parcourir les journaux et à me rendre compte de ce qui s'est passé dans le monde depuis mon départ de Saint-Nazaire, spécialement dans le pays où je viens de mettre le pied.

En me préparant à monter dans le train, j'aperçois une voiture réservée pour le Ministre de la guerre et sa famille. Le wagon de queue est rempli de soldats qui nous serviront d'escorte. Ces imposants guerriers me donnent un avant-goût de ce que sera l'armée vénézuélienne : mais n'anticipons pas, à Caracas je pourrai m'en rendre compte d'une façon plus sérieuse. Le ministre était descendu à la Guayra deux jours auparavant; son train avait été attaqué et criblé de balles. Il y avait eu deux morts et deux blessés.

A franchement parler, son retour par notre train ne me plaisait que fort médiocrement; j'aurais préféré qu'il eût retardé son départ jusqu'au lendemain. Dans tous les cas, nous avons quarante soldats pour nous protéger tant bien que mal, en admettant toujours que leurs fusils n'éclatent pas, s'ils sont amenés à s'en servir.

Le chemin de fer de la Guayra à Caracas s'élève successivement jusqu'aux plus hauts sommets de la chaîne que nous avons admirée dans la matinée. La route est superbe; elle serpente le long des flancs de la montagne, en décrivant les courbes les plus extravagantes. C'est un trajet de 28 kilomètres, offrant les plus beaux panoramas et donnant parfois de violentes émotions, quand le train côtoie des précipices d'une profondeur vertigineuse. La ville que nous venons de quitter ne fait que diminuer de proportions; bientôt elle ne rappelle plus que les maisonnettes d'une boîte de Nuremberg, et la mer bleue sert de limite aux déclivités verdoyantes qui s'étendent à nos pieds. Le coup d'œil plus tard, quand la Guayra a disparu, change à chaque zigzag; spectacle unique en son genre, grandiose et fascinant.

Réglementairement la durée du trajet est de deux heures, mais souvent on met le double du temps à l'accomplir, par suite des éboulements qui se produisent à tout moment dans les flancs des coteaux, spécialement dans les temps de fortes pluies. Il faut alors déblayer la voie pour permettre à la locomotive de continuer son parcours. Nous nous arrêtons à quelques stations, où se presse une foule désireuse de souhaiter la bienvenue au ministre. Ce haut fonctionnaire ne me paraît pas imbu de préjugés; je le vois allumer sa cigarette à celle d'un voyou débraillé et sans chaussures. L'absence d'étiquette me fait sourire, mais pour quiconque connaît les mœurs des républiques espagnoles de l'Amérique du Sud, cette liberté démocratique n'a rien de surprenant.

Nous débouchons sur un plateau situé à environ 3000 pieds au-dessus du niveau de la mer, et distinguons dans le lointain les premières silhouettes de la capitale. Nous n'avons pas été attaqués, et nous n'avons qu'une heure de retard. Tout est donc pour le mieux!

CHAPITRE II

Caracas. — En pleine révolution. — Une bombe. — Le climat, le commerce, les richesses du sol. — Les jolies femmes. — L'armée. — « *Otra Acera* ». — Les édifices publics. — Antimono. — Les promenades. — Le gouverneur de Caracas. — Retour à la Guayra. — La douane. — Puerto Cabello. — En route pour Curaçao.

Me voici donc débarqué à Caracas. Un Français à bord de notre paquebot m'avait prévenu que les hôtels y étaient tous mauvais, spécialement au point de vue de la nourriture, mais que le Grand Hôtel était encore le moins mauvais de tous. Naturellement j'avais fixé mon choix sur ce dernier.

Un essaim de commissionnaires se précipite sur moi ; tous appartiennent au Grand Hôtel. Je connais ce système qui me rappelle l'Italie d'il y a trente ans, et j'hésite à quel saint me vouer. Un Anglais obligeant, habitant de la ville, et avec qui je m'étais trouvé dans le train, me désigne dans le tas un personnage couleur café au lait, qu'il connaît comme appartenant réellement à l'établissement où je me suis décidé à descendre. Je puis sans danger lui confier le bulletin de mes bagages et monter dans une voiture pour gagner l'hôtel.

Les bagages seront chargés sur un chariot et me suivront dans un quart d'heure. En effet, au bout de deux heures d'attente, je les vois arriver!

La chambre qu'on me donne est vraiment belle, propre et spacieuse, et l'hôtel tout entier respire un air de propreté qui ne laisse pas que de me surprendre. Quant à la nourriture, elle est détestable; de l'eau chaude en guise de potage, de la viande dure comme des semelles de souliers, des plats mystérieux imprégnés d'un affreux goût de graisse, de l'ail et des oignons partout : voilà le menu quotidien. Comme consolation, on m'apprend que le propriétaire vient de congédier son cuisinier, d'origine française et artiste dans son genre. Un gâte-sauce du pays faisait mieux son affaire, et lui permettait de réaliser des économies sérieuses sur son budget, ce dont je n'ai jamais douté en savourant les produits de l'art culinaire du successeur.

A peine descendu à l'hôtel, je tombe dans les bras d'un ancien ami, M. L..., chargé d'affaires de Belgique et récemment arrivé à Caracas. M. L... ne s'installera que le mois prochain dans la résidence qu'il a choisie, et habite le Grand Hôtel en attendant. Nous prenons nos repas ensemble, et tout en maugréant contre les horreurs qu'on nous sert, nous aimons à évoquer les souvenirs des belles terres tropicales où nous nous sommes connus.

Je rends visite le lendemain à M. le marquis Rippert de Monclar, ministre de France, à M. Hellmund, consul général des Pays-Bas, et à quelques autres personnes pour qui j'ai des lettres d'introduction. Ma première préoccupation est de me renseigner sur ce qui se passe au Venezuela et sur ce qu'on pense des événements qui vont se produire.

Les informations que j'obtiens de l'élément étranger auquel je m'adresse sont toutes les mêmes. On ne sait absolument rien de positif; tout est problématique dans la lutte que le parti révolutionnaire livre au gouvernement; c'est une partie de rouge et noir dont l'enjeu est le désordre et le gâchis. Ce que le Vénézuélien pourrait me raconter ne saurait avoir la moindre valeur. Il appartient au parti du gouvernement ou bien à celui de la révolution. Sa couleur politique lui dicterait la réponse à donner à mes questions et cela ne m'avancerait guère; c'est donc seulement auprès des représentants des gouvernements étrangers que j'obtiendrai des renseignements utiles et impartiaux.

La prudence, comme mère de la sagesse, m'est recommandée à tous les points de vue. Le pays est plein d'espions; on se met volontiers à causer avec vous, on s'efforce de vous arracher une opinion quelconque et l'on vous dénonce sous le prétexte le plus futile. Aussi, par mesure de précaution, j'échange le jour même mon passeport qui est périmé contre un passeport en règle, qui ne me quittera plus. Au bureau de poste on retient et l'on ouvre les lettres dont l'écriture de l'adresse est connue, ainsi que celles adressées à des personnes suspectes. La poste de chaque ville possède, d'après ce qu'on m'affirme, une liste assez longue des personnes que l'on désire surveiller.

Ce qui m'aurait paru assez bizarre en d'autres circonstances et dans un autre pays ne m'étonnait donc guère. C'est ainsi qu'une personne de Caracas, pour laquelle je m'étais chargé d'une commission, me demanda dans le cours de ma visite de bien vouloir écrire l'adresse sur une lettre qu'elle adressait à un parent. Son écriture était, suivant toutes les probabilités, connue à la poste, et la mienne ne pouvait l'être! Je ne m'exécutai qu'après une certaine hésitation.

Avant mon départ d'Europe, un ami ayant habité le Venezuela pendant nombre d'années et y ayant conservé de nombreuses relations m'avait donné comme son opinion personnelle qu'au bout de trois ou quatre semaines, c'est-à-dire vers l'époque où je débarquerais à la Guayra, le pays serait rentré complètement dans l'ordre, et que dès lors il n'existait aucun motif pour modifier mon itinéraire. Les nouvelles parues dans plusieurs journaux peu de jours avant mon embarquement à Saint-Nazaire avaient paru confirmer la justesse de cette opinion.

A Caracas je ne tardai pas à me convaincre que la situation était loin d'être aussi couleur de rose. Ce qui se passait dans le pays depuis bientôt trois mois n'était considéré que comme le prélude du bouleversement général qui allait incessamment se produire. Le ministère ne demandait qu'à démissionner, mais le président tenait absolument à rester au pouvoir. Du reste, au point de vue pécuniaire, les fonctions de président dans cette république sont loin de constituer une sinécure.

Dans le cas où le ministère se retirerait, le président éprouverait la plus grande difficulté à former un nouveau cabinet, et, suivant la constitution du pays, comme cela a lieu à peu près partout, les ministres restent en fonction jusqu'à ce que leurs successeurs soient nommés et installés.

Et tous les jours les bruits les plus contradictoires circulent en ville; ce qu'on apprend le matin est démenti le soir. Les troupes du gouvernement sont victorieuses partout; une heure après, ce sont les révolutionnaires qui ont le dessus, qui marchent sur Valencia, sur Puerto Cabello et vont bientôt menacer la capitale. Les journaux ne publient absolument que ce que le gouvernement dicte et approuve; leurs racontars ne signifient donc rien et n'ont aucune valeur.

Je passe souvent ma soirée avec mon ami M. L... dans la demeure hospitalière de M. le ministre de France. Quelquefois j'y apprends du nouveau, mais rien ne laisse encore prévoir une solution prochaine des événements qui troublent le pays. C'est ainsi que certain jour le bruit se répand que la banque a refusé de continuer son crédit en faveur du gouvernement. Ce crédit étant de 2 millions de francs, et les versements successifs s'étant élevés au chiffre de 1 800 000, le gouvernement ne pourra plus disposer que de 200 000. Que va-t-il se passer?

Le navire de guerre français le *Magon* se trouve en rade de la Guayra. Un soir, chez M. de Monclar, je suis présenté à son aimable commandant, le comte Montesquiou de Fézensac. Le même jour, un navire de guerre anglais est arrivé de la Trinidad. Son commandant a pris immédiatement le train pour aller conférer avec le consul d'Angleterre à Caracas, et est reparti le soir même pour Puerto Cabello. Un navire de guerre américain vient également d'être signalé; les résidents étrangers ne demanderaient pas mieux que d'en voir arriver une demi-douzaine de plus, en prévision des surprises que cette révolution leur ménage peut-être encore.

Nous quittons notre hôte à dix heures. A peine dix minutes plus tard, une bombe, lancée du dehors, vient s'abattre dans la cour de la maison, après avoir traversé le salon où causaient encore M. de Monclar et son secrétaire; elle démolit le plafond et répand une poussière aveuglante dans la pièce où ces messieurs se trouvaient. Le lendemain j'ai vu les dégâts, ainsi que l'amoncellement des gravois et du plâtre que l'explosion avait semés partout.

Bien sûr, l'hôtel de la Légation de France n'avait pas été visé; la bombe était destinée à l'une des maisons à côté! Le ministre des finances, M. Mattos, habite à gauche, et la maison à droite appartient à M. Sarria, le ministre de la guerre. M. de Monclar, qui se trouve placé entre le marteau et l'enclume, se demandait avec raison si les erreurs de ce genre allaient bientôt prendre fin. La bombe qu'on venait de faire changer involontairement d'adresse était la seconde depuis un mois; la précédente avait failli tuer sa cuisinière.

Dans tout pays civilisé, on se serait empressé de présenter des excuses au représentant d'un gouvernement étranger, victime d'une pareille agression. Mais, au Venezuéla, on aurait tort de compter sur une marque de politesse, même la plus élémentaire. Ni les voisins, membres du pouvoir, ni aucun aide de camp du président, ne sont venus présenter leurs regrets au ministre de France; et c'est seulement le lendemain dans l'après-midi que la police est venue jeter un coup d'œil, pour se rendre compte des dégâts.

Le sans-gêne, dans ce modèle de toutes les républiques, atteint des proportions inouïes. A Ciudad-Bolivar, un général avait jugé à propos de loger une centaine de soldats dans la maison du consul de France. Ce dernier ayant refusé de les laisser entrer, ils ont tout simplement passé par le toit.

Ce qui m'a fortement étonné, c'est que les faits que je viens de citer, et dont je garantis la parfaite authenticité, n'aient pas produit plus d'émotion en Europe. A Caracas on s'attendait à voir les puissances dont les sujets étaient menacés sans l'ombre d'un doute, se concerter sur les mesures à prendre ; on supposait qu'une immixtion collective allait se produire à bref délai. Je pensais bien que l'affaire de la bombe avait été télégraphiée à Paris, reproduite par tous les journaux, et je me demandais ce que penseraient mes amis d'Europe sur le plaisir que peut présenter en de pareilles circonstances le séjour dans un pays où l'on n'a absolument rien à faire. Peut-être quelque âme sensible avait-elle fait dire une messe basse pour la préservation de mon existence !

Dans le cours des événements qui se produisaient au Venezuela à l'époque dont je parle, beaucoup de personnes insuffisamment renseignées sur la situation du pays se sont demandé pourquoi les puissances européennes, fatiguées à la longue d'un gouvernement qui ne reconnaît rien et se moque de tout, ne s'étaient pas entendues pour mettre un terme aux désordres dont la fin ne se laissait pas prévoir. J'ai lu des articles de journaux étrangers, demandant purement et simplement le bombardement de la Guayra, et dans un certain sens, il y avait de quoi préconiser pareille solution.

Peu de temps après mon départ, en effet, la révolution tourna au brigandage. Sur l'ordre venu de Caracas, le gouverneur de la Guayra avait fait venir plusieurs négociants de cette ville à sa résidence et leur avait déclaré qu'il les retiendrait prisonniers jusqu'à ce qu'ils eussent payé une rançon ; et, parmi eux, se trouvaient six consuls.

Le consul américain, appuyé par les consuls espagnol, français et anglais, demanda la mise en liberté de ses collègues prisonniers. Le gouverneur paraissait hésitant, mais, les navires de guerre en rade se préparant à agir, une dépêche de la capitale ordonna la mise en liberté immédiate. Le gouverneur exécuta cet ordre et déclara que les intérêts des étrangers seraient désormais respectés.

Le bombardement de la Guayra n'aurait jamais d'autre résultat que de compromettre gravement les intérêts européens; car toutes les maisons de commerce sont étrangères, la plupart allemandes ou anglaises. Non, ce qui serait préférable si de pareils désordres se reproduisaient, ce serait tout bonnement d'occuper la douane de la Guayra : mais en Europe, on a peur, dirait-on, de se brûler à l'eau froide. On croit les informations inexactes ou exagérées; ces Vénézuéliens sont si gentils et savent raconter tant de merveilles sur leur pays et sur leur propre personne!

Pour ma part, l'impression que j'ai rapportée des habitants dans les deux voyages que j'ai faits au Venezuela est bien triste, bien pauvre. Quel dommage vraiment qu'une contrée si belle, si fertile et si riche appartienne à un peuple qui n'a jamais su rien en faire de sérieux. Enlevez l'élément étranger, et du commerce même il ne resterait à peu près que zéro. Le Venezuela est un pays charmant et pittoresque, il offre des ressources multiples qu'on n'utilise pour ainsi dire d'aucune façon. La côte possède plusieurs ports excellents et sa promixité relative d'Europe permettrait les relations les plus régulières et les plus étendues.

Le climat est très sain dans les parties élevées; toutefois dans les parties basses, où la chaleur est très forte, la fièvre jaune et d'autres maladies inhérentes à une température accablante se déclarent assez fréquemment. A Caracas, situé à 922 mètres au-dessus du niveau de la mer, le thermomètre ne descend jamais au-dessous de 9°, et le maximum de chaleur relevé dans les dernières vingt années n'a pas dépassé 29°. La saison sèche dure d'octobre ou de novembre jusqu'en avril ; les autres mois de l'année constituent la saison pluvieuse.

Plusieurs chaînes de montagnes traversent le territoire ; l'altitude de beaucoup de leurs sommets atteint de 3 500 à 4 500 mètres, et quelques-uns sont couverts de neiges éternelles.

Suivant le dernier recensement, la population du Venezuela s'élevait à 2 290 958. Si l'on peut ajouter foi aux publications du gouvernement, les naissances des dernières dix années auraient été de 1 sur 29 habitants, tandis que les décès ne se seraient produits que dans la proportion de 1 sur 75. En marchant sur ce pied-là, le pays arrivera peut-être assez rapidement à posséder une population plus en rapport avec son étendue. Pour le moment, cet immense territoire contient moins d'habitants que la seule ville de Paris, alors que sa superficie est au moins deux fois plus grande que celle de la France. Caracas, la capitale, a 72 429 âmes, ou 89 133 si l'on y ajoute la population des six paroisses qui dépendent d'elle.

Pour les rendements du sol, les chiffres d'importation et d'exportation, je me méfie absolument de l'annuaire du Venezuela dont m'a fait cadeau un des consuls. Cet aimable étranger, en me le remettant, m'a conseillé de n'accepter les chiffres qui y figurent, que sous bénéfice d'inventaire. Un négociant allemand, établi à Puerto Cabello, me confirmait plus tard qu'au point de vue du mouvement commercial cet annuaire n'était qu'un assemblage de chiffres fantastiques et erronés.

Comme détail véridique, je puis affirmer que Hambourg tient la tête en ce qui concerne l'importation. Vient ensuite Liverpool avec une valeur moitié moindre; le Havre, Bordeaux et les autres ports européens n'expédient qu'un total peu important.

Les principaux produits du Venezuela sont le café et le cacao. Suivant l'annuaire, on aurait exporté en 1890 43 168 952 kilos de café et 6 894 000 kilos de cacao. Mon négociant de Puerto Cabello a haussé les épaules quand je lui ai demandé son appréciation sur ces chiffres! La canne à sucre n'est cultivée que pour la consommation du pays; on ne l'exporte pas. Par contre, le sucre étranger ne peut être importé dans le pays. On exporte des cuirs en quantité peu considérable, principalement aux États-Unis, et du bois de campêche et autres bois de teinture pour Bordeaux et le Havre.

Étant donnée la fertilité exceptionnelle du pays, il va sans dire que sous un gouvernement sérieux et éclairé, secondé dans ses efforts par une population laborieuse, les cultures du café, du cacao, du sucre et de tant d'autres produits naturels des terres tropicales pourraient donner des rendements importants. Les bois de teinture et ceux qu'on emploie dans l'ébénisterie et la menuiserie sont représentés au Venezuela par les espèces les plus riches et les plus variées; ces trésors sont à peine exploités.

Les mines ne manquent pas non plus et elles contiennent des métaux précieux : l'or, l'argent, le cuivre, le fer. Leur exploitation pourrait contribuer d'une manière efficace au développement général du pays. Dans les quatre dernières années on aurait exporté un total de 10 000 kilos d'or (c'est toujours mon annuaire, sujet à caution, qui parle).

Les laines, les cotons et les soies ne demanderaient

que des industriels intelligents pour assurer à ces articles des débouchés nombreux. Le gouvernement avait fondé à Caracas un établissement de sériciculture, mais depuis trois ans on l'a abandonné, quoique les résultats obtenus aient été très encourageants.

Caracas est une ville assez bien bâtie, si on la compare à plusieurs cités de l'Amérique espagnole, mais la réputation qu'on se plaît à lui donner dans les Antilles, où on la représente souvent comme une ville pouvant lutter avec le confort et le bien-être de l'Europe, est plus qu'exagérée. On y trouve, il est vrai, quelques édifices d'un style élégant, d'un aspect qui flatte l'œil; les maisons des habitants aisés sont construites avec luxe; mais, sous beaucoup de rapports, il lui faudrait un conseil municipal, composé d'honnêtes gens ayant voyagé en Europe, et résolus à appliquer, pour l'installation économique de leur capitale, les principes qui constituent le progrès de notre siècle.

Quelques rues sont bien pavées, mais la plupart caillouteuses et pleines de trous, qui vous exposent le soir à vous casser une jambe. Les marchands de chaussures y trouvent leur bénéfice, mais le promeneur attardé, qu'un éclairage insuffisant exaspère, serait presque excusable s'il laissait échapper un juron. Par les temps de pluie, ces voies de communication se transforment en cloaques, en véritables marais; on ne sait plus comment passer d'un trottoir à l'autre. Et cela n'empêche pas qu'un Vénézuélien nous vantera sa ville de Caracas comme le modèle des cités modernes!

Si j'ai été obligé, en reporter consciencieux, de jeter une douche glacée sur l'enthousiasme que la renommée de la capitale a pu provoquer dans l'imagination de ceux de mes lecteurs qui ne la connaissent que par ouï-dire, je dois aussi, pour rendre hommage à la vérité, constater que l'élément féminin est représenté de la façon la plus favorable. Quels jolis minois, quels grands yeux noirs, illuminant un gracieux visage encadré d'une abondante chevelure du plus beau jais, et avec cela quel regard provocateur, quelle conversation empreinte de bienveillance, souvent de poésie !

Ce n'est pas à Paris seulement qu'au sortir de la messe, les curieux se massent devant les églises principales pour assister au défilé du beau sexe, tout comme s'ils sortaient eux-mêmes du tabernacle : à Caracas la jeunesse dorée a pris exemple sur nous, à moins que la même intuition ne se soit produite des deux côtés de l'océan. Si jamais vous visitez la capitale du Venezuela, faites comme les autres, faites comme moi, et postez-vous le dimanche matin vers les onze heures devant la cathédrale. Pour peu que vous possédiez le moindre sentiment esthétique, vous ne regretterez pas votre pèlerinage.

En vous promenant le soir dans les rues, une autre curiosité vous attend, qui vous permettra de faire des études platoniques sur la grâce des Vénézuéliennes. Le salon de la famille se trouve d'habitude au rez-de-chaussée et donne sur la rue. Les fenêtres, qu'on laisse ouvertes, sont protégées par des barreaux de fer qui s'avancent en saillie de quinze à vingt centimètres sur la ligne de façade. Les dames, assises sur des banquettes fixées au mur intérieur, se groupent souvent à trois ou à quatre derrière cette barrière métallique, causant, riant entre elles ou bien flirtant avec les amis qui passent et leur font un brin de cour. Au premier coup d'œil, le néophyte pense involontairement à des perroquets en cage. Dans l'intérieur du salon, les autres membres de la famille et les visiteurs occupent les fauteuils et les canapés; la conversation, comme dans tout milieu espagnol, est généralement assez bruyante, et souvent le public de la rue profite gratis des sons du piano ou d'une romance chantée à pleins poumons. L'exposition est ouverte toute l'année, et s'il fait beau, cette promenade du soir ne manque pas d'attraits et d'émotions piquantes.

L'armée se compose de 12 bataillons de 480 hommes, suivant les données officielles. Au moment de mon passage elle a bien pu atteindre un total de 15 à 20 000. D'après les détails tirés du mémoire du ministère de la guerre de 1891, elle possède :

Canons...........................	234
Mortiers..........................	5
Fusils Remington................	8716
Fusils à piston...................	28 639
Carabines........................	874
Baïonnettes......................	19 852

Parmi ces fusils et ces baïonnettes, y en a-t-il qui n'existent que sur le papier? Je ne saurais le dire.

Cette armée, de 5 760 hommes en total, est commandée par :

Généraux........................	300
Colonels.........................	139
Commandants...................	132
Capitaines.......................	469
1ers lieutenants.................	240
2es lieutenants..................	450

Les 300 généraux sont inscrits sur la liste du ministère de la guerre; mais il y en a bien plus. Suivant une décision du congrès, un millier de gradés ont le droit de s'affubler de ce titre!

Vue de Caracas.

La tenue des soldats, pour quiconque arrive de nos pays de l'Europe, produit un effet déplorable. La propreté d'abord laisse beaucoup à désirer; puis certains détails de l'habillement et le sans-gêne individuel, substitué ici à toute discipline, excitent la gaîté de l'observateur.

Au Venezuela, le voyageur éprouve un avant-goût d'Haïti : mais n'anticipons pas; l'organisation militaire de ce dernier pays est encore plus grotesque. Nous aurons l'occasion de l'admirer, en visitant Port-au-Prince.

Dans l'état actuel du pays il m'a été impossible de pénétrer dans une caserne et d'étudier sur le vif l'existence des malheureux soldats entassés dans des locaux malpropres et piteusement aménagés. J'ai dû me contenter d'un coup d'œil furtif, jeté à travers une porte ouverte, et d'un examen sommaire, en passant devant des colonnes en marche. Le palais du Président et certains édifices municipaux sont gardés par une vingtaine de ces guerriers; dans mes promenades en ville j'ai la satisfaction au moins de prendre mes notes sur cette partie de la force armée.

Le soir je me méfie des coups de fusil, qui partent de temps en temps du faîte d'une maison. Après neuf heures, il est interdit de circuler devant une caserne, et l'on est obligé de suivre le trottoir opposé. Les casernes et les maisons dans lesquelles se trouvent des troupes sont relativement nombreuses et ce serait exiger un peu trop de la population, à plus forte raison de l'étranger de passage, que de s'attendre à ce qu'elle connût tous les endroits où la consigne l'oblige à prendre l'autre côté. Le promeneur, Dieu merci, est donc averti par la sentinelle qui se trouve en faction sur le toit de la maison devant laquelle il lui est défendu de passer. Elle lui crie d'un ton impératif : « *Otra Acera* ».

Otra Acera signifie « l'autre trottoir ». C'est facile à comprendre pour celui qui parle l'espagnol, mais le pauvre touriste, peu linguistique, attardé dans les rues de Caracas et ne demandant qu'à rentrer paisiblement chez lui, risque fort d'attraper une balle s'il ne se rend pas séance tenante à l'injonction partie d'en haut.

Un soir, je revenais de chez M. de Monclar en compagnie de M. L...; tout en fumant notre cigare et en discutant sur les événements du jour, nous suivions, sans y prendre garde, le côté de la rue, où cependant nous aurions dû nous rappeler qu'il y avait une caserne. Soudain un « *Otra Acera* » traversa le silence de la nuit : inutile d'ajouter que d'un bond agile nous avions gagné le trottoir opposé! Deux minutes après, nous entendons derrière nous un coup de fusil, et, en nous retournant, nous apercevons une ombre humaine fuyant à toutes jambes dans notre direction. C'était probablement un nouveau débarqué, non encore au courant de ces surprises inhérentes à une promenade nocturne.

Parmi les personnes de valeur dont j'ai pu faire la connaissance à Caracas, je ne puis manquer de citer M. Ernst, homme fort instruit et d'une intelligence universellement reconnue. M. E., pour qui un ami de Paris m'avait remis un mot d'introduction, se trouve placé à la tête du Musée ; il veut bien m'y accompagner et appeler mon attention sur les collections qu'il renferme. Les singes empaillés et les morceaux de minerai ne provoquent, de ma part, qu'un enthousiasme modéré ; la partie qui contient les objets et les documents ayant rapport au libérateur du pays, Simon Bolivar, présente plus d'intérêt. M. E., comme beaucoup de directeurs de musée, se plaint du peu de fonds dont il peut disposer pour augmenter l'importance des collections.

27 mai. — C'est le jour de l'Ascension. J'ai assisté au défilé du beau sexe au sortir de la messe, et le cuisinier de l'hôtel m'a régalé comme d'habitude. Dans l'après-midi je prends le train pour Antimono, où réside le Ministre d'Allemagne, M. le comte Kleist-Tychow, chargé également des intérêts de l'Angleterre et des Pays-Bas, depuis que ces deux pays ont interrompu leurs relations diplomatiques avec le Venezuela.

Le comte Kleist est à peu près le seul diplomate marié ; presque tous ses collègues étant célibataires, les réceptions dans le monde officiel étranger n'existent guère. La route de la capitale à Antimono est fort belle ; le chemin de fer continue jusqu'à Los Teques et sera prolongé plus tard jusqu'à Valencia, pour se joindre à la ligne qui reliera Puerto Cabello à Caracas.

Le Ministre habite l'ancienne résidence du général Guzman Blanco. C'est une maison spacieuse et bien aménagée à tous les points de vue, située dans un paysage charmant. On croirait que là au moins, à la campagne, les troubles dont le Venezuela est le théâtre ne trouveraient pas d'écho. Il paraît qu'il n'en est rien ; la veille au soir on s'est battu dans les alentours, et pendant la nuit encore, on a été réveillé par les coups de fusil.

Les journaux ne parlent pas de ces escarmouches, pas plus qu'ils ne font mention des bombes qui éclatent en ville par intervalles, ou bien d'un combat livré l'avant-veille à Petare, et quelques jours après à Puerto Cabello. Ils répètent à satiété que la tranquillité est parfaite, que les troupes du gouvernement triomphent partout et que la fin de la révolution est imminente.

Le Ministre, comme ses collègues à Caracas, est tellement convaincu de la faiblesse du gouvernement, et du peu de sécurité qu'il peut assurer aux habitants, qu'il approuve hautement la résolution que j'ai prise d'être toujours porteur d'un passeport parfaitement en règle. Aux questions que je me permets de lui adresser, j'obtiens la même réponse que dans la métropole : personne ne sait rien de positif, mais tout porte à croire, à travers le dédale des bruits les plus contradictoires qui circulent, que la situation se complique de plus en plus. Un dénouement, quel qu'il soit, ne peut se laisser attendre bien longtemps et serait un bienfait pour le commerce, pour le pays entier, pour tout le monde.

Le Président, me dit-on, a reçu de nouveau le conseil, tant de ses ministres que du conseil fédéral et de quelques amis personnels qui lui sont restés dévoués, de donner sa démission. Mais le chef de l'état est tenace et ne semble pas disposé à sacrifier une situation qui rapporte. Soyons justes : ce n'est pas au Venezuela seulement que des spécialistes, arrivés au pouvoir sans un sou dans leur poche, deviennent millionnaires, on ne sait comment, au bout d'un certain temps!

Une des plus belles promenades des environs de Caracas est celle du Calvaire. Autrefois elle portait le nom de : Paseo de Guzman Blanco, car on la doit à ce général, qui, notons-le en passant, a été en cette terre privilégiée de la nature le seul gouverneur ayant fait vraiment quelque chose d'utile au pays. Après sa chute son nom devait disparaître; on lui a substitué celui de : Paseo del Calvario.

La population ingrate a même jugé à propos d'arracher de son piédestal la statue de Guzman Blanco, érigée au sommet de la colline, dont la hauteur atteint une hauteur de 200 pieds environ.

Au fur et à mesure que l'on monte, une riante végétation charme les regards de chaque côté du chemin. Des fleurs superbes, artistement groupées, émaillent les gazons de leurs vives couleurs, se détachant sur la sombre verdure d'épais massifs, d'arbustes et de plantes tropicales aux formes les plus variées. Bientôt la vue s'élargit et du haut de la colline on jouit d'un panorama de toute beauté sur la ville, la vallée et la chaîne de montagnes qui se perd à l'horizon.

Souvent le soir il y a musique sur la place San Francisco. Le beau monde a l'habitude de s'y rendre. Alors on prend une chaise ou bien on se promène lentement à la faveur d'une température généralement délicieuse. Les passions politiques semblent s'assoupir sous l'influence des instruments; on ne se croirait plus dans un pays bouleversé.

La place Bolivar est ornée d'un jardin, installé avec goût et protégé par une grille. C'est encore un lieu de réunion fort apprécié, aussi bien par le flâneur paisible absorbé dans ses méditations, que par la jeune fille romanesque qu'un aimable flirteur poursuit de ses assiduités.

A un kilomètre environ de Caracas commence une autre belle promenade, appelée El Paraiso (le Paradis). On se propose d'y construire sur l'un des côtés une ville toute neuve, dont l'attrait serait rehaussé par le pittoresque de la situation. Le parc, auquel on travaillait à l'époque de mon séjour, est tracé avec art; au milieu on a creusé un petit lac. Sous l'influence d'un pareil climat, les arbres, nouvellement plantés, ne tardent pas à pousser avec vigueur, et tout fait présumer que l'ombrage désiré sera obtenu en peu d'années. Je suis heureux de retrouver mes amis d'Australie, les eucalyptus, en quantité assez considérable, et je savoure avec bonheur leur parfum tout spécial.

J'ai régulièrement rendez-vous avec M. L... vers les quatre heures, et les intéressantes excursions que nous faisons dans les environs sont un dédommagement de la fâcheuse impression que me produit tout ce que je vois et tout ce que j'entends en ville. C'est ainsi que certain soir il m'est donné de jouir d'un autre panorama ravissant. Après avoir traversé un pont en fer, nous gravissons un monticule élevé, et bientôt nous découvrons une vue splendide sur le plus charmant des paysages. A la descente, nous croisons une douzaine de voitures suivant un corbillard qui s'achemine vers le cimetière voisin. Le char mortuaire dépasse le nôtre en luxe et en élégance, mais assurément les convenances sont moins bien respectées que chez nous. Que dirait-on à Paris d'un monsieur, parent ou ami, installé dans une voiture de deuil, les jambes croisées, la canne sur les genoux et le cigare à la bouche? Autres pays, autres mœurs!

Un jour de pluie torrentielle me fournit l'occasion d'étudier l'installation défectueuse de l'écoulement des eaux. Les rues sont devenues des ruisseaux; un négrillon, monté à califourchon sur une poutre, descend la rue où se trouve mon hôtel, et qui se prolonge en pente vers les confins de la cité. Il a l'air d'un échappé de quelque naufrage. Ce déluge, m'empêchant de sortir, me fait songer à ma correspondance; d'ailleurs le bateau pour Saint-Nazaire doit passer à la Guayra dans peu de jours. Je suis le conseil qui m'a été donné par des personnes au courant de l'honorabilité des employés de la poste; en déposant mes lettres au guichet je prends soin de constater que l'employé oblitère les timbres. Sans cette précaution, on s'expose à ce que le timbre immaculé soit arraché, et que la lettre fasse le voyage, vierge de tout affranchissement, ou bien que, pour simplifier la question, on la fasse tout bonnement disparaître.

La veille de mon départ, j'apprends par les journaux, qui se publient entre six et sept heures du soir, qu'à partir du lendemain personne ne pourra quitter le district sans un passeport spécial délivré par le gouverneur de Caracas. Mon passeport ordinaire, émanant du consulat, ne me servira que pour quitter le pays et pour obtenir à la Guayra un permis d'embarquement. Mes malles sont faites, j'avais formé le projet de prendre le train du matin, de peur que celui de l'après-midi ne rencontrât encore des éboulements. A la suite des pluies, ces éboulements se produisaient tous les jours; ils auraient pu me faire manquer le bateau sur lequel j'ai pris passage pour Curaçao. Il faut absolument que j'aille à la recherche de ce gouverneur pour lui demander le permis nécessaire.

Le Consul m'accompagne. Nous cherchons le haut personnage partout; dans sa maison, au palais du président de la république, dans les bureaux du gouvernement, dans tous les cafés où le soir il se repose de ses importantes fonctions : il est introuvable. Après deux heures de navette entre tous les établissements où il y avait chance de le rencontrer, nous finissons par le trouver à la police, se disputant avec un individu en manches de chemise. J'ai peine à croire que la personne à qui le Consul s'adresse est « el Señor Gobernador »; mais peu m'importe.

L'essentiel pour moi, c'est qu'après avoir reçu l'explication de mon cas, il me promet de la façon la plus formelle que le lendemain matin vers huit heures il sera à son bureau et me délivrera mon passeport. Pas de crainte! je pourrai prendre le train de huit heures et demie.

J'avais bien le pressentiment que cette belle promesse n'aboutirait qu'à une déception de plus dans mon séjour à Caracas, mais en pareille circonstance tout raisonnement est complètement superflu.

A sept heures je me rends à la gare, je fais enregistrer mes bagages, opération qui demande trois fois autant de temps au Venezuela que partout ailleurs, et, débarrassé de ce souci, je me trouve bien avant huit heures dans le cabinet du fameux gobernador. Les journaux que j'avais dans ma poche m'ont agréablement coupé le temps, car mon sauveur n'est en retard que d'une heure, et mon train est déjà loin!

Il ne me reste donc plus que le train de l'après-midi, mais le départ du bateau est affiché pour six heures, et le moindre éboulement sur la route pourra me le faire manquer. Je cours à l'agence, où j'obtiens la promesse qu'on donnera l'ordre par télégraphe de ne laisser partir le steamer qu'après l'arrivée du train. M. Hellmund à la Guayra est prévenu également; il m'attendra à la gare, muni de mon permis d'embarquement, et m'assistera dans le transport de mes bagages et les formalités de douane.

Toutes ces précautions s'imposent à cause des complications qui sont à l'ordre du jour. Un voyageur arrivé la veille à l'hôtel m'avait raconté que les pluies avaient déterminé un éboulement en deux endroits; le premier n'avait causé qu'un retard de peu de minutes, mais le second avait donné lieu à un transbordement dans un train qu'on avait envoyé à la rencontre des voyageurs en détresse, condamnés toutefois à faire un bon bout de chemin à pied. Sous l'influence des eaux, les parois de la montagne se désagrègent; le sable se détache; les parties rocheuses, s'émiettant et s'effritant à la longue, achèvent l'encombrement de la voie.

Mon ami M. L... me serre la main et me donne rendez-vous en Europe pour l'été prochain ; un coup de sifflet retentit et Caracas disparaît à mes regards. Je n'en suis vraiment pas fâché ; et si jamais je dois y retourner, j'attendrai que le pays soit complètement changé.

Aucun *derumbo* (éboulement) ; tout a été déblayé et nous avançons sans crainte et sans retard. Les panoramas qui se déroulent sous nos yeux me paraissent encore bien plus pittoresques qu'à mon voyage d'aller, mais, à mesure que nous descendons, nous sentons graduellement augmenter la chaleur qui monte à notre rencontre du fond du gouffre embrasé vers lequel serpente la locomotive. Quelle route fascinante, effrayante parfois à cause des précipices qu'on longe, offrant toujours les coups d'œil les plus variés, noyée à perte de vue dans l'exubérance d'une végétation qui semble tout envahir !

Sur la plate-forme de la gare je trouve M. Hellmund qui, au moyen de quelques pièces sonnantes, me débarrasse de la douane et des oiseaux de proie qui fondent sur mes bagages. Il me remet mon permis d'embarquement et ne me quitte qu'après mon installation à bord.

Je n'ai jamais pu comprendre les tarifs en vigueur au Venezuela pour la taxe des bagages ; on les pèse à la douane et le malheureux voyageur est obligé de passer souvent par des exigences exagérées quand il quitte le pays. Ce système est d'autant plus adorable que, la plupart du temps, on n'emporte absolument rien qui soit passible de droits. M. Hellmund, qui est en rapports quotidiens avec les employés de la douane, a transigé pour un poids de convention, et, moyennant quelques francs, mes malles peuvent quitter le débarcadère. Un touriste anglais a moins de chance ; je le vois encore en dispute sur le quai, alors que, tranquillement appuyé sur les bastingages du paquebot, j'assiste aux préparatifs du départ.

Le steamer sur lequel je me trouve s'appelle le *Philadelphia*; il appartient à une compagnie américaine dont le siège est à New York et se distingue par une extrême propreté et une tenue irréprochable. Les cabines sont installées sur le pont, ce qui constitue un grand avantage pour les traversées dans les régions tropicales. En dehors de moi il n'y a que deux passagers pour Curaçao; les autres vont à Puerto Cabello, où nous devons toucher en route. Après le dîner je m'allonge dans un fauteuil sur le pont; la mer est unie comme une glace et la brise du soir m'envoie des caresses rafraîchissantes.

4 juin. — Au lever du soleil je suis sur pied. Nous sommes arrivés devant Puerto Cabello, et après les formalités d'usage, notre *Philadelphia* est amarré à quai.

La ville est toujours aussi sale qu'autrefois; les rues, non pavées, se transforment en épouvantables bourbiers par les temps de pluie. Le séjour doit y être bien triste et manquer de distractions. Quant au commerce, comme à la Guayra, il se trouve en majeure partie entre les mains de maisons allemandes.

J'aperçois un établissement de bains au bord de la mer; il doit être d'installation récente, car, à mon dernier passage en 1881, il n'existait pas encore. Le bain que j'y prends constitue une véritable jouissance, d'autant plus que les requins, si nombreux sur la côte, ne sont pas à redouter ici, la construction étant entourée de grillages solides. Un petit parc coquet, non loin de là, tranche avantageusement sur la monotonie et le peu de charme que présente la ville. Il est proprement

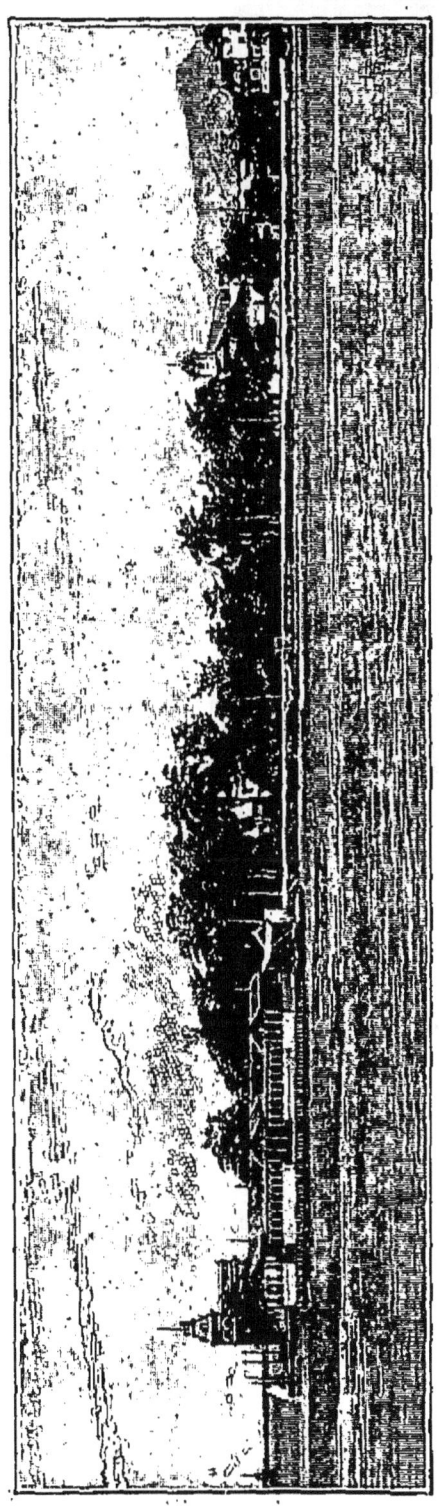

Puerto Cabello.

entretenu et contient, en dehors des palmiers et des grands arbres de la zone tropicale, une variété infinie d'arbrisseaux, d'arbustes et de plantes, aux fleurs des plus belles nuances. Il fait bon dans cette retraite ombragée, où la brise de mer pénètre légèrement; la flore l'enveloppe d'un amalgame de délicieux parfums; à gauche du banc où je suis assis, une fontaine, ayant certaine prétention à l'élégance, fait entendre un murmure harmonieux.

De superbes lézards verts et bleus traversent les sentiers; je me crois dans un petit paradis. Ève seule manque. Du reste, la voici, apparaissant sous la forme d'une négresse, s'asseyant sur le bout de mon banc et se mettant à savourer des mangues qu'elle tire de son panier.

S'apercevant que j'examine ses fruits avec attention, cette Ève fin de siècle ne m'offre pas la pomme traditionnelle, mais une superbe mangue aux teintes dorées. Je succombe comme le père Adam, et pour ne pas être en reste de politesse, j'offre une cigarette, qui est acceptée et allumée sur-le-champ. La conversation s'engage, et ma conquête m'apprend qu'elle est Martiniquaise et que, manquant de travail, elle a quitté Fort-de-France après le cyclone. Aujour-

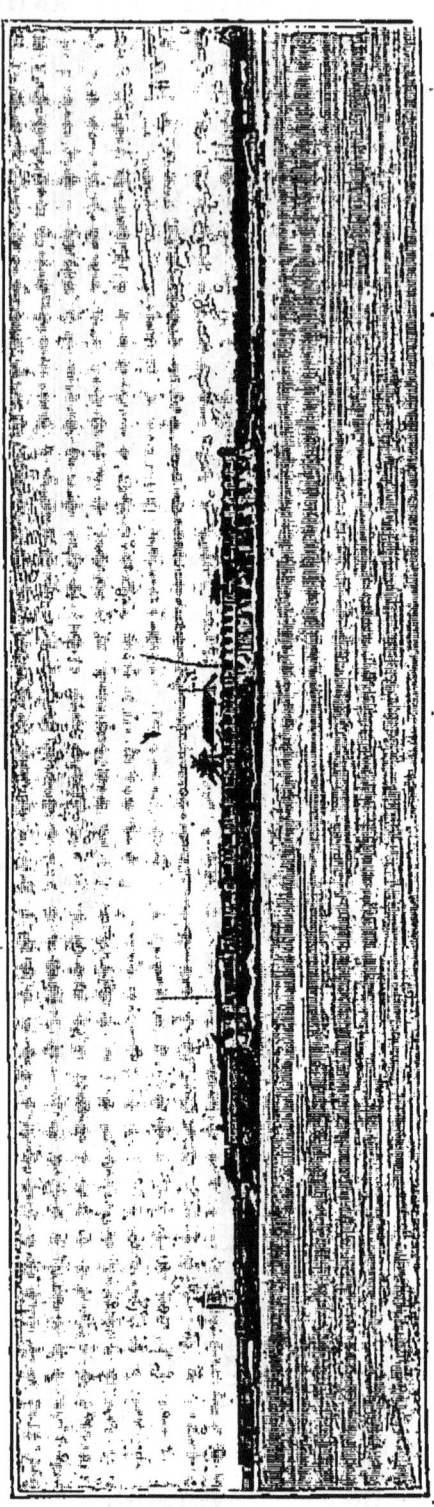

Puerto Cabello.

d'hui elle est établie blanchisseuse à Puerto Cabello ; je félicite la Martinique du départ de cette destructrice du linge des voyageurs!

Le consul de Belgique, M. Mauss, m'a invité à déjeuner. Je passe deux heures charmantes dans sa maison hospitalière, et dans l'après-midi je retourne à bord.

Le *Philadelphia* part vers le coucher du soleil, et bientôt les côtes de Venezuela se perdent à l'horizon. Dans ce malheureux pays on s'est battu encore pendant pas mal de temps après mon départ, et finalement le président en fonction a dû se retirer avec ses ministres.

Le général Crespo, chef de l'insurrection, après plusieurs combats triomphants dans les environs de Valencia, s'est acheminé par étapes vers la capitale; Caracas n'a pu se défendre longtemps, le gouvernement ayant compris que toute résistance au parti révolutionnaire était désormais devenue inutile. Voici donc le Venezuela en repos pour une période dont l'histoire nous dira plus tard la durée, et le général Crespo présidant aux destinées de ce pays éminemment fertile et favorisé par la nature.

Sera-ce un gouvernement stable et sage, n'ayant en vue que le progrès et le développement d'un territoire dont les ressources sont si multiples, mais dont la plus grande partie est restée en friche! L'avenir nous l'apprendra.

Malheureusement, dans ces républiques espagnoles de l'Amérique du Sud, comme à Haïti, au Nicaragua, à San Salvador et ailleurs, la révolution fait partie du régime social. Périodiquement elle fait irruption, au grand détriment des affaires, mais au profit d'un parti quelconque fomentant le désordre et n'envisageant que son bénéfice personnel. En plusieurs de ces pays on a vu, à un moment donné, le gouvernement ne reconnaître aucun principe, se moquant de tout et de tous, foulant aux pieds les lois et les règlements. D'anciens ministres sont tout bonnement mis en prison si un parti nouveau en décide ainsi; on ne recule ni devant l'injustice, ni devant la spoliation. C'est l'*Otra Acera* sur grande échelle!

CHAPITRE III

Curaçao. — L'entrée du port. — Son histoire. — Les hôtels.
— La fameuse liqueur. — Le commerce avec le Venezuela.
— Le *De Ruyter*. — Les cultures. — Voyage en goélette. —
Excursion dans l'intérieur. — Les écoles. — Le *papia-
mente*. — Les salines. — Le phosphate de chaux. — L'île
d'Aruba. — L'avenir du pays.

S'il n'existait une liqueur du nom de curaçao, appréciée de tous les gourmets et connue dans le monde
entier, il est bien probable que la situation géographique
exacte de l'île — voire son existence, — serait ignorée
de beaucoup de personnes. Et cependant cette île
curieuse de Curaçao, appartenant à la Hollande et située
dans le groupe des Iles sous le Vent, en face des côtes
vénézuéliennes, mérite d'être visitée par le voyageur
que le hasard des pérégrinations amène dans la mer
des Caraïbes. Pour l'atteindre il n'y a que deux voies,
celle de New York par les bateaux américains et hollandais qui y font relâche en faisant route pour le Venezuela, ou bien celle de ce dernier pays par les steamers
de différentes nationalités qui y touchent en route pour
Colon et Haïti.

L'origine de son nom repose sur plusieurs conjec-
tures, dont aucune ne me paraît assez sérieuse pour

la mentionner. L'histoire ne nous donne pas la date exacte de sa découverte, pas plus qu'elle n'indique le nom de l'explorateur qui le premier aborda sur ses plages. C'est en 1527 que pour la première fois on entend parler de Bonaire, d'Aruba et de Curaçao, dont l'empereur Charles-Quint prit possession. A cette époque, l'île était habitée par des tribus d'Indiens, d'un caractère extrêmement doux, d'après les récits d'écrivains espagnols.

Au commencement du xviie siècle, pendant la guerre de quatre-vingts ans entre l'Espagne et la Hollande, cette dernière puissance s'en empara, et la paix de Münster en 1648 lui en assura la possession définitive.

La population de Curaçao s'accrut en peu de temps par l'immigration de beaucoup de familles hollandaises qui habitaient le Brésil, et par l'arrivée d'un grand nombre de juifs chassés du Portugal. Ces derniers, devant faire choix d'une nouvelle patrie, obtinrent de la Compagnie occidentale des Pays-Bas l'autorisation de se fixer à Curaçao.

Et voilà qu'en peu de temps cette possession devint une colonie florissante, excitant l'envie de l'étranger. Les Français l'attaquèrent en 1672, mais furent repoussés. En 1678, une nouvelle escadre française, sous le commandement du comte d'Estrées, se dirigea vers Curaçao.

Le vaisseau amiral s'échoua sur un récif de corail, et les autres bâtiments subirent le même sort, ayant reçu l'ordre de rester dans la proximité immédiate du premier. Il est probable qu'une nouvelle expédition aurait été envoyée de France pour se rendre maîtresse de l'île, si dans la même année la paix de Nimègue n'avait mis fin aux hostilités entre les deux pays.

En 1712, nouvelle attaque; Jacques de Cassard partit de Cherbourg à destination des îles du Cap-Vert, de Surinam et de Curaçao. L'année suivante il bombarda l'île, et les habitants, affolés, n'obtinrent un armistice que moyennant une rançon d'à peu près 250 000 francs, payables en espèces, en marchandises et en esclaves.

Ce ne fut qu'à grand'peine que la population réunit cette somme, après quoi l'escadre s'éloigna.

Tout le reste du xviii° siècle fut une époque de prospérité pour Curaçao; le commerce se développa de tous côtés, les magasins regorgèrent de marchandises. Ce qui contribuait dans une large mesure au bien-être de la colonie, c'étaient l'étendue et la sûreté de son port, réputé encore aujourd'hui un des meilleurs des Indes Occidentales. Il n'était pas rare, à cette époque, de voir le port tellement encombré de navires, que les derniers venus étaient obligés de jeter l'ancre à la sortie. De grandes et belles constructions furent érigées, qui attestent encore aujourd'hui la fortune de leurs fondateurs, comme l'esprit entreprenant des ancêtres. Beaucoup de gens arrivés dans le pays sans fortune ne tardèrent pas à s'enrichir; la colonie comptait parmi les plus opulentes des Antilles.

La révolution de 1795 devait avoir son écho à Curaçao comme à Saint-Domingue et en d'autres possessions florissantes appartenant à la France. Les esclaves se révoltèrent, le commerce s'en ressentit, un esprit de malaise et de méfiance se répandit dans l'île.

Les Anglais s'en rendirent maîtres en 1800; mais durent la restituer à la Hollande deux ans après, en vertu des stipulations de la paix d'Amiens. Ils en prirent possession de nouveau en 1804, et ce ne fut qu'en 1815 que l'île fut rendue aux Pays-Bas.

Curaçao. — Le palais du gouverneur.

Depuis cette époque Curaçao n'a jamais pu se relever de la déchéance qui succéda à un siècle de prospérité et de richesse; au contraire sa fortune alla en décroissant d'année en année. L'abolition de l'esclavage ne fit que précipiter son déclin.

Nous arrivons le lendemain matin à l'aube devant la capitale. Avant qu'il ne fît complètement jour, je me trouve déjà sur le pont. J'aperçois des mamelons peu élevés d'une aridité dépassant celle de Saint-Thomas. Les deux îles contrastent singulièrement, à ce point de vue, avec les autres Antilles.

Au fur et à mesure que nous nous approchons, je m'extasie devant l'étalage de coquettes maisons qui sont devenues parfaitement visibles à l'œil nu. Le pilote est monté à bord; nous entrons par la passe, non pas dans le port, mais dans la ville même de Curaçao. Elle est bâtie au bord de la mer et divisée en deux parties par une anse, qu'on appelle la « Rivière ». Cette anse se prolonge jusqu'à une distance d'à peu près un demi-mille et s'élargit à son extrémité, qui sert de mouillage aux navires de guerre. Ce bassin de mouillage s'appelle le *Schottegat*.

Tout de suite à droite, en entrant dans le port, se trouvent le fort et le palais du gouvernement, devant lesquels s'élève un kiosque où la musique militaire se fait entendre deux fois par semaine. Un pont d'environ deux cents mètres relie depuis cinq ans les deux parties de la ville; il repose sur des pontons, dont l'avant-dernier est muni d'une machine à vapeur et s'ouvre gratuitement pour donner passage aux navires. Le piéton paye un droit de passage de 4 centimes, mais il peut prendre un abonnement mensuel; les voitures ont à payer un tarif relativement élevé; par contre, le nègre jouit d'une taxe réduite. Autrefois le passage se faisait au moyen de petites embarcations, qui existent encore et dont on se sert fréquemment pour aller d'une rive à l'autre, quand on veut se soustraire à l'inconvénient d'une promenade en plein soleil, ou qu'on veut éviter le détour du pont. Les bateliers se contentent de la modeste rétribution de 10 centimes.

Le pont s'est ouvert et nous entrons en pleine ville. Il est impossible, après avoir fait relâche dans plusieurs ports des Antilles et du Venezuela, où la propreté laisse souvent tant à désirer, de ne pas être frappé de l'aspect gai et riant, de la propreté vraiment hollandaise qu'on retrouve ici de l'autre côté de l'océan.

La partie droite porte les noms de *Pietermaai*, *Scharloo* et *Willemstad*; c'est là qu'on trouve les maisons de commerce, les hôtels, les petites guinguettes et les boutiques. La partie gauche s'appelle *Otrabanda*. Deux des trois hôtels que j'aperçois m'inspirent une confiance justifiée par la façade et l'aspect de propreté : nous verrons une fois de plus qu'il ne faut jamais se fier aux apparences.

Le *Philadelphia* est bientôt amarré au quai de la rive gauche. Je saute à terre, et comme dans les pays tropicaux on est en général très matinal, il n'y a rien d'extraordinaire à ce que je me rende sans tarder chez le secrétaire du gouverneur, qui habite une maison spacieuse, située presque au bord de la mer. Il n'est pas encore huit heures, mais déjà toute la famille est sur pied, et ma visite n'a rien d'insolite ou de contraire aux convenances.

Je fais connaissance avec une famille des plus avenantes et je prie M. le secrétaire de vouloir bien me renseigner sur l'heure à laquelle M. le gouverneur, pour qui je suis porteur d'une lettre du cabinet de la Haye, pourra me recevoir. En outre je demande à être renseigné sur la valeur des hôtels, dont j'ai aperçu les écriteaux du pont de mon bateau.

Mon interlocuteur fronce les sourcils, secoue la tête et me regarde d'un œil de pitié. Hélas! quoique Curaçao ait l'aspect le plus propre des Antilles, nulle part les hôtels ne sont aussi mauvais qu'ici.

Il veut bien m'y conduire sur l'heure, et commence par celui qui est réputé le meilleur.

Je grimpe un escalier crasseux; le maître de céans me montre ses chambres, auxquelles je préférerais de beaucoup les cellules de Mazas. En dehors d'un lit, l'ameublement se compose d'une table de toilette menaçant ruine, d'un pot à eau fêlé, d'une cuvette ébréchée, et d'un seau rouillé. La poussière couvre le plancher, et quelques lambeaux déchirés prouvent qu'il y a eu jadis du papier sur les murs. En voyant la grimace que je fais, le propriétaire me tient un discours, non pas pour me vanter les avantages de son auberge, mais pour me manifester son regret de n'avoir rien de plus confortable à m'offrir.

« J'en ai honte moi-même, me dit-il, mais comment voulez-vous qu'avec le va-et-vient de Vénézuéliens que nous avons, ma maison puisse être tenue propre? »

Le second hôtel est identique au premier comme aménagement; impossible de me décider à m'installer dans ces taudis.

Néanmoins, comme c'est l'heure du déjeuner, je me décide à goûter la cuisine du premier hôtel où je suis entré. Peut-être que le manque de luxe se trouve compensé par les talents culinaires d'un Vatel quelconque. Un savant allemand et sa femme, venus à Curaçao pour

Curaçao. — Le pont.

étudier l'ornithologie du pays, sont déjà attablés et attaquent un ragoût qui me rappelle les rogatons des Halles. Je n'ai pas le courage d'y goûter, pas plus qu'aux saucisses, qui m'inspirent un sinistre soupçon. S'est-on servi de cheval ou de nègre pour les confectionner?

Je me bourre de pain et d'œufs à la coque, et je retourne à bord, où j'ai laissé mes bagages.

Le bateau ne devant partir que le surlendemain, le commandant veut bien m'autoriser à rester à bord jusqu'à ce que j'aie réussi à trouver à me loger.

Le soir il y a réception chez le gouverneur, M. Barge, qui m'avait fait savoir qu'il m'attend, et qui me retient pour une partie de whist. Le gouverneur m'exprime ses regrets de ne pouvoir m'offrir l'hospitalité chez lui. Le palais du gouvernement est en réparations, et pendant les travaux le chef de la colonie habite une villa située sur une colline derrière la ville; dans cette villa il n'y a pas de chambre disponible. Toutefois l'aimable gouverneur trouve une combinaison qui met un terme au terrible cauchemar qui me hante depuis le matin, le souci du logement indispensable.

Il a l'obligeance de m'offrir deux chambres dans le fort, où se trouvent tous les bureaux du gouvernement. Un employé déménage avec toutes ses paperasses; on balaye et nettoie; on envoie un lit, des chaises, une table et tout ce qu'il me faut; Robinson Crusoé est sauvé au point de vue de son domicile. Un ancien soldat me servira de valet de chambre et m'apportera le matin mon café au lait.

La chaleur à Curaçao est moins forte que dans la plupart des Antilles, grâce à la brise et quelquefois à un vent de mer assez fort qui vient rafraîchir la température. Aussi le climat jouit-il d'une grande réputation de salubrité; beaucoup de malades des pays environnants viennent là pour se rétablir. Les cyclones n'y passent que rarement; on n'a eu à en enregistrer que

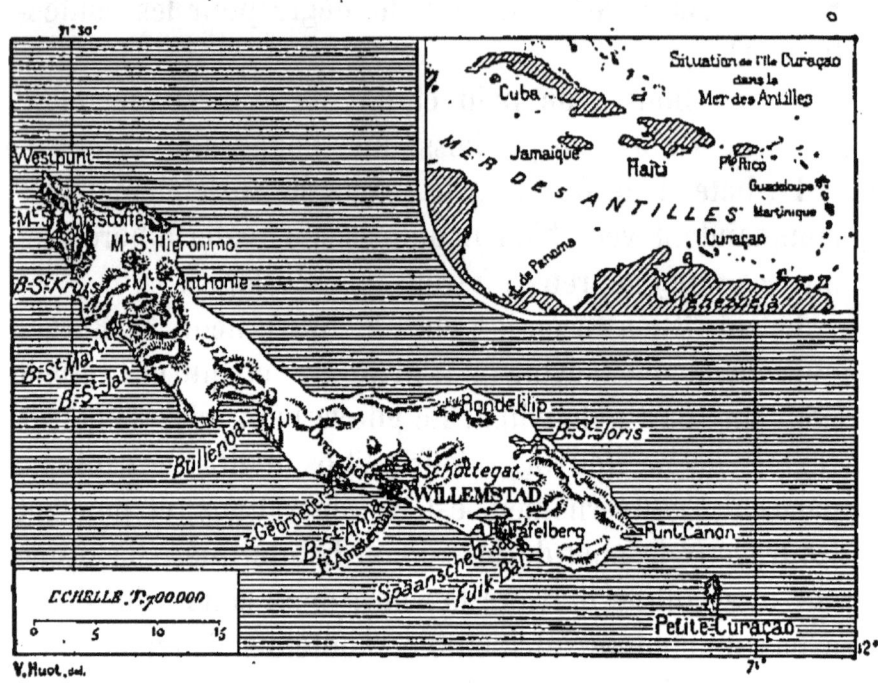

Carte de Curaçao.

deux dans le courant de ce siècle, ceux de 1807 et de 1877.

La pluie y est très rare; souvent la sécheresse, causée par un vent alizé très fort, et régnant la plus grande partie de l'année, dure plusieurs mois. Il est arrivé que pendant un an et même pendant dix-huit mois, pas une goutte d'eau n'est venue arroser la terre, où tout se desséchait. L'aridité de l'île atteignait alors son apogée et faisait concurrence à celle de l'Arabie Pétrée ou des environs d'Aden. Ces grandes sécheresses ont lieu généralement tous les quatre ou cinq ans.

Dans ces conditions il n'est pas étonnant que Curaçao ne produise presque rien. On n'y recueille qu'une quantité peu considérable de mangues, de nèfles, de bananes, de noix de coco, de quelques légumes et d'oranges. Les écorces de ces dernières ont un parfum tout spécial; on les fait sécher et on les expédie à Amsterdam, où elles servent à fabriquer la fameuse liqueur. Depuis un certain temps on s'est appliqué à en fabriquer à Curaçao même; comme résultat, le produit est bien inférieur à la liqueur qu'on distille en Hollande.

L'île est de formation volcanique; en certains endroits on trouve des traces de formation madréporique au-dessus des couches volcaniques primitives. La faune est aussi pauvre que la flore; en dehors d'une trentaine de milliers de chèvres il n'y a que des lapins en nombre limité, des iguanes, quelques vipères inoffensives et des oiseaux de petite taille. La seule bête venimeuse est une araignée, appelée « araignée-orange », dont la piqûre donne la fièvre à l'homme, mais tue le bœuf. Ce dernier, après avoir été piqué, éprouve une soif inextinguible, se gonfle et meurt.

Les rues de la ville sont très bien pavées; elles forment un contraste avantageux avec les cloaques du Venezuela et de Haïti. Les routes de l'île sont bonnes en général. Les maisons sont d'un aspect gai et propre. Le rose, le jaune et le gris sont les couleurs le plus souvent adoptées pour les façades, tandis que la toiture se compose d'ardoises d'un rouge vif.

Presque toutes les maisons sont en pierre, ce qui n'offre pas d'inconvénient dans un pays où les tremblements de terre ne se sont presque jamais fait sentir.

Plusieurs habitations, indiquant l'aisance du propriétaire, sont à colonnades; souvent elles sont précédées

Un quartier de Curaçao.

d'une petite avenue et d'un jardinet où la végétation et les fleurs sont cependant bien clairsemées.

Beaucoup de maisonnettes présentent le vieux cachet hollandais et rappellent les petites villes des Pays-Bas que le confort et l'élégance des constructions modernes n'ont fait encore qu'effleurer. Leur toiture en pente, encadrant un volet vert qui sert de fermeture au grenier, est typique et originale. Ces habitations remontent à un temps déjà assez reculé; plus tard on a commencé à suivre le style vénézuélien : il en est né un mélange d'architecture parfois bizarre. Les grandes maisons, de construction tout à fait récente, portent le cachet espagnol de la côte ferme. La plupart de celles-là sont habitées par les négociants vénézuéliens, qui abondent à Curaçao et qui forment un élément complètement séparé du reste de la population, hormis dans leurs relations quotidiennes d'affaires.

En effet, c'est du commerce avec le Venezuela que l'île de Curaçao a vécu dans ces derniers temps. Il y a une vingtaine d'années, ce commerce était très florissant, et les droits d'entrée, qui n'étaient que de 1 pour 100, rapportaient en moyenne 250 000 francs par an à la caisse coloniale. Depuis quelques années les droits d'entrée ont été légèrement augmentés, et malgré cela ils ne rapportent que près d'une centaine de mille francs maintenant.

Cette ère de prospérité devait être attribuée au fait qu'à l'époque dont nous parlons, Curaçao servait d'entrepôt aux marchandises venant d'Amérique et d'Europe. De là on les réexpédiait par goélettes aux différents ports du littoral. Lorsque le président Guzman Blanco frappa les marchandises importées des Antilles au Venezuela d'un droit additionnel de 30 pour 100, le commerce s'arrêta, mais il fut remplacé par un négoce de contrebande qu'un gouvernement aussi mal organisé que celui du Venezuela sera toujours impuissant à empêcher.

Je suis ici dans une colonie hollandaise, et, de toutes les monnaies qui me passent par les mains, celles de la mère patrie forment l'exception. Tout l'argent des pays environnants circule et a cours, même celui des pays d'Europe. Je reçois tour à tour des pièces anglaises, françaises, américaines, boliviennes, vénézuéliennes, et un beau jour on me montre un dollar, scié en cinq parties triangulaires, dont chaque fragment représente sa valeur proportionnelle.

En dehors du hollandais, parlé par les familles néerlandaises, et de l'espagnol, parlé par celles du Venezuela, il règne ici un patois tout à fait particulier, compris par à peu près tout le monde. C'est le *papiamente*, espèce de bouillabaisse de mots hollandais, espagnols, anglais et autres, tantôt purs, tantôt estropiés de façon à n'en pouvoir reconnaître l'origine. Les nègres et la basse classe ne parlent que ce charabia; par paresse ou par indolence, certains parents n'apprennent pas même le hollandais à leurs enfants. Ceux-ci sauront bien se faire comprendre avec le langage composite que les domestiques leur inculquent dès leur enfance, et, détail caractéristique, il arrive souvent que les parents, à force de ne se servir que de ce dialecte peu harmonieux, ne parlent plus que d'une manière fort incorrecte leur langue maternelle.

Ceci s'applique non pas aux familles arrivées d'Europe, fût-ce depuis nombre d'années, mais à celles qui sont nées dans l'île et qui se distinguent par un manque d'énergie et un engourdissement moral propres à beaucoup de créoles. Il est à remarquer que ces gens-là sont doués d'une morgue qui souvent fait sourire, qu'ils se croient bien supérieurs à l'Européen, et qu'à leur idée nul pays n'est comparable à leur île. L'apathie musulmane qui a déposé son cachet sur ces bienheureux mortels provient évidemment du fait que la plupart d'entre eux n'ont jamais quitté le sol natal.

La vie de famille n'est pas désagréable. On se réunit fréquemment le soir et souvent on se couche à des heures indues, surtout quand le violon ou le piano a invité à la danse, divertissement très goûté en général dans les colonies et tout particulièrement à Curaçao, où les distractions sont rares, et ne consistent qu'en une troupe d'opéra ou un cirque, de passage pour quelques jours. Il n'y a pas que l'Européen qui raffole de la danse : le nègre en est encore plus friand et danse jusqu'au matin à toute occasion qui se présente, sur les tons énervants d'un orgue jouant sans désemparer un seul et même air.

Un cercle, dont le balcon donne sur le pont, et à gauche sur la mer, est le rendez-vous quotidien des négociants et des officiers de marine. Il contient une bibliothèque et bon nombre de journaux et de publications illustrées de différents pays d'Europe.

Une demi-douzaine de journaux se publient dans la ville, qui a son tramway, faisant le tour de la rive droite, et qui profite depuis quelques mois de l'installation du téléphone. Au mois de mai de l'année dernière, le gouvernement colonial a accordé une concession pour l'éclairage de la ville à la lumière électrique.

Dans un dîner chez le gouverneur, je fais la connaissance du commandant du navire de guerre hollandais le *De Ruyter*, en station à Curaçao, ainsi que du commandant du *Jorge Juan*, navire de guerre espagnol stationné depuis trois semaines dans le port.

Le premier est l'aimable colonel Brand, qui m'invite à déjeuner à son bord pour le lendemain. Cette invitation est suivie de plusieurs autres; elles me procurent l'occasion de passer des heures charmantes et d'entrer en relation avec l'état-major. Ces messieurs passent une partie de la journée à terre, fréquentent le cercle et payent largement leur tribut au peu d'animation qui règne en ville.

Un matin le colonel m'attend à six heures devant le club pour une promenade en voiture dans les environs. Nous ferons le tour du *Schottegat*, qui est, comme nous l'avons dit, un grand bassin réservé aux bâtiments de guerre.

Nous commençons par la partie de la ville appelée *Pietermaai*; c'est là qu'on trouve l'hôtel de ville, le tribunal, servant en même temps de prison, la synagogue, les écoles pour enfants des deux sexes et d'autres édifices publics. Au point de vue des constructions et de leur architecture souvent originale, *Pietermaai* me paraît la partie la plus curieuse de la capitale.

Nous parcourons ensuite la section qui s'appelle *Scharloo* et ne tardons pas à entrer dans la campagne, où plusieurs Vénézuéliens ont leurs habitations. Dans un pays où la végétation fait presque entièrement défaut, un jardin entouré d'une verdure abondante ne peut que réjouir les yeux. Cette oasis, où nous nous arrêtons quelques instants, porte le nom de *Suikertuintje* (« petit jardin de sucre »). Dans tout autre pays, la contemplation de cette végétation ne m'aurait que médiocrement impressionné; ici je fais comme tous ceux qui visitent l'endroit : je manifeste une surprise bien justifiée,

Au retour de notre promenade, le steamer postal de New York, que la vigie a signalé au moment de notre départ, est entré dans le port et a été amarré à quai. Dans une heure, un coup de canon annoncera au public que le courrier est distribué. Tout le monde vient chercher ses lettres à la poste; les négociants y ont leur boîte, tout comme dans les villes des États-Unis. Je fais comme les autres et je recueille une demi-douzaine de lettres, ainsi que des paquets de journaux. C'est une gracieuseté d'amis de France, qui pensent avec raison que le touriste perdu sous le soleil des tropiques trouve toujours une grande distraction à lire ce qui s'est passé depuis son départ.

Dans l'après-midi je visite deux écoles, l'une pour jeunes filles, nommée *Welgelegen*; l'autre pour garçons, appelée *Saint-Thomas*. Ces deux écoles sont tenues par des sœurs et des frères, et les enfants sont presque tous originaires du Venezuela ou de Saint-Domingue. Je n'entends parler que l'espagnol.

Dans les deux établissements, c'est l'heure de la récréation au moment où j'arrive. Je ne puis donc me rendre compte des progrès des élèves, et je dois borner mon inspection à l'installation des bâtiments.

Ces constructions sont vastes, bien aérées et d'une propreté excessive; elles sont situées hors de la ville.

Les exploitations de l'île, auxquelles on accorde le nom un peu exagéré de « plantations », ne sont ni étendues, ni nombreuses; cependant il y en a quelques-unes, et parmi celles-ci le *Grand* et le *Petit Michiel*, à quelques kilomètres de distance de Curaçao, qui méritent d'être visitées.

Une famille qui doit s'y rendre a la complaisance de m'offrir une place dans sa voiture; nous partons de très

École Welgelegen.

bonne heure, pour profiter de la fraîcheur matinale. En route on me montre le nouvel hôpital, qui se compose de plusieurs bâtiments, pourvus de vérandas et séparés les uns des autres, afin d'isoler les différentes catégories de malades. Cet établissement, qui a coûté la somme d'environ 300 000 francs, a été inauguré peu de temps après mon passage; il est situé sur une colline et profite par cette disposition de la brise de la mer.

L'ancien hôpital, qui se trouve à peu de distance dans une plaine, est fermé, étant infecté, d'après les on-dit. Il ne forme plus qu'un monument historique, d'apparence lugubre, ayant servi autrefois à l'internement des victimes de la fièvre jaune, qui quelquefois fait une courte apparition à Curaçao.

Sur les plantations que je visite on ne se livre qu'à la culture d'arbres fruitiers, spécialement de manguiers; j'y vois aussi des dattiers et des cocotiers, deux arbres qui se ressemblent au point de s'y méprendre. Le sommet est presque identique, mais le tronc diffère. Dans la seconde exploitation où l'on me conduit, j'aperçois quelques néfliers et un nombre restreint de bananiers, mais ces derniers sont d'un rapport modeste. Le bananier demande une alimentation d'eau abondante, que le sol de l'île, souvent desséché, ne peut lui fournir.

Curaçao n'a ni ruisseaux, ni rivières. Ce n'est que dans quelques rares endroits qu'on trouve de petites sources d'eau douce, qui se frayent un chemin par les fissures des rochers. Dans la partie basse de l'île on trouve des puits, fournissant une excellente eau potable, mais se vidant souvent après une longue période de sécheresse.

Si l'on pouvait réussir à percer des puits artésiens, et obtenir par ce moyen une assez grande abondance d'eau pour arroser les champs, ce serait un bienfait inestimable pour la colonie. Lors de mon passage, les travaux d'un puits artésien étaient en train; on se demandait cependant avec une certaine incrédulité si la tentative donnerait le résultat espéré.

Trois fonctionnaires du gouvernement ont à faire une tournée dans l'intérieur pour inspecter les écoles; le gouverneur m'a proposé de faire le voyage avec ces messieurs, ce qui me permettra de voir la plus grande partie de l'île. J'accepte avec empressement.

La goélette qui doit nous transporter à la pointe ouest du territoire lève l'ancre aux premières lueurs de l'aube. En dehors de nous quatre, il y a deux autres passagers, qui sont le savant allemand et sa femme que j'ai vus avaler le terrible ragoût de l'hôtel. Le voilier les conduira à l'île d'Aruba, où l'ornithologiste compte séjourner une dizaine de jours avec l'espoir d'accaparer quelques spécimens d'oiseaux inconnus. On hisse la voile, et la houle du large nous fait tanguer comme une coquille de noix. La pauvre dame fait pitié à voir; elle se couche de tout son long, en proie au plus violent mal de mer.

Nous voici arrivés à l'extrémité de l'île; nous souhaitons bon voyage au couple scientifique et gagnons le rivage au moyen d'un petit canot que la goélette a traîné à la remorque. Nous n'avons que quelques pas à faire pour arriver au petit village de San Heronimo; le curé vient à notre rencontre et nous fait les honneurs de sa modeste habitation.

Il y a ici deux écoles à inspecter, qui n'offrent rien de particulier; je visite l'église pendant que mes compagnons ont à causer avec l'ecclésiastique.

La population de Curaçao, qui est de 26 000 âmes, se compose en majeure partie de catholiques; le reste est protestant ou israélite. Toutes les églises et les écoles de l'intérieur du pays appartiennent au premier de ces cultes.

Notre arrêt n'est pas de longue durée; les voitures qui ont été envoyées l'avant-veille de la capitale sont prêtes et nous attendent. C'est que de pareilles tournées demandent des préparatifs sérieux; les moyens de communication ne sont pas fréquents et nous ne trouverons que des maisons inhabitées pour nous servir de logements. Tout ce qu'il nous faut, du reste, a été expédié par un chariot, attelé de deux ânes, qui est parti en même temps que les voitures. Ce véhicule contient nos valises, notre nourriture pour trois jours, les ustensiles de cuisine, le linge de lit et de table, les vins et les liqueurs, les cigares : rien, absolument rien ne manque, pas même deux jeux de cartes et des jetons pour notre partie du soir.

Les voitures s'ébranlent, nous nous engageons dans une campagne rocheuse et aride, nous traversons le terrain de la plantation la plus importante de l'île, appelée Savonet, et arrivons dans l'après-midi à Ascension. La maison où nous passerons la nuit a été mise à notre disposition par le propriétaire, qui est absent. Une cuisinière indigène, que nous avons amenée de San Heronimo, déballe les caisses, se met à la besogne et nous prépare un fort bon dîner.

La propriété où nous nous trouvons n'a pas rapporté de bénéfices à son propriétaire, qui avait l'espoir d'y découvrir des couches de phosphate de chaux, mais qui s'est trouvé déçu dans son attente.

Le lendemain matin les voitures nous conduisent à Barber, où mes compagnons ont une école à inspecter. J'assiste à l'examen des négrillons; ce ne sont pas des phénomènes, mais les garçons comme les fillettes méritent les marques d'approbation qu'on leur accorde.

Nous retournons à Ascension, et nous faisons dans l'après-midi une promenade aux alentours de la plantation. Nous sommes loin ici de la puissante végétation tropicale que nous avons pris l'habitude d'admirer dans les pays voisins. Des arbres chétifs, des buissons rabougris, une verdure clairsemée ne forment qu'un bien modeste décor entre les ondulations du terrain rocailleux. Encore ai-je eu la chance de visiter Curaçao dans un mois où des averses assez fortes venaient d'arroser la terre aride et avaient fait naître une ébauche de végétation.

Négresse de Curaçao.

Maintes fois l'herbe, que je vois pousser aujourd'hui avec une certaine vigueur et prendre une fraîcheur de peu de durée, se trouve remplacée par des touffes qui rappellent nos bruyères d'Europe ou nos graminées desséchées par un soleil brûlant de juillet.

A 6 heures du matin nous sommes sur pied, et nous aidons tous à l'emballage de nos caisses. La Vénus noire — la cuisinière — retourne dans ses pénates, et nous continuons notre excursion.

Voici un autre village, Saint-Willebrordus, où le curé vient nous souhaiter la bienvenue, et nous conduit à son église, édifice de construction toute récente et d'une belle conception. L'église est bâtie de blocs carrés de formation madréporique et de couleur grisâtre; elle rappelle vaguement l'architecture des cités bretonnes.

Encore une école à visiter, un examen à passer. Ce temple d'éducation est divisé en deux classes; la première compte quatre-vingts élèves, la seconde en a le double. N'en déplaise à la génération croissante de cette illustre académie, en entrant dans chacune des deux enceintes je me crus transporté dans une cage à singes. Parmi ces enfants, les blancs font exception; la presque totalité se compose de négrillons, de créoles, de mulâtres, présentant tous les types possibles et toutes les nuances de l'épiderme. Quels croisements de races a dû produire ce méli-mélo, dont le Vénézuélien et l'étranger de passage ont eu probablement leur quote-part!

Une partie du plancher est recouverte d'un alignement de petits sacs en cotonnade et de mouchoirs noués qui éveillent mon attention. Ces paquets mystérieux contiennent le déjeuner de la classe, repas des plus primitifs et d'une frugalité peu coûteuse : rien qu'une espèce de maïs écrasé, que ces enfants mangeront tout sec au moment de la récréation. On m'affirme que c'est leur menu quotidien.

Je passe la revue des cahiers, que chaque élève a devant lui, et je suis vraiment émerveillé de la bonne, même de la belle écriture de ces enfants. Combien de ceux de nos écoles seraient incapables d'exhiber une écriture aussi lisible, régulière et parfois élégante! Mes compagnons leur adressent une foule de questions et se rendent compte de leurs progrès en arithmétique, en géographie et dans les autres branches que comprend l'instruction.

L'examen se passe principalement dans le patois du

Cabane d'indigènes.

pays, le *papiamente*, dont mon oreille ne peut apprécier le charme. Cependant j'en note quelques locutions à titre de souvenir d'une langue dont j'ignorais même l'existence avant d'avoir mis le pied dans l'île.

Je vais se dit : *mi ta bai.*
J'allais se dit : *mi a bai.*
J'irai se dit : *lo mi bai.*

L'instituteur est tout disposé à augmenter mon vocabulaire, mais ce simple échantillon me suffit.

La route que nous suivons aujourd'hui conduit à travers une région assez belle; le sol est plus montueux et plus boisé. Je distingue les deux collines les plus élevées de Curaçao, l'une s'appelle Saint-Cristoffel et a une hauteur d'environ 350 mètres, l'autre est le Tafelberg et mesure 250 mètres.

Dans cette partie de l'île je vois bon nombre de flamboyants, cet arbre décoratif du Brésil et de plusieurs terres placées sous la zone tropicale; son feuillage dentelé, ressemblant à celui du pin, aux tons chatoyants et déployé en éventail, parsemé de fleurs de couleur écarlate, transporte mes idées vers les pays fertiles, où je ne me suis jamais lassé de l'admirer. Plus loin un arbre spécial à Curaçao et à quelques autres rares colonies attire mes regards. C'est le *dividivi*, aux longues fèves recourbées, qui, après avoir été séchées, donnent une poudre qu'on emploie comme couleur de teinture, et qui sert également au tannage des cuirs.

Les bordures du chemin sont tapissées de cactus, atteignant souvent la hauteur de 2 à 3 mètres, mais ne possédant pas la vigueur et la circonférence de ceux qu'on voit à la Jamaïque. Le cactus se trouve répandu dans toute l'île de Curaçao et sert principalement à la délimitation des routes et des propriétés; arrivé à un certain âge, il se dessèche, pourrit et tombe en fragments. A la Trinidad on le coupe quand il est arrivé à un certain degré de développement, et la partie inférieure peut servir à fabriquer des pieds de table de peu de valeur, en remplacement du bois.

Voici en dernier lieu le mancenillier, offrant un réel danger pour l'imprudent qui se couche sous son ombre. L'émanation de son feuillage constitue un poison; le fruit de l'arbre est également vénéneux.

Nous nous arrêtons quelques instants devant l'habitation d'un propriétaire qui se livre à l'élevage des chèvres, dont la chair ressemble beaucoup à celle du mouton. Le prix moyen de ces chèvres est de 10 francs.

Bientôt j'aperçois des monticules, dont je devine la nature; nous sommes arrivés aux salines, qui constituent un article important d'exportation du pays. Le sel que produit Curaçao est considéré, dans les États-Unis, comme de qualité supérieure aux sels d'autres provenances, attendu que les cristaux sont d'une blancheur et d'une transparence irréprochables. Au surplus ils ne s'imprègnent pas d'humidité au contact de l'air, et ne déposent pas à l'état fondu.

La plupart des salines se trouvent dans les baies de la côte sud. L'eau de mer, qui entre aux intervalles de la haute marée, est emprisonnée par des remparts naturels ou artificiels; le soleil accomplit son œuvre d'évaporation, et le sel se dépose en cristaux de toute pureté. Il arrive quelquefois que la saison des pluies surprend l'industriel, et que, le sel n'étant pas encore remisé, une perte peu importante en est la conséquence; mais ceci n'a pas lieu fréquemment sous un ciel où les pluies sont si rares.

La récolte de cet article donne en général de bons résultats, tant à Curaçao que dans les îles ressortissant de son gouvernement. La statistique de 1890 (dernière que j'aie sous les yeux) accuse une exportation de 3 millions de litres. Pour l'île de Bonaire, elle était de 46 652 barils; pour la partie de Saint-Martin, qui appartient aux Pays-Bas, de 40 502 barils.

Si le sel, quand il est originaire d'une colonie néerlandaise, était exempt de droits en Hollande, l'industrie pourrait facilement prendre un plus grand essor, et les exportateurs, comme la colonie elle-même, en retireraient des bénéfices considérables. Dans les circonstances actuelles, le sel de Curaçao est expédié spécialement à New York; celui de Saint-Martin prend presque exclusivement la route du Canada. La valeur moyenne est de 1 fr. 25 l'hectolitre en vrac; les frais de chargement sont au compte de l'acheteur.

Notre dernière étape est Hermanus, où nous nous reposons une heure dans la demeure hospitalière du plus obligeant des colons. La plantation qu'il dirige produit quelques fruits, mais le propriétaire s'applique plutôt à l'élevage des bêtes à cornes et des moutons, et récolte chaque année une certaine quantité de sel provenant de ses salines.

Notre hôte veut nous retenir, mais le jour touche à son déclin, et nous nous sommes proposé de retourner en ville avant la tombée de la nuit.

L'excursion m'a beaucoup intéressé, non pas au point de vue des sites grandioses qu'il m'a été donné de contempler, mais parce qu'elle m'a permis de connaître l'intérieur d'un pays rarement visité par les touristes, à cause de la pénurie des moyens de transport. Les rochers dénudés, la terre aride et la simplicité des habitants ont leur poésie comme la vie animée au milieu de la végétation luxuriante; tel voyageur qui a parcouru les contrées les plus fertiles du monde s'extasie souvent devant les promontoires sinistres des régions polaires.

J'aurais vivement désiré visiter l'usine d'un grand industriel anglais, M. Godden, pour me faire une idée de l'exploitation du phosphate de chaux, qui, en ces derniers temps, a pris un grand développement à Curaçao. A mon grand regret, M. Godden, qui est en Europe pour le moment, a donné l'ordre formel à son fondé de pouvoir de ne permettre l'accès de son établissement à qui que ce soit, et un mot de recommandation qu'a bien voulu me remettre le gouverneur n'arrive pas à ébranler le représentant du propriétaire. Force m'est donc de me contenter des renseignements que je puis recueillir sur la production de l'article.

Une partie du sol de l'île est riche en couches de chaux phosphatée; il en est de même pour l'île d'Aruba, située à une faible distance. La somme considérable que cette dernière surtout rapporte à la caisse coloniale pour les droits de la concession accordée à la Société qui exploite ces dépôts, est une source de revenus, permettant aux colonies des Indes Occidentales, réunies sous le gouvernement de Curaçao, d'équilibrer leur budget et de se dispenser depuis plusieurs années de tout subside de la mère patrie. Nous trouvons en effet que ces droits de concession pour l'île d'Aruba ont rapporté en 1890 au gouvernement une somme de 400 000 florins en chiffre rond, soit environ 840 000 francs. L'exportation s'élevait à 50 000 mètres cubes, frappés d'un droit additionnel de sortie de 38 000 francs. Curaçao n'en exportait dans la même année que 3 375 mètres cubes.

D'après un rapport du commandant d'Aruba, on venait de découvrir au commencement de 1891 des couches de chaux de 3 à 4 mètres de profondeur, dont l'exploitation assurera au gouvernement un revenu important pendant une période dont la durée peut être estimée à cinquante ans.

On s'était préoccupé en 1885 et 1886 de savoir si le bénéfice réalisé par la Caisse coloniale, du chef des droits de concession pour l'exploitation de la chaux phosphatée, pouvait être considéré comme un moyen de revenu stable, ou bien si la prudence ne commandait pas de le qualifier de recette précaire, de bénéfice fortuit. Le gouverneur actuel de la colonie, membre du Conseil colonial à cette époque-là, émit l'avis qu'on ne ferait pas preuve de sagacité politique en considérant l'exploitation des dépôts de phosphate comme une source permanente et certaine de recettes, tout article de commerce étant sujet à des vicissitudes que personne ne peut prévoir. Ce raisonnement est des plus fondés, bien qu'il soit permis de prévoir, en admettant l'exactitude du rapport précité du commandant d'Aruba, que, pour ce territoire au moins, une diminution de revenus n'est pas à craindre à bref délai.

En attendant, Aruba s'est transformée sous l'influence de l'industrie. De terre désolée qu'elle était autrefois, n'offrant au visiteur que des plaines rocailleuses à peine habitées, l'île est devenue un certain centre d'activité et de mouvement. La population s'est accrue, les maisons se sont multipliées, un chemin de fer a été construit pour le transport du produit qu'on arrache à son sol. Les navires trouvent un abri dans la baie de Saint-Nicolas pour opérer leur chargement, et chaque année il en part un nombre considérable à destination de l'Europe.

Cette île d'Aruba, en dehors de son phosphate de chaux, possède sans aucun doute des trésors cachés, qu'une génération future est appelée peut-être à mettre au jour. Pour l'atteindre, un bon voilier partant de Curaçao ne met que douze heures. Le voyage de retour demande le triple de temps, quelquefois le quadruple, à cause des forts courants contre lesquels on a à lutter et qui obligent souvent à louvoyer tout le long des côtes du Venezuela.

Le peu de touristes qui ont fait le voyage s'accordent à dire que le pays est de triste apparence, et que la population est bien la plus pauvre de toutes les îles dépendant de la colonie de Curaçao.

Et cependant, en dépit du peu d'enthousiasme que l'île est capable d'inspirer, les richesses que contient le sol pourront, dans un avenir plus ou moins rapproché, changer singulièrement l'état des choses. Ces richesses toutefois seront difficiles à découvrir et à exploiter. Il n'en est pas moins vrai que tout tend à prouver que l'île est riche en or : les recherches qui ont été faites et les rapports qui ont été dressés par des hommes de science, compétents dans la matière, concluent à l'existence du précieux métal en quantité considérable.

Le sol de l'île est de construction granitique quartzeuse, entrecoupé d'ardoisières et de couches de pierre à sablon. Il offre une analogie frappante avec la conformation des placers de l'Australie et avec la description géologique en général du sol australien. Comme dans ce dernier pays, la présence de l'or a été constatée à Aruba dans les filons quartzeux, et la prospection a démontré que les quartz blanchâtres qu'on trouve dans la partie occidentale de l'île sont moins riches en or que les quartz rougeâtres distribués dans les autres parties du territoire.

L'exploitation des filons, dans cette île peu peuplée et manquant de ressources, demanderait de gros capitaux et un matériel compliqué. Une compagnie anglaise ou américaine a obtenu il y a quelques années une concession, mais elle a suspendu ses travaux parce que le résultat obtenu avec les moyens dont on disposait suffisait à peine pour couvrir les dépenses. On a reproché à cette société d'avoir confié les travaux à des ingénieurs insuffisamment outillés et trop peu à la hauteur de leur tâche.

Quelle sera la compagnie intelligente qui attaquera avec des machines puissantes ces terrains aurifères ? Ce ne sont pas les habitants qui pourront découvrir les trésors, bien que plusieurs d'entre eux y aient fait une bonne aubaine en ramassant dans les dépôts alluvionnaires des pépites d'une valeur considérable pour eux.

Aruba dépend du gouvernement de Curaçao, comme les îles de Bonaire, Saint-Eustache, Saba et la partie néerlandaise de Saint-Martin. L'autorité est représentée dans chaque terre par un commandant, ayant les mêmes fonctions que le lieutenant gouverneur dans certaines colonies anglaises de peu d'importance. Le nombre des habitants s'élève pour Aruba à 7 743, — Bonaire 3 821; — Saint-Eustache 1 588, — Saba 1 883, — et la partie néerlandaise de Saint-Martin 3 882.

Cette dernière île possède des salines, dont le rendement a beaucoup varié ; Bonaire et Saba n'ont que des cultures insignifiantes; Saint-Eustache accuse un chiffre d'exportation un peu plus élevé. Autrefois Saint-Eustache produisait beaucoup de sucre, mais la culture en a graduellement diminué, et l'émancipation des esclaves l'a fait cesser entièrement. Toutes ces îles se distinguent en général par la même aridité et le manque de végétation; elles ne communiquent avec Curaçao et le littoral qu'au moyen de goélettes, aucun vapeur régulier n'y faisant escale.

L'excursion à la grotte de Hato ne me tente que médiocrement. Cette grotte contient des stalactites, qui excitent sans conteste la curiosité des personnes qui n'ont jamais été à même de visiter pareille curiosité de la nature. Comme cependant je connais les remarquables grottes de Han en Belgique et celles de Jenolan en Australie, de beaucoup supérieures à la grotte de Hato à Curaçao, je renonce à une excursion d'intérêt secondaire et, d'après ce que l'on me dit, relativement fatigante.

La visite des établissements de la quarantaine m'intéresse davantage ; je dois à l'obligeance du gouverneneur la facilité de m'y rendre en aimable société. C'est toujours devant le club qu'on se donne rendez-vous quand il s'agit d'une expédition à faire, et l'heure choisie est invariablement le grand matin. Je m'y trouve en faction quand mes compagnons arrivent, et à six heures nous montons en voiture.

Nous nous dirigeons vers la partie sud de l'île, et nous parcourons une contrée légèrement ondulée, où les cactus abondent, mais où la végétation générale est bien parcimonieuse. Après une heure environ nous descendons de notre véhicule et nous prenons place dans l'embarcation qui nous attend.

Il y a une étendue d'eau à franchir qui porte le nom de Port Espagnol (*Spaansche Haven*), communiquant à son extrémité avec la haute mer.

Nous voici arrivés à destination, c'est-à-dire à Bekenburg. Les bâtiments que le service sanitaire a fait construire s'élèvent sur une côte rocheuse où la lame déferle régulièrement et rejaillit en flocons écumeux. Nous visitons d'abord le logis destiné aux malades ; il est inoccupé le plus souvent et n'offre guère plus d'intérêt que tous les établissements de ce genre. La seconde construction est bien plus spacieuse et sert à héberger les personnes parfaitement saines, auxquelles les règlements de la quarantaine ont imposé un séjour plus ou moins prolongé d'observation. Les salles sont bien aménagées, très propres, et peuvent contenir 150 victimes d'une mesure dictée par la prudence, mais faisant le désespoir du voyageur qui se porte comme un charme et qui est néanmoins emprisonné comme un pestiféré. Le téléphone met les établissements de la quarantaine en communication directe avec le chef-lieu de l'île.

Un peu plus loin se trouve une tour, vestige d'une ancienne forteresse et portant dans son flanc un boulet de forte dimension, que l'attaque des Anglais au commencement de ce siècle y a logé. Nous l'escaladons et nous avons une vue superbe; la mer bleue se perd à l'horizon, et à nos pieds elle se reflète entre les parois des rochers, en revêtant les plus belles nuances de l'émeraude.

Le déjeuner a été emporté; c'est le complément obligatoire de presque toutes les excursions qu'on fait aux colonies. On nous le sert dans une des galeries du second bâtiment; là encore, le panorama est ravissant, et mes pensées se reportent à la mer azurée qu'on découvre des hauteurs de Sorrente. La belle journée ensoleillée qu'il semble que nous avons choisie pour visiter cette plage pittoresque me dédommage du peu d'enthousiasme que la nature d'une grande partie de l'île m'a fait éprouver.

Le retour se fait par une chaleur intense. Nous sommes invités à dîner chez le gouverneur, dont je prends congé en le remerciant du bienveillant accueil que j'ai trouvé auprès de lui.

Le steamer hollandais qui doit me transporter à Haïti est arrivé dans le port. Mon fidèle soldat Gijs me voit partir à regret, prétend-il, et ne désespère pas de me voir revenir un jour ou l'autre. Le brave homme me fait l'effet d'être fanatique de son pays.

Nous avons esquissé sommairement le passé de Curaçao et sa situation actuelle. Il nous reste à envisager quel peut être son avenir.

Nous avons vu que son commerce avec la mère patrie et avec les autres pays d'Europe a peu d'importance, étant donnés surtout l'aridité de son sol et le peu de produits agricoles que fournissent les rares plantations. Ses seules relations commerciales qui mettent un poids dans la balance sont celles que Curaçao entretient avec le Venezuela. Si ce dernier pays, sujet aux révolutions, pouvait se donner un gouvernement sérieux et stable, et qu'il abolît l'imposition écrasante des 30 pour 100 de droits d'entrée sur tout ce qui est originaire des Antilles, Curaçao verrait indubitablement succéder à son état manifeste de décadence une nouvelle ère de prospérité et de bien-être.

Pour arriver à ce résultat il faudrait que la situation tendue existant depuis plusieurs années entre la Hollande et le Venezuela prît fin. Les relations diplomatiques sont interrompues entre les deux pays; elles le sont également entre le Venezuela et l'Angleterre.

La question s'impose de savoir si ces relations ne peuvent être reprises. La Hollande elle-même n'a aucun intérêt au Venezuela, mais c'est en faveur de sa colonie qu'elle aurait avantage, ce nous semble, à faciliter le renouvellement des relations officielles.

Au moment où je me trouvais à Curaçao, c'est-à-dire en juin 1892, les marchandises expédiées d'Europe et des États-Unis pour Coro et Maracaibo étaient généralement transbordées à Curaçao. Le 1er mars de l'année dernière, le nouveau gouvernement vénézuélien décréta que dorénavant ce transbordement ne pourrait s'effectuer qu'à Puerto Cabello, si les destinataires des marchandises désiraient profiter de la taxe accordée aux ports du Venezuela pour les provenances d'Europe et des États-Unis. Le transbordement à Curaçao assimilerait ces marchandises aux importations directes de cette colonie et entraînerait les 30 pour 100 de droits d'entrée imposés à toute provenance des Antilles. Le décret en question fit jeter les hauts cris à Curaçao. Le commerce déjà languissant de l'île n'aurait pas tardé à s'en ressentir et aurait été privé de l'escale hebdomadaire qu'y font les bateaux à vapeur d'une grande compagnie de l'Amérique du Nord, allant de New York à la Guayra et à Puerto Cabello.

On fit valoir avec raison que le Venezuela, foyer de révolutions fréquentes, aurait plutôt à savoir gré aux autorités néerlandaises de la défense formelle, en vigueur à Curaçao depuis nombre d'années, d'exporter des armes et des munitions de guerre à destination des ports du littoral. Cette mesure avait été prise pour empêcher que les partis hostiles au gouvernement ne vinssent s'approvisionner dans la colonie, plus proche de leurs côtes que n'importe quelle autre île des Antilles, et toujours suspecte à cause du commerce de contrebande, dont on l'accusait à tort ou à raison.

Tout dernièrement le gouvernement du Venezuela est revenu sur sa détermination, et désormais les marchandises transbordées à Curaçao seront assimilées aux provenances d'Europe et des États-Unis. Un journal d'Amsterdam annonçait même, il y a quelques mois, que le Venezuela aurait l'intention d'abolir les 30 pour 100 de droits additionnels dont nous avons parlé plus haut.

L'avenir de Curaçao peut dépendre, dans une large mesure, du percement du canal de Panama. Aucune des îles qui se trouvent sur le passage des navires destinés à profiter de cette voie de communication, si, ce que nous aimons à espérer, le grand travail s'accomplit dans un avenir prochain, ne peut rivaliser avec Curaçao au point de vue de la situation géographique, de l'excellence du port, de la salubrité du climat.

Il a été démontré à différentes occasions, alors que

le climat malsain de l'isthme faisait chaque année un nombre considérable de victimes, qu'aucun port voisin de Colon ne présentait les avantages de Curaçao. On a proposé d'employer l'île comme séjour de convalescence pour les malades, et de l'ériger en magasin pour tous les matériaux qui, n'étant pas de nécessité immédiate, se détériorent et se perdent sous le climat humide de l'isthme. Dans cet ordre d'idées, Curaçao rendrait de grands services à l'entreprise du percement du canal interocéanique; il servirait de dépôt temporaire et jouerait le rôle de succursale : la société du canal y trouverait son bénéfice sous beaucoup de rapports et Curaçao en profiterait largement.

Lors même que, pour une raison ou une autre, les entrepreneurs de l'achèvement de l'œuvre se refuseraient à reconnaître les avantages que l'île présente dans les conditions que nous venons d'indiquer, il nous paraît hors de doute que le jour où le canal sera terminé et qu'une révolution se produira dans le trafic du monde entier, aucun port des Antilles ne sera appelé comme Curaçao à voir son commerce s'agrandir, grâce à sa situation de sentinelle devant la route qui réunira l'Atlantique et le Pacifique.

Les navires le choisiront de préférence pour se ravitailler et pour faire leur charbon. L'escale ne pourra leur imposer le moindre détour.

L'initiative privée fera bien de méditer ce que l'avenir peut réserver à la colonie, et de se tenir prête pour le jour où l'ouverture du canal pourra devenir le point de départ d'une renaissance du commerce. Le gouvernement des Pays-Bas a tout intérêt à accélérer la construction d'un bassin de radoub qui manque à Curaçao et pour lequel plusieurs études préalables ont été faites.

Incontestablement un bassin de radoub attirerait les navires dans les circonstances ordinaires; à plus forte raison, son absence se ferait sentir et regretter à l'époque où le canal sera terminé.

Dans un rapport adressé au gouvernement en 1885 par la commission chargée de se prononcer sur l'utilité d'un bassin, on évalue les dépenses à environ deux millions de francs. Comme placement d'argent, la commission n'osait pas recommander l'entreprise, mais, au point de vue de l'intérêt public, la construction méritait toute la sollicitude du pouvoir. Jusqu'à aujourd'hui l'exécution s'est fait attendre; puisse le gouvernement néerlandais, qui se trouve dispensé de tout subside dans le budget de sa colonie, ne pas oublier, lui aussi, qu'un bassin de radoub pourra contribuer au relèvement de Curaçao, que l'économie de cette dépense, au moment où l'avenir du pays se trouve en jeu, serait en contradiction avec ses traditions et avec sa bonne réputation de puissance coloniale.

CHAPITRE IV

Jacmel. — Les rues haïtiennes. — Les Cayes. — Les Allemands à Haïti. — Port-au-Prince. — Turgeau. — L'armée. — Une revue. — La chambre des députés. — La police. — Les habitants. — Le Vaudoux. — Fertilité et incurie. — La race nègre. — Promenades à cheval. — Saint-Marc. — Les requins. — Gonaives.

Peu de passagers — une dizaine tout au plus — sur le paquebot qui s'apprête à lever l'ancre. C'est un bon bateau, appartenant à une compagnie hollandaise qui dessert la Guyane, les Antilles, le Venezuela et New York. Quelques habitants de Curaçao, parmi lesquels des officiers du navire de guerre, le *De Ruyter*, sont venus me serrer la main; le quai présente l'animation qu'on remarque dans chaque port au moment où le courrier amène des parents et des amis. Le pont s'ouvre au signal donné, et, à l'inverse de l'arrivée, deux minutes à peine suffisent pour nous transporter du centre de la ville en pleine mer.

Nous ne mettons pas longtemps à doubler la pointe nord-ouest de l'île, et à éprouver les désagréments d'un roulis très prononcé. Le *Prins Willem III* a peu de chargement et la houle le fait cabrioler d'une façon désespérante; bientôt il ne reste sur le pont que trois passagers sur lesquels le mal de mer n'a pas de prise. Je me félicite d'être du nombre.

Nous avons mis le cap sur Jacmel, le premier port d'Haïti où nous devons toucher; c'est un parcours d'environ trente-six heures. Mais ces trente-six heures sont pénibles; quoiqu'il fasse un temps superbe, les caprices de la mer exigent un savant équilibre pour se tenir debout. Le surlendemain de notre départ nous sommes ancrés à la pointe du jour, après que le commandant s'est bien assuré que 6 heures ont sonné. La précaution a sa raison d'être, attendu que dans les ports d'Haïti les capitaines de navire sont frappés d'une amende de 500 dollars, s'ils jettent l'ancre avant l'heure réglementaire. Pour le soir, le coup de 6 heures est également l'extrême limite; ce temps dépassé, le commandant est forcé de rester au large jusqu'au matin. Dans un pays comme la république haïtienne, où, à deux ou trois exceptions près, on se dispense de phares, le décret gouvernemental peut avoir de graves inconvénients, mais les autorités, peu sensibles aux réclamations de l'étranger, appliquent le règlement dans toute sa rigueur. Le commandant de notre steamer en a fait l'expérience dans un de ses derniers voyages sur cette même rade de Jacmel.

L'aspect de la ville est pittoresque; les maisons étagées sur les flancs des collines font l'impression d'élégantes villas, bien que plus tard, vues de près, l'illusion première se dissipe complètement. De ces villas aperçues à distance il ne reste que des maisonnettes et des cases, menaçant ruine, sales et mal entretenues, portant le cachet de la décadence et de la misère.

Je me rends à terre avec le commandant et un passager. Un ressac violent règne sur une grande partie de la côte et rend l'accès du wharf souvent difficile ; la mer envoie rouler notre embarcation contre l'estacade, il faut saisir juste le moment propice pour empoigner l'escalier et grimper sur l'appontement. C'est un tour de force dans son genre ; mais enfin, nous voici débarqués. Il fait une chaleur torride, bien qu'il ne soit encore que huit heures.

Jacmel est bâti sur des collines ; parcourir la ville signifie faire des ascensions et des descentes répétées par des routes effondrées qu'on désigne sous le nom de rues. Elles font plutôt l'effet de chemins de campagne, dévastés la veille par un tremblement de terre. De petits négrillons tout nus grouillent dans le sable, vivant en bonne société avec des cochons de lait, aussi noirs qu'eux. Les maisons, de véritables bicoques, toutes plus caduques les unes que les autres, sont construites de pierres et de gravier, amoncelés entre des poteaux et consolidés par un mélange de chaux et des lattes en bois transversales. En cas d'incendie, sinistre assez fréquent à Haïti, ces habitations brûlent comme des boîtes d'allumettes, et dans un rien de temps tout un quartier est consumé. Les négociants étrangers habitent les environs de Jacmel, et ne se rendent en ville, où néanmoins ils ont leurs bureaux, que strictement pour le temps nécessité par les affaires.

Notre excursion n'est pas de longue durée ; une demi-heure suffit largement pour nous dégoûter à tout jamais d'une des plus sales villes d'Haïti. Avant de retourner à bord je jette un coup d'œil sur l'unique hôtel de l'endroit, et j'assiste aux opérations de deux négresses dans un taudis servant de cuisine : c'est ici que je dois m'inspirer de ce dicton, que, si la parole est d'argent, le silence est d'or !

En préparant mon voyage, je m'étais proposé de faire la route de Jacmel à Port-au-Prince par terre et j'avais pris à Paris les renseignements nécessaires sur la durée du trajet et la possibilité de me procurer un cheval et un guide. Les routes carrossables font complètement défaut dans le pays; ce n'est qu'à cheval ou à dos d'âne et de mulet que l'on peut voyager. Encore faut-il pouvoir se les procurer, et se munir en outre de victuailles, qu'on n'est pas toujours sûr de trouver en chemin. La distance de Jacmel à la capitale n'atteint pas même 60 kilomètres; ce serait une promenade partout ailleurs, mais ici l'affaire devient passablement grave. Depuis une quinzaine de jours, des pluies torrentielles ont transformé en rivières les simples ruisselets, serpentant à travers les cailloux; de sorte que je serais obligé de passer peut-être cinquante fois un fleuve improvisé. Au surplus, la question des chevaux et du guide est plus compliquée que je ne me l'étais figuré.

M. Féron, le consul de France, me déconseille le voyage et le considère même comme plus ou moins dangereux.

Notre seconde étape est les Cayes, où nous mouillons de bonne heure dans la matinée. Même ressac qu'à notre précédente escale; les brisants ne présagent rien de bon en cas de mauvais temps et obligent à une grande prudence pour se rendre à terre, d'autant plus que le port des Cayes, comme en général toutes les rades d'Haïti, est infesté de requins. Au moment où nous avions jeté l'ancre, j'avais déjà aperçu un de ces monstres, rôdant autour du navire, et nageant presque à fleur d'eau.

Sous la conduite d'un officier du bord je me rends à terre; nous contournons le ressac et éprouvons la même difficulté que la veille pour nous cramponner à l'escalier, à l'instant précis où la lame nous pousse dans cette direction. Nous mettons pied sur une jetée vermoulue et trouée en maint endroit et faisons bien attention à ne pas trébucher, ce qui nous exposerait à disparaître comme par une trappe de théâtre. Voici encore une complète désillusion; les Cayes, vues une heure auparavant à distance, de la passerelle du paquebot, s'étaient présentées sous un aspect coquet et pittoresque. J'avais observé des toitures fraîches aux vives couleurs, quelques nouvelles constructions ayant surgi de terre après un récent incendie, et, tout autour, un manteau de verdure enserrant la ville dans un superbe décor.

La réalité ne tarde pas à se montrer dès les premiers pas que je fais en ville. Les Cayes sont un peu plus propres que Jacmel au point de vue des maisons; les bureaux des négociants sont même spacieux et respirent un certain confort. Mais ces rues, ou plutôt ces cloaques, réceptacles de tous les détritus et de toutes les immondices : dans aucun pays du monde je n'en ai vu de pareilles !

Tout est jeté pêle-mêle au beau milieu du chemin : ordures de toutes sortes, restes de cuisine, débris de caisses, roues cassées, ferraille, pierres et moellons, loques de différente provenance, poutres brûlées rappelant un incendie longtemps éteint, cadavres de chiens ou de chats. Quel Eldorado pour un chiffonnier parisien! Et dire que cette collection hétéroclite y repose peut-être depuis des années, remuée de temps à autre, augmentée journellement de nouveaux apports, mais réduite, il est vrai, par la force du soleil qui absorbe maint objet ou le réduit en poussière. Sans cette heureuse diversion, les progrès de la pourriture et de la décomposition occasionneraient les émanations les plus malsaines, et ce foyer d'infection donnerait naissance à une foule de maladies contagieuses. Dans toutes les villes d'Haïti, y compris la capitale, Port-au-Prince, le nettoyage des rues est chose inconnue ; le vent est le seul balayeur qui se charge de cette opération.

Il est impossible de se promener dans des villes de ce genre, sans être enclin à une douce gaieté, étant donnés surtout la morgue des habitants et le récit enchanteur qu'ils savent vous faire de leur pays. Il paraît qu'il y a eu une fête ces jours-ci, car au milieu d'une rue se dresse un arc de triomphe en planches, sans aucune couche de peinture. Les Cayes ne possèdent pas d'hôtel ; une dame belge et son fils, faisant le commerce de bijoux et de dentelles, me racontent qu'ils viennent d'y passer quinze jours, et qu'ils ont été très heureux d'avoir trouvé à se coucher par terre sur un matelas dans la boutique d'un coiffeur. Pour leur nourriture ils ont dû glaner à droite et à gauche, se préparant des repas de circonstance, et forcés parfois de jouer le rôle de pique-assiette. L'élément étranger des Cayes se compose surtout d'Allemands ; ils sont 20 ou 25, établis commerçants et exportant principalement le café. Ces messieurs vivent confortablement au bord de la mer ou à une demi-heure de distance dans l'intérieur. Du reste, dans leur exil, les Anglais et les Allemands savent fort bien se rendre la vie agréable. Ils font venir d'Europe tout ce qu'il leur faut, et à force de travail et d'assiduité ils se créent en peu de temps une situation à laquelle ils n'auraient jamais pu aspirer s'ils étaient tranquillement restés dans le milieu où le hasard les a fait naître en Europe. Dans les colonies et dans les pays d'outre-mer, combien n'en ai-je pas rencontré de ces jeunes gens

Port-au-Prince.

arrivés à force de travail et d'énergie à une fortune rapide, tandis que leur horizon sur le sol natal n'aurait pas dépassé le modeste emploi de commis ou de teneur de livres! Un jeune homme de trente-quatre ans qui voyagera avec moi jusqu'à Port-au-Prince a été un de ceux que la traversée de l'océan a enrichis en peu de temps. Il est arrivé aux Cayes à l'âge de vingt ans, en qualité d'employé d'une maison de commerce, — aujourd'hui, quatorze ans après, il retourne en Allemagne à la tête d'un capital qui lui permettra de vivre désormais en rentier.

Le retour à bord ne m'amuse que médiocrement; la mer est très agitée et les lames déferlent impétueusement sur les bas-fonds que nous avons soin d'éviter. Deux épaves de navires échoués sur le sable témoignent du danger que présente fréquemment la rade des Cayes; ce sont deux schooners, l'un renversé la quille en l'air, l'autre chaviré, et achevant de se briser sous l'effort de la vague.

Parmi les nouveaux passagers embarqués ici, je remarque une énorme dame, aux appas plantureux, à la démarche d'oie grasse, chargée de diamants; j'aperçois aussi un député, tout de noir habillé, coiffé d'un chapeau haut de forme et portant une décoration dans laquelle toutes les couleurs de l'arc-en-ciel se rencontrent. Tous deux, noirs comme l'ébène, doivent appartenir au high life haïtien. Un jeune couple, couleur safran, est parti en voyage de noces; ces bienheureux filent le parfait amour, serrés l'un contre l'autre dans leurs fauteuils d'osier, se tenant par la main, probablement de peur de se perdre, tantôt contemplant le scintillement des étoiles, tantôt regardant la mer phosphorescente qui laisse dans son sillage comme une large traînée d'argent fondu. Cet amour sacré me rend jaloux; aussi, pour me dérober à l'émotion qui m'envahit, j'accepte l'aimable invitation du commandant à aller prendre un grog sur la passerelle.

La soirée est splendide; nous côtoyons les rivages boisés de l'île; il faut une certaine force de caractère pour renoncer aux délices d'une nuit tropicale et pour regagner l'étroite couchette de sa cabine. La baie de Port-au-Prince, où nous entrons le lendemain, est une des plus ravissantes que je connaisse. En forme de fer à cheval, elle est entourée de tous côtés d'une puissante ceinture de végétation, et, tout au fond, du côté gauche, la ville s'élève en amphithéâtre, les rues convergeant vers le fort qui occupe le sommet d'une colline.

A Port-au-Prince le voyageur ne descend pas à terre comme ailleurs. Il faut, avant que la permission lui en soit accordée, que la liste des passagers ait été portée à terre, qu'elle soit soumise à l'approbation du ministre de l'intérieur et à celle du président de la République, et c'est alors seulement, souvent trois ou quatre heures après l'arrivée, qu'on obtient le bienheureux permis de débarquement. Le médecin du port, dont nous avons reçu la visite, se charge de la remettre aux autorités compétentes. Cet Esculape — le docteur Bonaventure — est un personnage imposant; il porte une redingote qui lui descend jusqu'au-dessous des mollets, la tête disparaît sous un immense chapeau-gibus dont la couleur, pareille jadis à celle de son épiderme, a pris une nuance rousse, preuve manifeste des services rendus. Le nez supporte de grosses lunettes rondes à l'instar de celles en honneur chez les lettrés chinois. Avec lui descend le député, qui, naturellement, est au-dessus des lois de son pays.

L'hôtel Bellevue, qui se trouve tout au bout de la ville,

sur la place d'Armes, est médiocre, d'après ce que m'ont affirmé des voyageurs qui y ont séjourné. Toutefois j'accepte avec empressement l'offre obligeante de M. Bieber, chef d'une des premières maisons de commerce de la métropole, d'aller m'installer dans sa belle villa de Turgeau, située à 5 kilomètres du port sur un terrain élevé qui domine la ville et la mer. Turgeau est la résidense de la plupart des négociants étrangers et des consuls ; on y respire un air frais, une atmosphère salubre, et les panoramas qui se déroulent de ses hauteurs sont des plus variés, des plus pittoresques. Malheureusement la route qui y conduit est encore un véritable chemin haïtien, rempli de pierres et d'ornières profondes. Dans ces conditions, une voiture de maître serait, à bref délai, mise en piteux état. Il ne faut donc pas s'étonner si personne n'en possède. On en est réduit à se faire conduire en ville et ramener à la campagne par une voiture de louage. Plusieurs personnes aussi font régulièrement le parcours à cheval.

Pour l'approvisionnement des familles établies à Turgeau on se sert d'une mule. Une des négresses appartenant à la maison descend en ville le matin, fait son marché et retourne au logis, chargée par devant et par derrière.

Depuis ma dernière visite en 1876, Port-au-Prince compte quelques maisons modernes et confortables de plus, et possède un marché en fer, mais c'est en vain que je cherche quelque autre progrès, quelque ébauche de bien-être. Les rues de la ville ne valent guère mieux que celles de Jacmel et des Cayes ; ce sont des fumiers où la pluie et le vent seuls font quelques nettoyages. Certain jour, la rue des Miracles (le nom était de circonstance) était obstruée par un mulet mort ; le lendemain la bête se trouvait encore à la même place. Toutefois — ô miracle ! — deux jours après, l'infecte charogne avait été enlevée.

Un tramway qu'on a établi, il y a trois ans, n'a pas réussi. Les rails, mis à nu jusqu'à plusieurs centimètres de hauteur, gênent toujours le passage, et causent parfois des accidents. L'installation du télégraphe, ainsi que la création de chemins de fer, de routes et de tant d'autres choses encore dont le manque se fait sentir, sera peut-être l'œuvre d'un siècle futur : nous sommes ici dans un pays encore à demi sauvage, où, sans le frottement continuel de l'élément étranger, les choses les plus nécessaires feraient défaut.

L'arrosage des rues, où généralement, dans l'après-midi, des tourbillons de poussière, soulevée par le vent, vous aveuglent, serait la chose la plus facile, car l'eau, descendant des montagnes, coule partout dans les ruisseaux qui bordent le trottoir. Une génération nouvelle mettra peut-être la question aux voix. Quant à l'administration des postes, c'est un chef-d'œuvre ! Si un vapeur postal arrive le samedi après quatre heures, le courrier n'est distribué que le lundi ; quelquefois on a vu les sacs de dépêches abandonnés pendant des heures dans un canot à côté des bureaux de la douane.

L'armée haïtienne est l'armée d'opéra-comique la plus réussie qu'il soit possible de voir, et l'étranger de passage est privé d'un divertissement peut-être unique au monde, s'il manque une revue. Cette revue, à Port-au-Prince, a toujours lieu le premier dimanche du mois, et se tient sur la place d'Armes. Dans l'armée haïtienne, il y a au moins autant de gradés que de soldats. Les généraux, les colonels ne se comptent pas, et les uniformes les plus variés et les plus bizarres sont admis. Les tricornes enrubannés enchérissent sur des couvre-chefs, provenant je ne sais d'où, surmontés de panaches; les sabres de toutes dimensions font entendre leur cliquetis; la canne remplace parfois l'épée. Quant aux soldats, il y en a qui sont chaussés de bottines; d'autres portent des souliers ou des espadrilles, d'autres encore ont le pied droit chaussé autrement que le pied gauche.

C'est bien dommage qu'Offenbach n'ait jamais assisté à une revue à Port-au-Prince; il aurait eu un motif tout trouvé pour une œuvre nouvelle, destinée sans aucun doute à un succès éclatant.

Certain jour le consul d'Angleterre me conduit à la chambre des députés; c'est un bel édifice en bois, largement distribué et bien aéré. Les députés sont groupés au milieu, et le public se tient derrière une balustrade; le président siège dans une tribune. Nous arrivons juste au moment où le ministre de la guerre termine une harangue, qui soulève d'un côté l'admiration, et de l'autre des protestations assez vives. Après lui, plusieurs députés prennent la parole et déversent des flots d'éloquence; mon député du bateau me reconnaît et pérore à son tour. J'ai l'occasion plus tard de le féliciter de sa verve, et d'être présenté à plusieurs membres de la docte assemblée. La chambre se compose de 60 représentants, nommés pour trois ans par les communes, et touchant 200 dollars par mois de session.

Il existe en outre un sénat; les 30 membres de ce sénat sont élus par les représentants, sur une liste de candidats choisis par les collèges électoraux; leur élection est pour dix ans, et leur garantit 125 dollars par mois.

En revenant de la séance j'assiste à la poursuite, par

Le vieux marché de Port-au-Prince.

un agent de police, d'un pauvre diable de nègre qui a dérobé un poulet. Le représentant de la loi tape dur avec un gros bâton sur le malfaiteur. Un seul coup aurait suffi pour étourdir un être humain à tête ordinaire, mais la tête d'un Haïtien, à ce qu'il paraît, a la dureté d'un pot de fer. Le nègre laisse tomber le corps du délit, l'agent le poursuit, et sur ces entrefaites le poulet est ramassé par un autre larron, qui s'esquive à toutes jambes. De ces derniers, il n'en manque pas; la police a fort à faire, le soir surtout; c'est alors que les rixes sont fréquentes et que les coups de pistolet ne sont pas rares. Aux voleurs viennent s'ajouter les ivrognes, les matelots en permission et toute une population, toujours prête à se disputer et à se battre. Quand parmi les arrêtés il se trouve des nègres de la Jamaïque, des îles Bahamas ou d'une autre possession britannique, le consul anglais, dont les fonctions sont loin de constituer une sinécure, se trouve le lendemain surchargé de besogne.

Dans la ville on rencontre assez souvent des fous; les cas de folie en effet sont plus fréquents chez les noirs que parmi les races blanches. Port-au-Prince ne possédant pas de maison d'aliénés, on abandonne à leur sort et on laisse errer à volonté les fous inoffensifs. Quant à ceux qui constituent un danger pour la sécurité publique, on les met tout bonnement en prison.

Les populations des villes diffèrent essentiellement de celles de l'intérieur. Dans les premières, tout en simulant les rapports les plus cordiaux et dans un certain sens l'égard, la déférence, le nègre déteste l'Européen jusqu'au fond de son âme, et bien souvent des cas d'empoisonnement et d'incendie ne sont les résultats que du ressentiment et de la vengeance. Dans les campagnes au contraire, où les rapports du nègre avec l'Européen sont bien plus rares, cette animosité dissimulée n'existe guère. L'hospitalité du peuple est même très grande, et sans le moindre danger le blanc peut y circuler, sûr de trouver aide et assistance partout. Le noir des campagnes l'accueillera avec la plus grande franchise; il étalera la seule nappe qu'il possède et offrira l'unique bouteille dont se compose sa cave.

A Haïti, comme dans certains autres États d'Amérique, il existe un culte, désigné sous le nom de Vaudoux. Les nègres haïtiens, abandonnés à eux-mêmes après la suppression de l'ordre des jésuites à la fin du siècle dernier, s'adonnèrent à ce fétichisme, adhérant à la croyance de Vaudoux, terrible association qui ne tarda pas à comprendre la plus grande partie des esclaves. Ce culte a été importé en Amérique par les nègres africains; il constitue parmi les noirs une société secrète, une sorte de franc-maçonnerie, placée sous l'invocation d'un être tout-puissant et surnaturel, gouvernant toutes les choses d'ici-bas. Cet être a pour symbole une couleuvre, qui révèle aux hommes ses volontés par l'intermédiaire d'un grand prêtre ou d'une grande prêtresse.

Tous les ans, les initiés aux grades élevés dans la hiérarchie Vaudoux se réunissent dans une cérémonie solennelle, dont le but est d'appeler la vengeance du ciel sur les adhérents de la puissante société qui ont pu manquer d'une façon quelconque à leurs engagements. En outre ils tiennent, la nuit, des réunions mystérieuses au milieu des bois; la cérémonie commence généralement par des danses.

Quand, soit à Port-au-Prince, soit ailleurs dans le pays, on parle du culte Vaudoux, et qu'on désire se renseigner sur ce qu'il en reste à l'heure qu'il est, on se heurte contre toutes sortes de réticences. Soi-disant tous les sectaires ont disparu; ce culte appartient aux traditions du passé! Eh bien, quoique le nombre des adhérents ait fortement diminué, le culte Vaudoux existe comme auparavant, et donne lieu à des scènes de fétichisme et de superstition, dignes des siècles passés. Aujourd'hui encore, dans l'intérieur de l'île, les sacrifices de jeunes enfants s'accomplissent sous l'impulsion de cette idolâtrie d'un nouveau genre.

Haïti est un des pays les plus privilégiés par la nature. Après Cuba, c'est sans contredit la plus jolie perle du chapelet des Antilles, ces îles charmantes émergeant du sein des flots dans un décor perpétuel de verdure qu'aucune saison ne peut atteindre, qu'aucune intempérie ne prive de ses attraits. Sa fertilité est proverbiale; cette terre aujourd'hui inculte et sauvage, une exploitation intelligente la transformerait en un véritable paradis terrestre. Une contrée si richement dotée devrait jouir d'une prospérité sans égale, et cependant il n'en est rien. L'agriculture n'existe pour ainsi dire pas, et dans un pays où la production est obtenue sans effort aucun, sans moyens d'exploitation même, la bienveillante nature suffit seule pour faire germer le grain, pour faire mûrir le fruit. Le caféier, pour ne citer que l'article le plus important d'exportation, croît dans les plaines comme sur les collines, même sur les montagnes. Le sucre, le coton, le cacao, la vanille, la banane réussissent partout. La vigne donnerait les meilleurs résultats; son raisin, que j'ai goûté en plusieurs endroits, est un excellent muscat, avec lequel on pourrait faire un vin qui ne laisserait rien à désirer. On ne tire aucun profit des richesses forestières, les fruits pourrissent en grande partie sur place, les bœufs et les vaches qu'on trouve en abondance, quoique à peu près à l'état sauvage, ne sont d'aucune utilité. Il n'est pas rare de voir des étendues considérables de terrain où les chevaux piétinent des graines de café, accumulées et pourries, abandonnées, perdues, parce qu'il ne s'est pas trouvé quelqu'un pour les récolter. Les métaux ne manquent pas non plus, le sol contenant l'or, le platine, le cuivre et le fer. Il y a des gisements de houille et de sel gemme, mais toute exploitation est entravée par le manque de capitaux et de bras.

Les moyens de transport, les routes font défaut; cette île splendide ne forme qu'un immense désert, désert comblé, il est vrai, de toutes les faveurs de la création, mais comme jeté en défi à la paresse humaine, à l'incurie, à l'abandon le plus complet.

Je serais curieux de connaître le fin observateur ou l'auteur bien renseigné qui a inventé la locution « travailler comme un nègre ». Dans quel coin de la terre a-t-il vu la race noire s'adonner à un travail sérieux, s'appliquer au rendement de son champ, au développement de son pays? Pour ma part, dans quelque partie du monde que ce soit, partout où j'ai pu observer et étudier le nègre, je n'ai constaté que le manque absolu d'énergie, le désœuvrement et la paresse incarnés. L'ancien esclave, le nègre des bois, l'homme sans instruction aucune, ne connaît que l'oisiveté et l'indolence. Nous le rencontrons sous toutes les latitudes, tant sur l'immense territoire américain, que dans l'Afrique entière et dans les archipels de l'Océanie. Ce qu'il a pris de l'Européen, ce ne sont pas ses vertus, mais bien plutôt ses vices. Un missionnaire américain m'a raconté un jour qu'un indigène des îles Salomon, en parlant des blancs, lui avait affirmé les tenir en haute estime, parce qu'ils lui avaient fait connaître la poudre à canon, le rhum et le tabac.

Le nègre civilisé, celui surtout qui a fait le voyage d'Europe, et y a reçu son éducation, rapporte parmi ses bagages une dose de vanité et d'arrogance qui vont en se développant au fur et à mesure qu'il se sent acquérir une plus grande prépondérance sur ses semblables. Il a beau se poser en homme sérieux, le fond reste le même, la paresse innée revient à la surface, la transformation ne s'accomplit pas. Aussi, malheur aux colonies où l'élément noir est investi de fonctions dirigeantes, où la race blanche laisse amoindrir son influence sous la suprématie collective des naturels du pays. Nous n'avons qu'à jeter un coup d'œil sur la Martinique et la Guadeloupe pour nous rendre compte de l'effet général produit par le système adopté en ces derniers temps; il est facile d'entrevoir l'avenir réservé à ces riches contrées, condamnées malheureusement à végéter sous l'influence néfaste d'une population inférieure comme valeur, comme instruction et comme facteurs du progrès.

Indépendamment du manque d'énergie qui forme un obstacle permanent au développement de cette terre prodigieusement féconde d'Haïti, les passions politiques, les troubles qui depuis plus d'un demi-siècle n'ont pas cessé d'exister dans le pays, s'opposent à sa vitalité. Périodiquement la guerre civile vient ravager les différentes parties du territoire; personne n'est jamais sûr du lendemain, et dans ces conditions nul ne songe à accomplir un progrès quel qu'il soit.

Et cependant Haïti a connu autrefois des temps prospères. C'était à l'époque où elle était colonie française. Depuis 1697, suivant les stipulations de la paix de Ryswick, la partie occidentale du territoire, formant les républiques d'Haïti et de Saint-Domingue d'aujourd'hui, appartenait à la France, tandis que le reste de l'île était colonie espagnole. Sous la domination française, Haïti a vu successivement sa population blanche s'augmenter, son commerce s'agrandir. A la fin du siècle dernier le nombre des plantations était d'environ huit mille; les sucreries, les caféières donnaient les plus beaux résultats; on y faisait rapidement fortune. Mais la révolution qui avait éclaté en Europe devait avoir son contre-coup dans les Antilles. La population d'Haïti se révolta et, menée par un vieux nègre, Toussaint-Louverture, réussit à s'affranchir de la domination française et à s'ériger en république indépendante. Elle l'est restée depuis, mais à son ère de prospérité n'a succédé qu'une série de troubles et de guerres civiles; d'année en année le commerce a périclité, les plantations se sont transformées en broussailles, l'émigration européenne s'est arrêtée, la décadence a apposé son cachet sur le bien-être des jours passés.

Pauvre Haïti, opulente autrefois, et à l'heure qu'il est sans importance, en dehors d'un commerce d'exportation toujours assez considérable dont profitent principalement les maisons allemandes, et d'un chiffre d'importation relativement peu élevé, dans lequel la France et les États-Unis tiennent le premier rang!

Le cadre restreint de ce récit de voyage ne nous permet pas de retracer en grandes lignes l'histoire d'Haïti, et cependant cette histoire est des plus instructives et des plus intéressantes. Je recommande à mes lecteurs de prendre en mains le volume savamment écrit que vient de faire paraître M. H. Castonnet des Fosses [1]; on le

---

1. *La Perte d'une colonie. La révolution de Saint-Domingue;* Paris, A. Faivre, éditeur.

lira avec un véritable plaisir et l'on s'instruira sur le passé d'une colonie qui touche toujours à la France, ne serait-ce qu'à titre de souvenir. Après l'exposé sérieux du passé d'Haïti par le chroniqueur érudit que je viens de nommer, la situation actuelle du pays, telle que l'à peinte M. C. Texier, avec une verve pleine d'humour, forme un contraste à la fois original et amusant. Ce livre, intitulé *Au pays des Généraux*, a suscité la fureur des Haïtiens et a été prohibé à Port-au-Prince. Il en est résulté naturellement que tout le monde a voulu le lire.

Je suis installé comme un prince dans la belle maison de campagne de M. B..., où, vu l'altitude, les matinées comme les soirées sont plus fraîches qu'au bord de la mer. A huit heures la voiture vient nous prendre pour nous conduire en ville, et vers les quatre heures nous remontons au logis. Dans l'intervalle je passe mon temps à flâner en ville, à faire des études de mœurs, pour lesquelles les occasions sont multiples, à faire la causette chez les Européens auxquels j'ai été présenté; et dans les bureaux de mon hôte je trouve toujours une place libre pour rédiger mes notes ou faire ma correspondance.

De une heure à deux, presque tous les magasins et les bureaux se ferment; c'est l'heure du déjeuner. M. B... prend son repas en ville avec M. Tweedy, le consul d'Angleterre, et deux de ses principaux employés. En remuant nos fourchettes, il ne se passe pas de jour que je n'apprenne quelque détail piquant sur ce curieux pays où le côté burlesque se manifeste de tant de façons.

Comme monuments publics, bien entendu, il n'y a absolument rien à visiter; aucune église n'excite la moindre curiosité, il n'existe pas de musée. Le cercle de Port-au-Prince n'est pas brillant, mais il me fournit tout de même l'occasion de parcourir les revues illustrées et de lire les journaux de Paris.

En revenant à Turgeau, la chaleur a diminué, et généralement Mme B... nous attend pour la promenade. Il n'y a pas de choix : il faut descendre par la seule route qui existe là-haut, ou bien la suivre en sens inverse et remonter la colline. C'est cette dernière direction que nous prenons le plus souvent. Une végétation luxuriante couvre les coteaux, et les arbres de haute futaie nous protègent contre les derniers rayons d'un soleil qui s'incline à l'horizon. D'habitude les familles européennes qui habitent Turgeau se font des visites à cette heure-là; souvent aussi elles se réunissent le soir après dîner et respirent l'air embaumé tout en savourant des boissons glacées.

Je conserverai toujours un souvenir délicieux des bains que j'ai pu prendre dans cette confortable résidence. M. B... a fait construire une grande rotonde couverte, renfermant un bassin, où l'eau, descendant de la montagne, se renouvelle constamment. Cette eau est toujours froide et d'une limpidité admirable; il m'est arrivé fréquemment de m'y plonger deux fois par jour.

Un petit cheval de selle, fringant et solide, est à ma disposition pour mes promenades matinales. Je me lève invariablement à 5 heures, et un quart d'heure après la bête doit être sellée, au désespoir du nègre qui est dérangé dans ses habitudes et de la négresse qui est chargée de me donner du café. Rien de plus amusant que d'entendre ce couple grommeler, monologuer, l'un devant l'écurie, l'autre à ses fourneaux; ils voudraient voir déjà bien loin cet étranger qui les oblige de quitter le lit à une heure aussi indue!

Je dirige mes promenades tantôt vers les hauteurs,

tantôt dans les environs de la ville, qui est très étendue et qui, à elle seule, offre déjà un vaste champ à explorer. Souvent un employé de M. B..., qui a son cheval à lui, vient à ma rencontre et me sert de guide. Cet aimable cicérone est général dans l'armée haïtienne! il est charmant causeur, il sait me renseigner sur tout ce qui m'intéresse, et le jour de mon départ il a bien voulu me laisser sa photographie, avec une flatteuse dédicace.

A l'heure matinale où je monte à cheval, je ne me lasse jamais d'admirer le superbe panorama que j'ai devant les yeux. Autour de moi, une puissante verdure partout; là-bas à mes pieds, la capitale dormant encore dans l'atmosphère diaphane des premières lueurs du jour, et la mer azurée, unie comme une glace, se perdant à l'horizon! De mon balcon, le soir, le spectacle n'est pas moins saisissant, et malgré l'heure tardive j'ai souvent peine à m'arracher aux délices d'une nuit tropicale.

Dans les régions voisines de l'Équateur, les nuits sont adorables; elles ont un charme qui prête à la rêverie et transportent l'âme dans le domaine de l'idéal. La lune a plus d'éclat, les étoiles scintillent avec plus de force; elles semblent parfois se détacher du firmament. La flore du ravissant jardin qui entoure la villa, les crotons striés de jaune, de rouge et de vert, les flamboyants couverts d'un manteau de fleurs écarlates, les élégants palmiers, déployés en éventail, les héliotropes aux effluves parfumés : tout ce décor végétal s'imprègne de teintes argentées, dont la plume est impuissante à rendre l'effet enchanteur.

Et rien ne trouble le calme, l'infinité de l'espace; l'oiseau même s'est retiré dans son nid; seules, çà et là, quelques lucioles brillent comme des étincelles à travers les ramures.

Un matin, le général Cicéron — c'est le nom du vaillant guerrier qui me sert de guide — me conduit sur les hauteurs près du fort, pour me faire faire le tour des vieux quartiers de la ville. C'est une véritable ascension que nous accomplissons, et les pieds de nos chevaux sont mis à une rude épreuve. Sur des blocs rocheux qui leur servent de soubassement, s'élèvent des habitations tout à fait primitives, bâties avec des planches provenant de vieilles caisses, de douves de tonneaux, de lattes en zinc et de tout ce qu'on a eu sous la main. Ces maisons ne se soutiennent que par un miracle d'équilibre; avec un bon coup de pied on les jetterait par terre. En guise de chaussée, des excavations naturelles servent de refuge aux enfants, aux chiens, aux cochons, et sont le réceptacle en même temps de toutes les ordures dont se débarrassent les ménagères. Plus tard nous descendons en ville et je visite une caserne, ce qui me permet de me rendre compte tant de la propreté que de la discipline observées dans cet édifice primitif. La prison, qu'on me montre un autre jour, est encore un vrai modèle d'établissement pénitentiaire!

Les alentours de Port-au-Prince sont fort pittoresques et présentent beaucoup d'animation au lever du soleil. Les routes de la banlieue sont assez bonnes et très larges; celle qui m'a charmé le plus se trouve du côté nord de a ville. On sort par une vieille porte qui me fait l'effet de remonter à l'époque de l'occupation française, et tout de suite on se trouve dans la campagne. Jusqu'à 7 ou 8 heures du matin, on rencontre une procession de femmes se rendant au marché, montées à cheval ou à âne. Les bêtes sont chargées des deux côtés, et la femme se tient en équilibre entre sa marchandise, les jambes étendues tout de long et s'appuyant contre l'encolure. Un grand chapeau de paille l'abrite contre les rayons du soleil qui déjà commence à filtrer à travers le mystère des feuilles; on dirait qu'elle récite un cantique, car elle parle toujours tout haut, même étant seule : rien ne saurait mettre un frein à la faconde de la négresse haïtienne.

A gauche de la métropole on suit un chemin qui mène à Bizoton, petite localité sur la route du phare. D'un côté, la végétation s'y déploie dans toute son exubérance, tandis que de l'autre on a vue sur la mer et sur la capitale dont on s'éloigne peu à peu. On va généralement à Bizoton pour prendre un bain de mer; de petites guinguettes sont, en outre, échelonnées sur le parcours. Ce qui me frappe, c'est que je rencontre moins de promeneurs que de cochons, qui ne se dérangent guère et restent couchés en groupes au beau milieu du chemin. Les porcs, à Haïti, portent autour du cou un collier en bois triangulaire, dont les bouts font saillie, ce qui les empêche de passer à travers les massifs sur les propriétés et d'y dévaster les fleurs ou la récolte. Le propriétaire d'une maison ou d'une campagne est obligé d'installer sa haie ou son entrée de façon à ce que le cochon muni de son appareil ne puisse y pénétrer, mais, par contre, il a le droit de lui couper le cou dans le cas où l'absence du collier a permis à la bête de se faufiler sur son domaine.

Bizoton est encore le rendez-vous des blanchisseuses de Port-au-Prince; un petit torrent réunit journellement ces dames qui, pour s'éviter la peine de laver convenablement le linge, comme cela se pratique chez nous, se contentent de le battre à tour de bras sur les pierres ou sur les cailloux pointus. Dans ces conditions il n'est pas étonnant qu'on vous rende vos effets dans le plus piteux état. En revanche, le prix de blanchissage revient à plus du double de ce que nous avons l'habitude de payer à Paris.

Du reste tout est cher à Haïti et le nègre s'entend mieux que partout ailleurs à mettre en coupe réglée l'infortuné touriste qui n'aurait personne pour le défendre. Un jour j'entre chez un coiffeur pour me faire couper les cheveux, mais je prends la précaution de lui demander le prix à l'avance. J'avais bien fait : un Anglais dont la calvitie surpassait la mienne et qui, en conséquence, avait donné moins de besogne à l'éminent artiste, m'apprit le même jour qu'il avait payé deux fois plus cher que moi.

Nulle part les bateliers ne sont plus voleurs qu'ici ; pour vous conduire à bord d'un paquebot en partance, ces rusés industriels vous demandent des prix insensés. Ils savent que vous êtes là, forcé de vous embarquer, et sans se faire la moindre concurrence ils exigent le même tarif, représenté par un nombre de dollars que justifie selon eux l'heure tardive, l'état de la mer, ou le volume de vos bagages. Il va sans dire que, dans un pareil pays, un tarif réglementé par les autorités n'existe pas ; c'est à vous de vous débrouiller au mieux de vos intérêts.

Je n'ai pas été reçu en audience par le Président Hippolyte, alors fort occupé. L'illustre chef de la République devait me recevoir dans quelques jours, me disait le ministre des affaires étrangères à qui j'avais été présenté. Malheureusement j'ai dû quitter Port-au-Prince sans avoir eu cet honneur. Par contre j'ai eu l'avantage de serrer la main de plusieurs hommes politiques d'importance, entre autres d'un ministre — de je ne me rappelle plus quel département — qui porte le nom poétique d'Apollon. A Haïti on ne s'appelle pas Jean, Paul ou Pierre comme dans nos villes du vieux continent ; ces dénominations vulgaires ne sauraient s'accorder avec l'esprit chevaleresque des habitants. On y rencontre des Néron, des Ulysse, des Tancrède, des Brutus, des Tibère, des Télémaque, des Scipion, des Marc-Aurèle — de quoi apprendre l'histoire romaine d'un seul coup !

Les premiers présidents de la République avaient jugé qu'elle ne pouvait rester en arrière auprès de l'Europe au point de vue des titres nobiliaires. Il fallait des comtes, des ducs et des marquis, ce qui n'était pas chose difficile à trouver. Aussi l'histoire garde-t-elle le souvenir du prince de la Marmelade, du duc de la Limonade, et d'autres noms grotesques. On se croirait en plein théâtre de Cluny.

Mon itinéraire devait me conduire, par le chemin des écoliers, aux trois Guyanes. A Saint-Thomas je trouverais un bateau pour la Martinique, et de là je n'avais qu'à prendre le paquebot pour Cayenne. En attendant, j'avais à Port-au-Prince le choix entre deux bateaux pour gagner l'île de Saint-Thomas, celui qui longe la côte nord d'Haïti et relâche ensuite à Porto Plata et à Porto-Rico, ou bien le steamer qui prend la route du sud et fait escale à Jacmel, à Ponce et à Mayaguez. Ces deux parcours sont desservis par la Compagnie générale transatlantique. Toute réflexion faite, je choisis la route du Nord, d'abord parce que les villes que je visiterai m'intéressent davantage et ensuite parce que le paquebot est bien meilleur.

J'échappe aux exactions d'une nuée de bateliers

rapaces qui se sont syndiqués pour me demander trois dollars rien que pour me conduire à bord ; M. B... réduit la taxe au tiers, et c'est bien assez. A cinq heures du soir, le *Saint-Simon* quitte Port-au-Prince, et le lendemain nous jetons l'ancre devant Saint-Marc. La mer est très profonde au mouillage, ce qui nous permet d'approcher tout près de terre.

De même qu'à la Martinique on n'entend parler que de trigonocéphales, de même la conversation dans les ports d'Haïti roule invariablement sur les requins. Toutes les rades de l'île en foisonnent, celle de Saint-Marc plus particulièrement. Le mois précédent encore, un matelot tombé accidentellement à l'eau avec trois de ses camarades, par suite du chavirement de la baleinière, avait été happé par un de ces monstres, au moment où, se sauvant à la nage, il ne se trouvait plus qu'à un mètre du rivage. L'un des autres matelots l'a échappé belle : un requin le saisit par l'écharpe rouge qui lui sert de ceinture, mais l'étoffe se déchire : le malheureux a le temps de se cramponner à une embarcation et de se sauver en l'escaladant vivement.

Saint-Marc est une ville sans aucune importance ; néanmoins j'en fais le tour par une chaleur accablante. Le peu d'Européens qu'elle renferme se livrent à l'exportation du café et des bois. Au temps passé il y avait ici des salines en plein rapport.

Notre seconde escale est Gonaives, plus grande et plus commerçante que Saint-Marc. C'est encore une ville qui, aperçue du Nord, donne quelque illusion, mais la déception la plus complète m'est réservée quand je parcours les rues, et que j'y retrouve les monceaux d'immondices de Jacmel et des Cayes. A Calcutta, une espèce de cigogne se charge du nettoyage des rues et de l'enlèvement des ordures; dans les Guyanes je trouverai un autre oiseau, l'urubus, qui se charge de cette besogne. En l'absence de ces chiffonniers naturels à Haïti, la municipalité ne pourrait-elle ordonner un coup de balai? Ce serait une question à étudier.

CHAPITRE V

Le Cap Haïtien. — Son luxe passé. — Le 14 juillet. — Porto Plata. — La timbromanie. — Puerto Rico. — Saint-Thomas. — Son déclin. — Le charbon. — Encore les négresses. — Retour à la Guadeloupe. — Le Camp Jacob. — Température d'Europe. — En route pour Cayenne. — Le *Salvador*. — Sainte-Lucie. — La Trinidad. — Splendide végétation tropicale. — Un lac d'asphalte. — De la Trinidad à Cayenne.

Encore un retour à bord qui n'aurait guère convenu à des dames nerveuses, car la mer est très agitée, et le trajet assez long. Le *Saint-Simon* qui n'avait qu'un nombre restreint de passagers au départ de Port-au-Prince, en prend une vingtaine ici, tous à destination de l'escale suivante. L'échelle est entourée de toute une flottille d'embarcations et de pirogues, et violemment heurtée par instants, en raison du mauvais état de la mer et de l'impatience des gens qui veulent monter à bord. Vraiment on s'étonne que ces embarquements n'occasionnent pas plus d'accidents, surtout à cause de l'inexpérience fréquente de ceux qui manient les avirons.

Les nouveaux arrivés sont tous des habitants du pays, grasseyant à qui mieux mieux. Une passagère attire plus particulièrement mon attention; elle porte dans ses bras un enfant de douze jours, d'une petitesse extraordinaire : on aurait dit un ouistiti. Ce pygmée, couleur chocolat, est le survivant de deux jumeaux, dont le premier est mort la veille; le docteur du bord, qui l'examine, prétend qu'il n'en a pas pour longtemps non plus et qu'il pourrait bien succomber avant d'arriver à destination.

Tout en compatissant à la douleur de la mère, je ne puis m'empêcher, en entendant crier cet enfant sans interruption, de me rappeler le quatrain :

> Lorsqu'en naissant vos yeux s'ouvraient à la lumière,
> Chacun vous souriait, chéri, et vous pleuriez :
> Faites si bien, qu'un jour, à votre heure dernière,
> Chacun verse des pleurs, et que vous souriiez !

Nous longeons les côtes sinueuses de l'île, les montagnes s'ajoutent aux montagnes et sont toutes couvertes d'une riche végétation. Le commandant du bateau me désigne l'anse où se trouve le port Nicolas. C'est là que Colomb prit terre le 5 décembre 1492, à l'abri d'un cap formant un havre sûr et commode. En l'honneur du saint, dont l'église honore la mémoire en ce jour, Colomb donna à ce lieu le nom de Saint-Nicolas, que le cap et le port ont conservé jusqu'aujourd'hui. Plus tard, l'île fut visitée par des Espagnols envoyés à la découverte de l'intérieur; ils firent un rapport enchanteur sur le pays qu'ils avaient parcouru, et le comparèrent à leur patrie. La nouvelle terre fut nommée au début : l'île Espagnole — Hispaniola. L'établissement que les Espagnols fondèrent peu de temps après sous le nom de Santo Domingo, dans la partie méridionale de l'île, fut l'origine du nom de Saint-Domingue, qu'elle reçut par la suite.

Après avoir passé entre la côte nord d'Haïti et l'île de

la Tortue, au soleil levant nous arrivons devant le Cap Haïtien. Suivant la description qu'en donne M. Castonnet des Fosses, dans son intéressant volume déjà cité, le cap se présentait jadis sous un aspect des plus riants. La ville était bâtie au pied d'une montagne et formait un parallélogramme mesurant une lieue de long sur une demie de large. On abordait à un quai magnifique, où nombre de vaisseaux se trouvaient à l'ancre ; tout le mouvement commercial y était concentré. En pénétrant dans l'intérieur de la ville, on était surpris de son aspect coquet. Les rues étaient tirées au cordeau, bordées de trottoirs en briques ; les maisons construites en maçonnerie étaient couvertes d'ardoises et leurs murs blanchis au lait de chaux. Elles étaient entourées d'une cour spacieuse, ornées d'une véranda, plantée d'orangers et de bananiers, à l'ombre desquels on venait s'asseoir dans la journée et parler des événements du jour.

La ville possédait des places publiques, ornées de fontaines, de beaux édifices, des promenades ; et présentait tous les avantages d'une grande cité. A cette époque elle était entretenue avec soin ; les habitants étaient obligés deux fois par jour de jeter de l'eau devant les maisons, afin de rafraîchir la température. La vie créole se montrait dans tout son luxe, avec tout son confort ; on avait chevaux et équipages, on donnait des dîners et des fêtes, on étalait de riches toilettes au théâtre, et, durant le carnaval, les bals masqués pouvaient rivaliser avec ceux de Paris.

Qu'est-il resté de cette vie sybarite, de cette existence fastueuse d'un siècle écoulé ? Le Cap Haïtien, quoique un peu moins sale que les villes où j'ai conduit le lecteur, ne représente plus que les ruines de l'opulence des temps jadis. En parcourant les rues, que vraiment de temps à autre un balayeur semble visiter, on songe vaguement à quelque vieille cité de l'Extrême-Orient; on aperçoit des maisons croulantes, des toits à moitié effondrés, et sur la place d'Armes l'ivraie a tout envahi. Tout a eu sa part dans la débâcle : la guerre, comme les incendies; les tremblements de terre, comme les révolutions.

Le territoire haïtien tout entier a été fréquemment éprouvé par des tremblements de terre. En 1760, Port-au-Prince fut changé en un amas de ruines; en 1842, la cité du Cap subit le même sort. En dehors de ces cataclysmes que l'histoire a enregistrés, de petites trépidations du sol se font souvent sentir.

Au moment où, avec deux passagers, je m'apprêtais à descendre à terre, un gentleman nègre, sanglé dans une superbe redingote, coiffé d'un chapeau gris à haute forme, monte à bord pour chercher une de nos passagères. Il s'arrête devant moi, me fixe un instant et reste aussi ébahi que moi-même. C'est ainsi qu'on se retrouve à l'autre bout du monde : le général, en civil — car c'est encore un général, — n'a quitté Paris que tout récemment; il y habitait la même maison que moi. Mon ex-voisin m'invite chez lui et me déclare que je suis sans excuse de quitter le Cap le jour même, parce que je n'aurai le temps *de rien voir*. L'offre est fort obligeante, mais je me demande ce qu'un touriste peut bien aller visiter au Cap Haïtien. C'est une escale comme tant d'autres, où une heure de promenade sous un ciel de feu satisfait toutes les curiosités, et n'éveille que le désir de regagner le bord pour s'y reposer tranquillement sous l'ombre bienfaisante de la tente. Alors qu'à terre on cuit littéralement, nous sentons sur rade une

Le Cap Haïtien.

petite brise délicieuse; aussi je ne me plains nullement d'avoir écourté mes pérégrinations quand, plus tard, j'assiste à la rentrée d'un groupe de passagers, haletants, trempés de sueur, mourant de fatigue et de soif, ayant été à la recherche des ruines du vieux fort, mais n'ayant trouvé en fait de ruines que les habitations de la génération actuelle.

Au dîner, un verre à champagne fait partie du couvert : c'est le 14 juillet. Le commandant nous propose de boire à la patrie absente; nous trinquons tous.

La chaleur de la cabine me chasse sur le pont au milieu de la nuit. Au petit jour j'aperçois d'un côté des plages basses et verdoyantes; de l'autre des montagnes assez élevées à végétation touffue. Nous avons quitté Haïti; la ville que nous découvrons bientôt fait partie de la République dominicaine et s'appelle Porto Plata. L'entrée du port est très dangereuse, à cause des nombreux récifs; trois épaves de navires attestent des précautions à prendre pour ne pas manquer la passe.

Quand on se promène dans Porto Plata, on se plaît à constater qu'au point de vue de la propreté, Saint-Domingue l'emporte de beaucoup sur sa voisine. Les rues sont pavées avec une espèce de grès concassé; le sol est dur et bien uni. Devant les maisons se trouve un trottoir en pierre. Tout dans la ville respire un air de civilisation; les habitations ont meilleur aspect et rappellent celles de l'île de Cuba. Un chemin de fer était en construction; depuis mon passage il a été livré à la circulation jusqu'à Santiago, distante de 15 à 20 kilomètres; dans un bref délai la ligne sera terminée jusqu'à Santo Domingo, la capitale.

Le pays est fertile et très productif. La principale culture consiste en tabac; on exporte également beaucoup de bois. Porto Plata, d'autre part, offre peu d'intérêt; pour la visite de la ville, une heure de promenade suffit largement. J'observe que presque tous les gens du pays, ouvriers et paysans, ont le revolver à la ceinture et portent un long couteau dans une gaine. On les voit circuler à cheval, s'arrêter devant les bureaux et les boutiques, attachant leur monture à un crochet quelconque pendant qu'ils entrent et vaquent à leurs affaires.

Je visite la cathédrale, dont l'intérieur est en réparations; on y fait même un bruit infernal. L'autel aussi est sens dessus dessous, il n'y a pas d'office. Néanmoins les fidèles s'agenouillent devant le charpentier qui travaille au tabernacle!

Dans toutes les escales que je fais dans mon voyage, j'ai une mission délicate à remplir. Un ami de Paris, collectionneur passionné de timbres-poste et ne se contentant plus des exemplaires oblitérés, m'a chargé de lui rapporter la série complète des timbres neufs de chaque île, de chaque colonie où je mettrai pied à terre. Il lui faut en outre les cartes postales pour les services intérieur et extérieur, celles avec réponse payée, les bandes de journaux, les timbres-taxe s'il en existe. La timbromanie a atteint, de nos jours, des proportions inouïes; elle sévit partout comme l'influenza; elle est le cauchemar de tous ceux qui habitent les petits pays, les archipels ou les îles qui ont peu de relations avec l'Europe, comme elle l'est des commandants de paquebots, des docteurs, des commissaires, des officiers du bord — voir même des maîtres d'hôtel et des garçons de cabine qui les visitent périodiquement.

Tous ont des cousins, des neveux, des amis qui les chargent de leur rapporter des timbres; les agents des lignes de bateaux reçoivent à chaque courrier des lettres de collectionneurs, inconnus pour la plupart du temps. On s'adresse aux négociants, aux consuls, même aux gouverneurs. L'agent des postes à bord de la *France* me montra un jour une lettre d'un monsieur qu'il ne connaissait ni d'Ève ni d'Adam, mais qui lui rappelait que six ans auparavant il avait fait un voyage avec lui sur la ligne du Mexique. Cette lettre contenait deux billets de cent francs, destinés à acheter dix mille timbres de un à cinq centimes, ou de valeur correspondante, dans les différentes îles des Antilles et donnait l'adresse à laquelle il fallait envoyer le paquet.

Il n'est pas étonnant que toutes les fois que je prépare un voyage, les quémandeurs soient légion. Il m'est arrivé plus d'une fois aussi de recevoir des lettres de personnes que je ne connaissais pas le moins du monde, mais qui, prétendant avoir appris d'un ami commun que je partais pour telle ou telle région du globe, saisissaient l'occasion pour me demander de bien vouloir rapporter quelques vieux timbres pour leur collection. Dans cette tournée-ci j'avais à approvisionner une vingtaine de clients ; je fais donc comme tout le monde et j'accapare dans chaque ville tout ce que je puis obtenir. Sans m'en vanter, j'ose dire que dans mon existence vagabonde j'en ai fait des heureux ! Il y a quatre ans je revenais de l'océan Pacifique avec une récolte de deux mille timbres, éparpillés depuis dans je ne sais combien d'albums. Ah, si tous ces collectionneurs me rendent un jour l'hommage de suivre, en signe de reconnaissance, mon humble dépouille, j'aurai un cortège monstre : l'ami aux timbres neufs me doit au moins une modeste couronne.

A la Pointe-à-Pitre il a failli m'envoyer sur le terrain. Me présentant au bureau de poste pour acheter la collection complète; l'employé me répond que j'aie à revenir le lendemain. Il n'a pas le temps de s'occuper de ma commande : le courrier est en rade, et il est encombré de besogne. Un autre employé me refusant également, j'insiste et je me fâche. Je demande alors un timbre de cinq centimes, qu'il me remet ; j'en exige successivement d'un, de deux centimes et je continue ma petite manœuvre aux deux guichets.

Lorsque je réclame mon timbre de deux sous, le plus récalcitrant me dit des sottises, et l'autre, malgré mes objurgations, refuse nettement de me servir. L'assistance se met à rire et un commis supérieur me fait une observation déplacée. Je demande le directeur du bureau, je réclame, et comme je le menace de déposer une plainte, j'obtiens finalement gain de cause, tout en avouant que si j'ennuyais le personnel, la besogne m'ennuyait pareillement. Les Anglais, pratiques en tout, ont prévu le cas de visiteurs dans mon genre. C'est ainsi qu'en me présentant au bureau de poste de la Trinidad on me remet un paquet tout prêt ; la même chose m'était arrivée il y a quelques années dans l'île de Chypre, où l'on m'informa qu'à l'arrivée de chaque bateau on était sûr de vendre quelques paquets ainsi préparés.

A Port-au-Prince j'ai assisté un jour à une véritable curée. Une maison de commerce avait décidé de détruire ses vieilles correspondances, datant de 1850 à 1870. Le contenu d'une douzaine de caisses allait passer par le feu. Il va sans dire qu'on avait pensé aux vieux timbres ; aussi le jour de l'autodafé il y avait réunion de patrons, d'employés et d'invités, qui tous rampaient sur le plancher, cherchant à en accaparer le plus possible. J'ai fait comme les autres et j'ai eu soin d'attraper ma part du butin.

Les négociants en timbres-poste ont surgi de terre dans les deux hémisphères, comme les journaux et les revues concernant l'article. Toutes les grandes villes, ou à peu près, ont déjà leur bourse spéciale, où chaque timbre à sa cote, où tous les renseignements peuvent être obtenus. Mais ce qu'on ignore peut-être, c'est que dans certaines colonies la timbromanie a donné lieu à des spéculations, quelque peu indélicates peut-être, mais amusantes tout de même.

Aussitôt qu'il arrive d'Europe une nouvelle émission, un spéculateur, aidé par quelques acolytes, s'arrange de façon à se rendre maître de toute la provision d'un timbre de peu de valeur. Le lendemain le public apprend que de cette valeur il n'en reste plus un seul, mais il s'en console facilement, attendu que le timbre — mettons de 10 centimes — qui manque, peut être remplacé par deux de 5. En attendant, le détenteur de la collection disparue la garde soigneusement en réserve et écoule successivement sa marchandise à des prix largement rémunérateurs. Le cas s'est présenté à Sainte-Lucie et à Surinam entre autres. A Sainte-Lucie, le commerçant qui me fit voir les feuilles de timbres dont lui seul avait la possession, m'assura qu'à New York on offrait couramment deux dollars pour les petits carrés de papier qu'il avait payés un sou, et le gouvernement anglais lui avait facilité le succès de son opération en adoptant un nouveau modèle pour le remplacement des timbres enlevés. Restent à mentionner les surcharges, qui, à mon avis, constituent l'abus le plus criant. Elles sont bien rarement justifiées par des faits naturels; le plus souvent elles ne sont que le résultat d'une spéculation. Une émission de peu de valeur ayant été accaparée par quelques trafiquants, le directeur des postes obtient du gouverneur l'autorisation de surcharger du chiffre de la valeur épuisée un timbre d'une autre valeur, destiné à remplacer provisoirement la valeur qui manque, en attendant un nouvel envoi de la métropole; et le tour est joué!

Mais ne croyez pas que l'on se borne à surcharger le timbre d'une manière uniforme : non, la surcharge sera droite, transversale, renversée; elle sera en encre noire, bleue, rouge ou verte; la forme des chiffres variera à l'infini; autant de chinoiseries à l'adresse du naïf collectionneur. Et nous ne parlons pas des fautes d'orthographe plus ou moins volontaires qui se produisent quelquefois; un timbromane m'a montré un jour un timbre qui valait 10 ou 20 francs dans le commerce, la lettre q se trouvant remplacée par un g.

Vingt-quatre heures de navigation nous séparent de Puerto Rico, possession espagnole. Nous arrivons devant la capitale, San Juan de Puerto Rico, dans l'après-midi. Déjà depuis deux heures, avant d'atteindre le port, j'avais pu jouir, de la passerelle, où le commandant m'avait offert l'hospitalité, de la vue pittoresque que présente l'approche de l'île. Le pays est peu montagneux, mais, comparé aux autres Antilles, il a un cachet coquet tout spécial. Après avoir aperçu les fortifications qui s'agrandissent au fur et à mesure que nous nous rapprochons, le paquebot change de direction et décrit un demi-cercle. Voici bientôt à bâbord la capitale, vrai type de cité espagnole, aux maisons blanches, roses, vertes et bleues, s'étageant en amphithéâtre. Elle a dû être autrefois une petite merveille; aujourd'hui encore elle a droit à un certain rang parmi les rares villes des Antilles, mais elle s'en va mourant, comme bien d'autres et les navires que j'aperçois en rade sont peu nombreux.

Le pilote monte à bord et conduit le *Saint-Simon* au mouillage. L'entrée du port me paraît assez dangereuse, mais la passe est bien balisée. Une fois ancré, un paquebot se trouve parfaitement à l'abri dans une baie spacieuse, enguirlandée d'une végétation ravissante. Je suis étonné de voir un bateau-mouche ; le pilote m'explique qu'il fait le service entre la métropole et un village que je distingue du côté opposé de la baie. On dirait que nous remontons le courant du progrès ; à Porto Plata le chemin de fer était en construction : ici 80 kilomètres sont ouverts à l'exploitation.

San Juan de Puerto Rico mérite le nom de ville. Les rues sont bien pavées ; on y remarque bon nombre d'édifices d'élégante construction. J'y vois un restaurant de bonne apparence, des cafés bien tenus, des magasins convenablement installés : un ensemble de civilisation qui participe de la Havane et des cités européennes. Inutile de dire que j'y fais ample provision de cigares, dont la qualité est fort appréciée, et qu'on achète dans des conditions très avantageuses.

Les ressources de Puerto Rico sont essentiellement agricoles ; on y cultive avec succès la canne à sucre, le coton, le tabac, le café. Le règne végétal est d'une grande richesse ; l'île produit des bois de menuiserie très recherchés, et verrait sans aucun doute son commerce se développer dans de bien plus fortes proportions, si l'Espagne comprenait mieux ses intérêts et ne frappait sa colonie d'un protectionnisme mal compris, d'un système douanier qui paralyse le trafic, de formalités administratives et sanitaires dignes d'un autre âge. Encore une colonie à ajouter à celles qui, malgré leur sol exceptionnellement riche et productif, végètent tant bien que mal sous un gouvernement qui ne sait pas tirer parti de ses ressources, et entrave son commerce par des tarifs prohibitifs.

J'étais allé à terre avec une dame et un monsieur qui connaissaient la ville pour y avoir séjourné un certain temps. Ils me conduisent un peu partout et me présentent au Consul de France, M. Tellier, qui nous invite à aller passer la soirée chez lui. J'ai été bien désolé d'apprendre, peu de temps après, que cet hôte si charmant avait succombé à la fièvre jaune quelques semaines après notre passage.

Nous rentrons à bord par un épouvantable temps d'orage, accompagné d'une pluie torrentielle, et le lendemain matin, nous partons au petit jour. Le temps s'est complètement remis, ce qui me permet d'admirer une seconde fois l'aspect réellement enchanteur de la ville et de son entourage. La mer s'est ressentie du vent qui a soufflé ; nous sommes bercés par un tangage qui fait disparaître la moitié des passagers dans leurs cabines. Heureusement que nous n'en avons pas pour longtemps avant d'atteindre une nouvelle escale ; six ou sept heures seulement nous séparent du prochain port.

Voici derechef une ligne vague à l'horizon ; ce sont les montagnes de Saint-Thomas. Bientôt ma lorgnette me fait reconnaître les trois mamelons sur les flancs desquels la ville est construite ; c'est bien le même décor théâtral qui m'a ravi il y a seize ans, mais l'animation du port est loin d'être la même. J'ai vu autrefois cette rade de Saint-Thomas pleine de navires, de voiliers de tout pavillon, en quête d'un fret qu'ils ne manquaient jamais de trouver. Aujourd'hui la vie, le mouvement ont disparu ; c'est à peine si je compte huit petits bâtiments à l'ancre. Le commerce de la Barbade, colonie anglaise, a enlevé à Saint-Thomas une grande partie de son trafic; la diminuton des navires à voiles, conséquence inévitable de la progression de la vapeur, a fait le reste pour ruiner l'île danoise, jadis si florissante.

La ville n'a pas changé; elle est restée la même, propre, coquette, étagée sur son trio de collines. Mais les magasins sont pour la plupart vides ou déserts; plusieurs négociants ont abandonné leurs comptoirs et liquidé leurs affaires. Saint-Thomas reverra-t-il jamais ses jours prospères d'antan? Il a été souvent question d'une cession de l'île par le Danemark, auquel elle a toujours appartenu, soit à l'Allemagne, avide d'acquérir une possession dans les Antilles, soit aux Etats-Unis, qui la convoitent dans un but différent. Ni dans l'un, ni dans l'autre de ces deux cas je ne vois pour Saint-Thomas la probabilité de se relever de sa décadence, de redevenir un centre commercial, ayant l'importance d'autrefois. Le port ne laisse rien à désirer; l'eau y est assez profonde pour permettre aux steamers de grande calaison d'accoster les appontements. Il existe un grand dock flottant et les charpentiers constructeurs établis en ville sont suffisamment outillés pour tous les travaux de réparations.

La population de l'île atteint à peine un chiffre de quinze mille habitants, dont les trois quarts habitent le chef-lieu. L'île n'est d'aucun rapport et n'est qu'un amoncellement de rochers dans les interstices desquels poussent seulement des cactus épineux et quelques broussailles; la terre n'a ni eau douce, ni humus, ni prairies. Les habitants n'ont pour se pourvoir d'eau potable que l'eau de pluie qu'ils recueillent soigneusement dans la citerne que possède chaque maison. Les bêtes à cornes manquant complètement, on doit les faire venir d'une colonie voisine; spécialement de

Vue de Saint-Thomas.

Puerto Rico; pour les denrées alimentaires, Saint-Thomas est approvisionné par les États-Unis.

En visitant Curaçao, je comparais l'aridité du sol à celle de la possession danoise; il est vraiment étonnant que deux territoires, à peu près dépourvus de toute végétation, émergent de la mer au milieu d'une ceinture d'îles et de terres continentales dont la fécondité tient parfois du prodige. Si Saint-Thomas surtout doit son existence à des soulèvements plutoniens, son origine est pourtant la même que celle d'autres terres que nous trouvons dans les mers des Antilles et des Caraïbes. Un sol volcanique ne s'oppose pas plus en général au développement d'une fertilité inhérente aux terres tropicales, que les formations madréporiques, les massifs coraillers que nous rencontrons ailleurs.

Nous sommes arrivés au plus fort de la chaleur, c'est-à-dire à une heure de l'après-midi. Le *Saint-Simon* est amarré au quai à l'extrémité droite de la baie, où la Compagnie générale transatlantique tient son dépôt de charbon. La température accablante nous engage peu à quitter le bateau en ce moment, ce qui aurait cependant sa raison d'être en présence de l'opération qui va commencer. Bravons la poussière tout de même pour un court espace de temps; nulle part la procession des charbonnières n'est plus caractéristique qu'ici. On dirait même — car c'est aujourd'hui dimanche — que ces dames ont fait des frais de toilette !

Les voilà qui avancent au petit trot, à la file indienne, le panier sur la tête, suivant toutes le même itinéraire, déversant le charbon dans un trou béant qui descend jusqu'à la soute, et redescendant pour remplir de nouveau leur corbeille. Elles sont revêtues des costumes les plus grotesques; quelques-unes portent enroulé autour du corps, en guise de vêtement, un vieux drapeau espagnol, français ou anglais. Il y en a de tous les âges, depuis la jeune fille svelte et accorte jusqu'à la vieille négresse pansue, dont les lèvres enflées ne quittent presque jamais la pipe. Une d'entre elles reçoit les quolibets de ses congénères et des matelots, à cause de l'état intéressant dans lequel elle se trouve; elle répond par des grommellements entrecoupés de jurons.

Elles passent toutes sur une bascule avant d'escalader la planche qui met le bateau en communication avec le quai. Au passage de cette bascule un petit coup se fait entendre, et un contrôleur remet à la sylphide un jeton de forme ronde. Le nombre de paniers de charbon transportés est représenté par la quantité de jetons, espèces de noix, qu'elles produisent le lendemain pour se faire payer. Ces jetons sont acceptés partout à Saint-Thomas, au marché comme dans les boutiques; ils sont considérés comme monnaie courante.

Le teint de ces donzelles ne souffre pas de la poussière que la figure ramasse et qui leur sert de poudre de riz, comme un bon mathurin le fait observer. Un bain après le travail rafraîchira la toilette souillée et le corps fortement compromis.

Vers les quatre heures une baleinière nous fait franchir la baie et nous dépose au débarcadère, tout près d'un petit square, planté d'arbres et orné d'un kiosque, où l'orchestre militaire fait entendre sa musique chaque dimanche. Cette promenade minuscule est le rendez-vous hebdomadaire du beau monde de l'endroit, composé des éléments les plus divers. On entend parler l'anglais, l'espagnol et d'autres langues, sauf le danois, si ce n'est que par des fonctionnaires ou des soldats, peu en nombre du reste. Les négresses et les mulâtresses, en toilette dominicale, se montrent parées de tous leurs atours; les bonnes d'enfants et les nourrices, à nuances variées, promènent la progéniture des résidents européens et ne sont pas insensibles aux compliments chevaleresques des gommeux de la ville. C'est tout comme chez nous.

Le lendemain matin je suis sur pied avant qu'il ne fasse complètement jour; je désire profiter de la fraîcheur pour me promener jusqu'à l'heure où le soleil m'enverra de trop cuisantes caresses. Depuis le wharf où nous sommes amarrés, jusqu'au centre de la ville, la baie offre une charmante promenade, sorte de corniche gracieusement arrondie et fournissant des coups d'œil ravissants. Je la refais avec plaisir, car j'aime Saint-Thomas, malgré son peu de fertilité et en dépit de sa réputation de terre désolée. Arrivé aux premières habitations, j'escalade des collines et je me plais à comparer ces maisons et ces villas proprettes aux sales constructions du Venezuela et d'Haïti. Le panorama qui se découvre d'un monticule peu élevé est loin d'avoir le beau cachet tropical auquel je me suis habitué en ces derniers temps; je me désole plutôt de la parcimonie de décors dont la nature a gratifié cette ossature rocheuse, cette intumescence terrestre, recouverte, çà et là, d'une végétation naine et rachitique, mais ne présentant le plus souvent que des bosses étranges et dénudées.

J'entre dans la ville même, où déjà le mouvement journalier bat son plein. La grande rue, parallèle à la rade, renferme les principales boutiques; les négresses font leurs provisions de la journée sur un petit marché près du jardinet; les passagers des trois paquebots, en ce moment dans le port, circulent dans tous les sens.

Les uns sont à la recherche d'un photographe pour se procurer des vues de l'île, les autres marchandent des souvenirs du pays, fabriqués avec des pépins de fruits, ou bien se renseignent sur le magasin où ils pourront acheter les meilleurs cigares. Saint-Thomas étant port franc, le fumeur trouve à s'approvisionner ici à meilleur marché que partout ailleurs.

Tout est propre; il y a de l'ordre et l'agent de police qui fait sa ronde n'a pas à intervenir. Quand, mon excursion terminée, je me décide à retourner à bord, je n'ai pas à me disputer avec des bateliers. Un tableau affiché au débarcadère m'indique le tarif pour l'embarquement.

Le gouverneur est absent depuis deux mois; il réside alternativement à Saint-Thomas et à Sainte-Croix pendant six mois de l'année. Sainte-Croix, possession danoise également, est située à peu de distance; c'est une île de peu d'importance, n'ayant qu'un commerce restreint, mais moins stérile et d'une configuration moins montagneuse. Les deux îles sont sujettes à des tremblements de terre, et souvent la fièvre jaune y sévit avec quelque intensité.

Le *Saint-Simon* s'apprête à partir directement pour le Havre; j'ai à m'occuper de mon transbordement sur la *Ville de Tanger* qui est arrivée dans la nuit et qui continuera sa route pour la Guadeloupe et la Martinique. La Compagnie générale transatlantique dessert quelques-unes des Antilles et les Guyanes par trois petits paquebots qui se valent, c'est-à-dire qui sont très mal installés, où l'on vous sert une cuisine plus que médiocre, où le service est fait par des nègres, où la tenue laisse beaucoup à désirer; ce sont cette *Ville de Tanger*, sur lequel je m'embarque, le *Saint-Domingue*, que je connais d'ancienne date, et le *Salvador*, qui me transportera plus tard à Cayenne.

On a surnommé le premier « la *Ville de Tanguer* » et je ne tarde pas à constater qu'il mérite de plein droit sa mauvaise réputation. Il roule, il tangue même avec une mer passablement calme comme celle que nous avons maintenant; que sera-ce donc avec une mer agitée, par un temps de tempête?

Le *Salvador*, sur lequel j'aurai bientôt six jours à passer, le vaut sous tous les rapports; heureusement que ces tristes moyens de transport sont commandés par les plus aimables des commandants.

21 juillet. — Nous passons devant les petites îles de Nevis, Antigua et Monserrat; vers les cinq heures nous mouillons devant la Basse-Terre. Comme je sais que le grand bateau, parti de Saint-Nazaire le 9 du mois, doit y toucher le surlendemain, en route pour la Martinique, je profite de l'occasion, d'abord pour me soustraire au passage toujours mauvais du canal de la Dominique à bord d'un danseur tel que la *Ville de Tanger*, en second lieu pour faire l'excursion qui constitue l'un des principaux charmes de la Guadeloupe — celle du camp Jacob. Le commandant me donne raison; à ma place il en aurait fait autant. Je laisse mes bagages à bord, je les trouverai à Fort-de-France. Une valise à la main, je traverse la place des tamariniers et je m'assure d'une chambre à l'hôtel Célanire, établissement plus que modeste, mais le seul de l'endroit où l'on puisse trouver un gîte à peu près convenable pour la nuit. Je passe ma soirée d'une façon fort agréable chez deux habitants, M. et Mme L..., et en rentrant à l'hôtel je me trouve face à face avec une vieille mulâtresse qui prétend me reconnaître d'une visite antérieure en 1876. La propriétaire étant morte, c'est elle qui gère l'auberge ; elle pousse l'hospitalité jusqu'à me conduire dans ma chambre et à allumer ma bougie. Elle me prévient même que dans le cas où j'aurais besoin de quelque chose, je n'aurai qu'à taper contre la cloison, parce qu'elle couche à côté.

A deux heures je suis réveillé par un coup formidable ; c'est la malle anglaise qui passe, ne s'arrêtant que le temps juste pour délivrer et prendre le courrier, et des passagers s'il y en a. Elle annonce son arrivée par un coup de canon, dont la trépidation produit l'effet du plus violent des tonnerres. Ma porte manquant de verrou, j'ai peur un instant que ma conquête ne vienne se rendre compte si l'explosion ne m'a pas trop effarouché.

Debout aux premières lueurs de l'aube — ma coutume invariable dans les pays chauds, — je dirige ma promenade du côté du fort Richepanse, forteresse datant du siècle dernier. Elle est en ruines aujourd'hui ; plusieurs gros canons, braqués dans la direction de la mer, sont encore en place ; leur bouche sert de siège à la population noire qui vient prendre le frais dans cet endroit. D'un mamelon voisin, je jouis d'une vue superbe sur l'océan et les alentours de la ville. J'entre dans deux églises ; l'une est déjà remplie à cette heure matinale, mais je remarque aussitôt que le saint lieu ne renferme que des femmes. Il s'en trouve une centaine, ce qui me fait jouer le rôle d'un loup dans la bergerie. Le marché de la Basse-Terre ressemble à tous ceux des colonies ; cependant nulle part les marchés n'échappent à mon programme. La bigarrure et l'excentricité des costumes, jointes au tapage que font les négresses, ont toujours pour moi l'attrait du nouveau. Ce qui m'intéresse moins, ce sont les étalages de fruits, sauf au point de vue de la couleur et de la variété. On a beau vanter la qualité des fruits des tropiques, je trouve pour ma part qu'à l'exception de la mangue et de l'ananas, tous ces produits ne valent pas nos pêches, nos poires, nos raisins, nos fraises, nos framboises, introuvables, hélas, sous la zone torride. La sapotille, la pomme cannelle, la goyave, fades au goût, bien moins parfumées et savoureuses, n'ont jamais pu exciter ma convoitise. La mangue, qu'on trouve dans la majorité des pays tropicaux, est un fruit exquis ; elle a une pulpe jaune-rougeâtre, un peu filandreuse mais fondante et d'une saveur délicieuse. Toutefois celles de la Martinique et de la Guadeloupe exhalent une forte odeur de térébenthine et sont bien inférieures à celles de Manille, de l'Inde et de Maurice. Celles du Venezuela, d'Haïti et de certaines autres îles des Antilles les surpassent également en qualité.

Le manguier est un bel arbre, dont la ramure prend un grand développement et procure, dans les régions ensoleillées, un refuge inappréciable contre les chaleurs du milieu du jour. Il n'est pas rare d'en voir portant des centaines et même des milliers de beaux fruits, dont la forme se rapproche de la poire.

J'entre à l'hôpital, où j'ai l'espoir de rencontrer le docteur Clavel, médecin de la marine, qui habite le camp Jacob et descend en ville le matin. Il vient d'arriver et comme il va remonter dans une heure, il m'engage à aller passer ma journée sur les hauteurs. Je l'accompagne d'abord dans les visites qu'il a à faire dans l'établissement; peu après, nous montons dans la voiture qu'il a fait atteler.

La route qui mène de la Basse-Terre au Camp est

des plus pittoresques. Des deux côtés du chemin, une riante végétation s'étale sur toutes les ondulations du terrain; les champs de canne couvrent les collines, et à notre droite s'élève majestueusement la Soufrière, le grand volcan de l'île, dont le sommet est presque toujours enveloppé de nuages. Graduellement la chaleur suffocante de la plaine diminue; nous entrons, tout en montant, dans une atmosphère plus fraîche, moins lourde. Le Camp se trouve à une altitude de 533 mètres et a en moyenne 5° de différence de température avec la Basse-Terre et de 6 à 8 avec la Pointe-à-Pitre.

Il renferme une caserne, un hôpital et les bureaux de l'administration; à quelque distance, est située la résidence du gouverneur de la colonie. L'hôpital et les annexes font honneur à la Guadeloupe; ce sont des bâtiments spacieux, admirablement installés et rafraîchis constamment par un air pur et embaumé. Après le coucher du soleil, le climat peut être comparé à celui du centre de l'Europe; aussi on y couche généralement sous une couverture.

Chaque médaille a son revers : au Camp Jacob il pleut beaucoup; peu de jours se passent sans ondées, mais les favorisés qui l'habitent se consolent facilement de cet inconvénient. En descendant la montagne, une promenade sous un épais feuillage conduit à un bassin dans les rochers, entretenu et renouvelé constamment par une eau limpide qui coule d'en haut. Après la sieste on s'y rend pour prendre son bain.

Une question assez grave se présente : faudra-t-il que je descende en ville par la diligence de 5 heures, ou bien pourrai-je en toute sécurité passer la nuit dans ce site enchanteur et prendre la voiture qui part dans la matinée? Le paquebot n'a pas encore été signalé à la

Pointe-à-Pitre, où son minimum d'arrêt est de quatre heures; suivant toute probabilité il n'y sera rendu que le lendemain au petit jour. Dans le cas où l'on serait avisé par dépêche de la Pointe, de l'arrivée de mon steamer, je trouverais toujours un cheval de selle ou une mule pour gagner à temps la Basse-Terre. J'accepte donc l'hospitalité qui m'est si gracieusement offerte, et après un bon dîner je passe une soirée des plus agréables en compagnie de quelques amis que le charmant docteur a invités.

A sept heures du matin on m'informe que le bateau a relâché à la Pointe et n'est attendu à la Basse-Terre que vers midi. Plus de crainte alors; j'y serai retourné bien auparavant. La diligence est un véhicule dont les ressorts ont l'élasticité du fer; elle se livre à des soubresauts qui me font craindre des bleus. Attelée de trois mules, elle descend à fond de train et décrit parfois des courbes extravagantes; dans un tournant je faillis être écrasé par une dame créole de forte corpulence, qui perd son équilibre et chavire de mon côté.

A la Guadeloupe, de préférence aux chevaux, on se sert de mules, plus fortes et plus résistantes, d'après tout ce qu'on m'a dit. Celles qu'on emploie dans l'artillerie coûtent de 900 à 1100 francs.

La descente est plus belle encore que la montée, mais à mesure que j'approche de ma destination je sens les bouffées de chaleur venir à ma rencontre. C'est la fournaise qui m'attend de nouveau, après vingt-quatre heures de séjour dans un climat tempéré.

Voici que surgit aux confins de l'horizon un petit panache de fumée; c'est le courrier : la même *France* qui m'a porté de Saint-Nazaire à la Guayra. En montant à bord, je cherche des yeux le commandant Viel; le commissaire m'apprend que le bateau a changé de capitaine. Au même instant, une main se tend vers la mienne; je retrouve un ancien ami.

« Comment, c'est vous?

— Mais oui, c'est moi. Et vous? qu'est-ce que vous faites sur ce paquebot?

— Mais je le commande depuis la retraite du capitaine Viel. »

Je suis enchanté en effet de retrouver le sympathique lieutenant de vaisseau Ducrot avec qui j'ai passé bien des moments agréables il y a trois ans en Nouvelle-Calédonie. A cette époque nous nous rencontrions fréquemment chez le gouverneur; M. Ducrot commandait le *Loyalty*, aviso de l'État en station à Nouméa.

« Vous rentrez avec moi en France?

— Ce sera pour votre prochain voyage; je m'embarquerai alors avec vous à la Martinique. Pour le moment je n'aurai le plaisir de votre société que jusqu'à demain, car je quitterai votre bord à Fort-de-France pour prendre l'annexe qui va à Cayenne.

— Venez donc avec moi sur la passerelle; nous causerons plus à notre aise. »

Et une fois de plus, les côtes de la Guadeloupe disparaissent à mes regards. Il fait un temps délicieux; la *Ville de Tanger* aura roulé probablement comme une possédée dans ce même canal de la Dominique où nous nous sommes engagés, mais la *France* ne bouge presque pas. Nous passons devant les Saintes, où se trouvent les établissements de la quarantaine, et ensuite tout près de l'île verdoyante de la Dominique, possession britannique, desservie seulement par les bateaux anglais. La capitale s'appelle Roseau.

Voici encore Saint-Pierre, où nous ne resterons qu'une

demi-heure. Aussitôt le courrier débarqué, nous partons. Deux heures après, nous arrivons à Fort-de-France, où le lendemain je trouve tout un courrier et des paquets de journaux de Paris. La lecture me distraira pendant la traversée d'ici à Cayenne et fera, comme toujours, la joie d'autres passagers, avides de nouvelles de la patrie absente.

23 juillet. — Je suis à bord du *Salvador* ; le tableau que m'en a fait un passager de la *Ville de Tanger* n'est que trop exact. Le commandant, excellent marin, se trouve placé sur une ligne qui demande une attention continuelle et qui lui fait passer bien des nuits blanches sur sa passerelle. Je ne lui en veux nullement du manque d'ordre qui règne à bord, et du mauvais service dont les passagers ont à se plaindre. Le commissaire est malade ; toute l'administration repose sur un nègre qui occupe les fonctions de maître d'hôtel. Les garçons, de race noire également, sont des fainéants de la plus belle eau ; ils font les cabines quand bon leur semble, et pour les réclamer je n'ai que la ressource de ma voix : la sonnerie est détraquée.

La Compagnie transatlantique a tort, à mon avis, de ne pas porter un peu plus d'attention sur son service intercolonial, dont l'organisation n'est pas en rapport avec les exigences de la navigation actuelle. Les plaintes sont assez nombreuses cependant ; il suffirait pour elle de se convaincre du bien fondé des réclamations en chargeant un des commissaires de ses grands paquebots de faire un voyage intermédiaire avec un *Salvador* ou une *Ville de Tanger*. J'aimerais à lire par exemple le rapport qu'en dresserait le commissaire de la *France*, dont j'ai pu apprécier souvent les qualités, aux yeux vigilants de qui rien n'échappe, et qui ne badine pas avec les moindres infractions au service. Il est vrai qu'il commande à un bataillon d'employés bien disciplinés, actifs et polis ; mais alors pourquoi recruter pour le service intercolonial un personnel de nègres paresseux, bon tout au plus à servir leurs congénères? Le passager ne paie-t-il pas sa traversée suivant un tarif basé sur la distance et n'a-t-il pas droit, sur les petites lignes comme sur les grandes, à être bien soigné et convenablement nourri?

Je note encore un petit détail, dont la logique ne m'est pas bien claire. Sur les grands bateaux de la compagnie, l'usage d'allumettes est strictement défendu, et pour cause. La mèche qui se trouve abritée dans un petit tonneau en métal, installé sur le pont, sert à allumer le cigare ou la pipe. Sur les bateaux dont je me plains, cette mèche, ce tonneau n'existent pas; vous pouvez vous servir d'allumettes tant que vous voudrez ; les garçons les jettent par terre dans les couloirs comme dans le salon. Que ceux-là s'exposent à rôtir, peu m'importe ; mais moi, victime possible de leur imprudence, je proteste !

Nous sommes dix passagers seulement ; à l'exception de deux, tous pour Cayenne. Je retrouve parmi mes compagnons M. Fawtier que j'ai connu en Nouvelle-Calédonie; il vient d'être nommé directeur de l'intérieur en Guyane et va rejoindre son poste.

Nous toucherons d'abord à Sainte-Lucie, trajet de quatre heures seulement, mais généralement peu agréable en raison du mauvais état de la mer qui règne dans le détroit. Comme rouleur, le *Salvador* vaut assurément la *Ville de Tanger*.

L'île haute et escarpée de Sainte-Lucie se distingue de fort loin au large. Elle est très montagneuse et présente au S.-O. deux pics, nommés les Pitons, qu'on aperçoit de loin. Le sol est fertile, surtout dans les vallées où l'on cultive avec succès la canne à sucre, le café et le coton. Elle a été successivement entre les mains des Français et des Anglais ; le traité de 1814 en a définitivement assuré la possession à l'Angleterre. L'île est très pittoresque, elle a 52 kilomètres de long sur 17 de large et compte environ trente mille habitants.

La capitale s'appelle Castries ; c'est une petite ville assez coquettement bâtie, où il ne manque pas de magasins. Dans le nombre il y en a qui se donnent pompeusement le titre de « Bon Marché, Louvre et Printemps ». Un habitant complaisant m'accompagne dans une promenade et me conduit au bureau de poste d'abord, où j'ai mon emplette sacrée à faire, puis au club, établissement bien installé, comme dans toute colonie anglaise.

Nous partons à 4 heures et serons fortement secoués jusqu'à la Trinidad, notre seconde escale. Dans la journée du lendemain, nous passons devant l'île de la Grenade ; bientôt la terre se dessine à l'horizon ; ce sont les côtes d'une des plus belles possessions du Royaume britannique, la Trinidad. Nous mouillons assez loin de la capitale, Port of Spain, ou Port d'Espagne en français, le bassin étant peu profond. Il est trois heures et demie ; je descends à terre tout de suite, car je désire profiter autant que possible du temps que nous resterons dans cet Eldorado. Comme c'est dimanche, et qu'en pays anglais aucune opération de chargement ou de déchargement ne peut se faire ce jour-là, le commandant est bien forcé de remettre son départ au lendemain. Tant mieux pour nous.

En face du quai où j'accoste, je trouve un tramway qui va me conduire au jardin botanique. Ce jardin est une merveille, où l'arrangement plein de goût, l'entre-

Sainte-Lucie.

tion soigneux et la distribution artistique viennent s'ajouter à l'exhibition de ce que le règne végétal possède de plus riche en arbres, en arbustes et en fleurs. La famille des palmiers y est représentée par de nombreuses espèces; les bambous gigantesques aux grandes tiges flexibles se réunissent en d'énormes éventails; la culture artificielle est venue à la rescousse de la végétation spontanée, déjà si abondante. Les massifs de fleurs, qui diaprent les pelouses, se montrent dans leur plus bel éclat; la pluie, tombée dans la matinée, a déposé sur leurs corolles comme une couche de gaze, aux reflets diamantés. La musique militaire se fait entendre et réunit une grande partie de la population. Devant la grille stationnent quelques équipages, où de fort jolies personnes étalent des toilettes aussi variées qu'élégantes.

La route qui conduit au jardin borde du côté gauche le champ de course; à droite je passe devant de riches habitations et de ravissantes villas. De beaux arbres, de la verdure, des fleurs partout; décidément on n'a pas exagéré en me vantant les délices de la Trinidad. Je n'ai qu'un regret, c'est que le crépuscule m'oblige à interrompre la promenade que j'ai entreprise, bien au delà du parc. Une bonne heure me suffit à peine pour me retrouver dans le bon chemin et rattraper mon tramway.

En fait d'hôtels on n'a que le choix. J'ai arrêté une chambre pour la nuit dans le « Family Hotel », établissement d'une propreté irréprochable, où l'on me sert un très bon dîner.

Un dimanche soir en pays britannique n'est pas d'une gaîté folle. Je trouve tout fermé; la ville ressemble à un cimetière, et comme il n'y a pas de clair de lune, la seule jouissance que je puisse me procurer consiste à aller respirer l'air pur du côté du port. Mais le matin je prends ma revanche. Je me suis habillé à la lumière d'une bougie et je grimpe au petit jour dans la voiture que j'ai commandée la veille, et qui est arrivée devant la porte de l'hôtel avec l'exactitude d'un train de chemin de fer.

J'avais retrouvé à l'hôtel deux passagers du *Salvador*, qui se déclarèrent enchantés de m'accompagner dans l'excursion que je me proposais de faire, d'autant plus que, ne parlant pas l'anglais, ils n'avaient pas réussi à se faire comprendre dans leur désir d'arrêter une voiture pour le lendemain, et de suivre l'itinéraire le plus intéressant par rapport au temps dont on avait à disposer. J'avais prévenu ces messieurs que j'avais commandé la voiture pour cinq heures et demie très précises, et que parmi bien d'autres j'avais l'impardonnable défaut de ne jamais attendre personne. Ils n'auraient donc qu'à faire comme moi, se faire réveiller en temps utile.

C'était entendu : il fallait profiter de la fraîcheur matinale d'abord, et surtout ne pas manquer le bateau. L'excursion qui avait été décidée était assez longue ; il fallait partir à l'heure convenue.

Au moment où la cloche d'une église voisine sonne la demie et que, après avoir pris mon café, j'allume ma seconde pipe, un store du deuxième étage s'ouvre avec fracas et deux têtes encore enveloppées du brouillard d'un sommeil interrompu brusquement par l'apparition d'un garçon me regardent avec stupéfaction.

« Ah, mais vous nous attendrez — nous en avons
« pour un petit quart d'heure, — nous avons bien le
« temps ! »

Mais je n'entends pas de cette oreille-là ; je connais ces petits quarts d'heure. Du reste, j'avais averti mes compagnons que sous aucun prétexte je n'attendrais une minute; par conséquent je pars seul. Ils m'en ont cruellement voulu, mais je n'avais que ce seul argument à leur opposer : quand on a le *défaut* d'être d'une exactitude chronométrique, on a parfaitement le droit de refuser les quarts d'heure de grâce.

C'est ainsi qu'ils ont manqué, et à mon grand regret, un tour de promenade charmant. Quelle terre privilégiée que cette île de la Trinidad, quel paradis! Le cocher avait quatre heures pour me conduire dans deux directions différentes; il les a bien utilisées. Sur chaque route je suis ravi de la végétation puissante qui m'entoure et qui recouvre les flancs des montagnes, comme le fond des vallées, d'une toison de verdure veloutée. Partout la flore tropicale se déploie dans toute son exubérance et dans toutes ses variétés.

La Trinidad, dont la population s'élève à 120 000 habitants, est à peu près de forme carrée. Ses côtes sont en général élevées et très escarpées; jusque dans les anfractuosités des roches baignées par l'océan, les arbres poussent avec vigueur. Les phanérogames de différentes espèces, qui semblent s'échapper des crevasses et des moindres interstices, descendent en maint endroit jusqu'au niveau de la mer; le feuillage des arbres recourbés par l'âge rencontre la lame déferlante.

La grande quantité de pluie qui tombe chaque année assure à l'île un humus abondant; ces pluies durent de mai jusqu'à la fin de décembre. Cependant dans les autres mois la sécheresse n'est pas aussi complète et persévérante que dans les îles voisines.

Le pays est très montagneux; quatre groupes de montagnes s'élèvent dans l'intérieur et projettent différentes ramifications qui donnent naissance à un grand nombre de rivières et de ruisseaux. La fertilité égale celle des autres Antilles. On cultive principalement à la Trinidad le sucre, le cacao et le tabac ; le commerce d'exportation dépasse une centaine de millions par an. Pour subvenir au manque de bras, le gouvernement anglais vient en aide aux propriétaires de plantations et leur facilite la culture en accordant l'immigration, en assez grand nombre, de coulis hindous. Nous aurons l'occasion de parler de ces travailleurs, et d'apprécier les services qu'ils rendent dans les colonies, en visitant Demerara et Surinam.

La ville de Port of Spain est régulièrement bâtie ; ses rues sont tirées au cordeau et bien pavées. Il y a beaucoup de commerce, et nulle part encore dans ce voyage je n'ai vu des magasins aussi attrayants. Depuis Haïti, mes escales ont suivi une marche ascendante de progrès ; je suis arrivé au sommet de l'échelle, en passant sous silence Demerara, où je serai demain, mais où je ne m'arrêterai que quelques heures. Malheureusement je serai forcé de redescendre d'un bond bien senti, quand dans trois jours je me trouverai à Cayenne et que je comparerai l'installation primitive de cette ville avec le confort et le bien-être que le voyageur est certain de trouver dans les colonies anglaises.

La correspondance des steamers ne me permet pas, en dépit de tous les calculs que j'ai faits, de consacrer une semaine à la Trinidad. Comme pour me rendre à Cayenne il n'y a pas d'autre bateau que le transatlantique mensuel, je perdrais tout un mois, et ce délai me retarderait trop. Force m'est donc de renoncer aux intéressantes excursions que le touriste peut faire dans l'intérieur de l'île, où l'on trouve des lignes de chemin de fer en plusieurs directions.

Notre trop courte relâche m'empêche également d'aller

visiter une des principales curiosités du pays, le lac d'asphalte, la Bréa. Ce lac s'étend sur un espace de 40 hectares, au sommet d'un renflement du sol, dominant la mer de 26 mètres ; il présente d'ordinaire l'aspect d'un lit de charbon, mais, pendant les grandes chaleurs, la partie supérieure se fond sur une épaisseur de 1 ou 2 centimètres. On se livre depuis longtemps à l'exploitation industrielle de la masse liquide ; l'exportation des dernières années accuse une moyenne de 80 000 tonnes, dont la valeur représente un chiffre de 2 à 3 millions et demi de francs.

Le *Salvador* a repris sa course. La mer exceptionnellement calme a décidé le commandant à passer par la route du sud, c'est-à-dire par le canal, qui s'appelle la Bouche-du-Serpent. Ce passage, qui commande une grande prudence à cause des courants très forts, n'est suivi que rarement ; d'habitude on passe par la côte nord de la Trinidad, ce qui constitue un détour, mais évite bien des dangers. Par le temps que nous avons il n'y a rien à craindre. Les côtes du Venezuela sont visibles à l'horizon ; nous les longeons à dix milles de distance. La belle teinte diaphane de l'océan a disparu ; nous nous trouvons devant les embouchures de l'Orénoque, dont la mer reçoit les dépôts vaseux. L'eau est sale et boueuse ; elle charrie des troncs d'arbres et des débris de végétation. Sur la plus grande partie des côtes de la Guyane, la même nuance peu poétique remplace l'illusion de cette belle mer bleue, limpide, souvent phosphorescente, qui charme toujours. La grande berceuse aux flots d'azur ne peut plus nous éblouir, ne prête plus à la rêverie ; elle s'est transformée en un immense bassin de liquide jaunâtre, souvent maculé par toutes sortes de détritus. Après les boues de l'Orénoque, viendront plus loin celles de l'Amazone ; à l'embouchure de la Plata ce sera encore la même profonation.

La traversée de la Trinidad jusqu'à Cayenne prend trois jours. Nous touchons à Demerara d'abord, à Surinam ensuite. J'utilise mes quelques heures d'escale en allant me promener à terre, comme avant-goût du séjour que je compte y faire quelques semaines plus tard. Depuis notre départ de Sainte-Lucie, chaque relâche est marquée par l'apparition de deux Chinois qui s'enferment obstinément dans l'entrepont pendant la traversée, et ne viennent prendre le frais sur le pont que quand le navire ne bouge plus. Dès que l'hélice se remet en mouvement, ils disparaissent dans leur cachette comme le lapin dans son halot.

Le Chinois, excentrique en bien des choses, semble craindre plus que tout autre le mal de mer. J'en ai vu dans le temps, pendant la traversée de la Californie au Japon, s'enfouir, dès le départ de San Francisco, dans la cale du paquebot comme une taupe sous terre. Ils y supportèrent pendant vingt-trois jours une atmosphère pestiférée et ne sortirent de leur trou qu'à l'arrivée à Yokohama.

Dans l'après-midi du sixième jour de notre voyage nous apercevons les sentinelles de la Guyane française — les îles du Salut, distantes de 25 milles de Cayenne.

DEUXIÈME PARTIE

LES TROIS GUYANES

CHAPITRE VI

Arrivée à Cayenne. — Visite au gouverneur. — La ville et les environs. — La conduite d'eau du Rorota. — Le pénitencier. — Kourou. — Les îles du Salut. — Condamnés de marque. — Départ pour le Maroni. — Saint-Laurent. — Saint-Jean. — Transportés, récidivistes et femmes reléguées. — Les évasions. — Promenade en forêt. — Albina. — Les Hattes.

Le courrier s'arrête aux îles du Salut le temps nécessaire pour déposer un sac ou deux de dépêches. Au moment où nous stoppons, une chaloupe ramée par six forçats s'est détachée de l'île Royale; la Santé arrive; on délivre la poste et l'on part, pour jeter l'ancre devant Cayenne à la nuit close. Tout ce que je distingue de la ville à cette heure tardive se borne, en dehors d'un éclairage parcimonieux, à trois lanternes vénitiennes suspendues, d'après ce qu'un passager m'affirme, à une des croisées de la caserne qui nous fait face. Les soldats qu'elle contient chantent et poussent des hourras, car notre *Salvador*, qui repartira dans quatre jours, les embarquera pour la France. Par contre, nous avons une centaine de militaires à bord, envoyés en Guyane pour les relayer.

Quand je monte sur le pont le lendemain matin, j'éprouve une véritable satisfaction à promener mes regards sur le panorama qui s'offre à mes yeux. Je n'ai vu que des côtes basses depuis plusieurs jours, et voilà que j'aperçois un pays accidenté, des mamelons couverts de verdure. Cette pauvre Cayenne, dont on ne dit jamais que du mal, et dont le nom n'évoque que des idées de crime et de bagne, ne me paraît vraiment pas aussi déshéritée qu'on me l'a dépeinte. Il est vrai que de ses habitants je ne vois encore que des condamnés, employés aux travaux du port, au débarquement des marchandises et à des corvées sur le quai et sur l'appontement ; mais débarquons avec le commandant du paquebot, qui m'offre gracieusement une place dans sa baleinière, et tâchons en premier lieu de trouver un gîte en ville, car, en fait d'hôtels, Cayenne ne renferme qu'un établissement de sixième ordre, qu'il me semble complètement inutile d'explorer.

Je laisse provisoirement mes bagages à bord et je vais rendre visite au gouverneur, à qui je suis recommandé par M. le sous-secrétaire d'État des colonies.

M. le gouverneur Grodet me reçoit de la façon la plus aimable, s'informe du but de mon voyage et se met entièrement à ma disposition pour me faciliter les moyens de voir de la Guyane française autant qu'il sera possible dans l'espace d'un mois que je compte y séjourner. Ne pouvant m'offrir l'hospitalité au gouvernement, le chef de la colonie veut bien donner des ordres

Les îles du Salut.

à un de ses employés pour se mettre à la recherche d'un logement convenable, et me voilà, quelques heures après, installé dans un appartement propre et confortable au centre de la ville.

Il me tarde de voir Cayenne à l'heure où le soleil commence à se pencher vers l'horizon. J'ai combiné mon voyage de manière à arriver en Guyane dans la saison sèche, qui commence fin juillet, mais cette saison est en même temps celle de la plus forte chaleur, et, depuis le matin, je me suis démené dans une température accablante. Les rues que je parcours sont larges et se coupent à angle droit, comme celles des cités américaines; les maisons à un ou deux étages ressemblent à la majorité des constructions des Antilles; la population bigarrée représente les mêmes nuances que le voyageur rencontre partout dans l'Amérique centrale. Depuis le blanc plus ou moins anémié, suivant la durée de son séjour dans les colonies, jusqu'au noir couleur d'ébène, toutes les teintes et les couleurs de l'épiderme vous passent sous les yeux; les mulâtresses, couvertes de madras multicolores et parées de bijoux de baraques de foire, rappellent le beau sexe de la Martinique et de la Guadeloupe; le nègre, tout en détestant jusqu'au tréfond de son âme son usurpateur, le blanc, fait contre fortune bon cœur et possède la même dose de vanité et d'arrogance que tous ses congénères habitant les sols que la civilisation européenne a conquis.

En débouchant de la place où se trouve le gouvernement, on aboutit à un ravissant quinconce planté de palmiers; c'était une savane qui a été transformée depuis deux ou trois ans en un parc gracieux par la main-d'œuvre pénale. Les bancs y sont encore clairsemés, ce qui m'a souvent exaspéré le soir, quand les pâles rayons de la lune, glissant dans un ciel étincelant d'étoiles, illuminaient les feuilles dentelées de ces élégants palmiers et que je désirais trouver un siège vacant pour me plonger dans cet état de rêverie qui constitue le bonheur sous les tropiques. Hélas! la poésie que je cherchais s'évanouissait devant la nécessité de partager mon banc avec des Vénus dont cette lune perfide trahissait la couleur.

Au point de vue matériel, Cayenne laisse beaucoup à désirer. Le confort et le bien-être que je trouverai dans la Guyane anglaise et, jusqu'à un certain point, dans la Guyane hollandaise, font malheureusement défaut ici. A part les loyers, qui ne sont pas d'un prix trop élevé, la vie est généralement chère : le lait se paye 2 francs le litre, et quelquefois plus ; les légumes manquent à peu près complètement, le poisson est rare, et sans les Annamites et les Chinois qui se livrent à la pêche, on n'en aurait presque jamais. La glace, qui vient des États-Unis ou de Demerara, se paye 40 centimes le kilo, tandis que dans les deux autres Guyanes elle ne coûte que 10 et 20 centimes. La viande est mauvaise ; le peu d'élevage auquel on se livre dans la colonie ne suffit pas pour la consommation, et le bétail qu'on importe de l'Orénoque exige une denture solide. Les cuisinières de Cayenne n'ont pas fait du reste leur apprentissage chez Brillat-Savarin.

Je prends mes repas dans un restaurant de l'endroit, qui est réputé le premier, mais je conserve de meilleurs souvenirs de la table du gouverneur, qui me fait l'honneur de m'inviter fréquemment. Cayenne ne possède aucun café, aucun endroit public où le soir on puisse trouver la fraîcheur, pas même, au bord de la mer, un banc où l'on puisse s'asseoir. J'aurais été bien embarrassé pour trouver une voiture et explorer les environs de la ville, si M. Grodet n'avait eu l'extrême obligeance de mettre à ma disposition la voiture de l'administration pénitentiaire, et de m'inviter souvent à faire un tour avec lui. Les voitures de louage seront importées peut-être dans un siècle futur, en même temps que le tramway, l'électricité, le gaz et les autres bienfaits de la civilisation moderne.

La domesticité laisse beaucoup à désirer ; le nègre du pays est paresseux à outrance et refuse de travailler. Dans la plupart des ménages on trouve des servantes de la Martinique, dont un grand nombre se sont dirigées sur Cayenne après l'incendie et le cyclone. Mais il faut user de beaucoup de patience et de ménagements avec ces dames ; si vous leur faites une observation, elles ne se gênent pas pour vous planter là au beau milieu d'un dîner, en vous faisant grâce de vos huit jours.

L'industrie de pharmacien doit constituer une mine d'or à Cayenne, à en juger du moins par le nombre exorbitant d'apothicaires dont les bocaux multicolores éclairent parfois mieux la rue le soir que les quinquets languissants ou les mèches à pétrole des réverbères. Quand on demande l'adresse de quelqu'un, c'est toujours en face ou à côté d'une pharmacie.

Les promenades en voiture dans les environs de la ville, que je fais régulièrement entre 4 et 7 heures du soir, sont vraiment ravissantes. Les alentours, desservis par des routes carrossables, en bon état pour la plupart, offrent en beaucoup d'endroits des vues magnifiques. Une végétation puissante et variée réjouit les yeux, la fécondité exceptionnelle du sol se manifeste partout. De plantations, de cultures sérieuses, je ne vois trace, et pour cause : il n'y en a pas ! De ci, de là, au milieu des buissons et des broussailles, un caféier, un cacaoyer ou un bananier, dernier représentant d'une plantation abandonnée, émerge tristement comme pour rappeler à la génération actuelle qu'autrefois au moins il existait quelques cultures dans cette terre fertile et favorisée par la nature ; mais de nos jours ces cultures se réduisent à peu près à néant : *nous sommes dans une colonie sans colons.*

Jusqu'en 1855, les cul-

Caserne à Cayenne.

tures allaient encore tant bien que mal. A cette époque, la découverte de gisements aurifères eut pour résultat immédiat d'arrêter l'extension de l'agriculture, en lui enlevant le peu de travailleurs que l'on se procurait déjà si difficilement. Cette découverte de l'or, qui a été un facteur puissant pour le développement de la Californie et de l'Australie, n'a pas produit les mêmes effets en Guyane, et, bien que l'avenir puisse nous réserver de grandes surprises, elle n'a eu, jusqu'ici, qu'une influence anodine sur la prospérité des deux autres Guyanes. Dans la Guyane française elle a enrichi quelques-uns, appauvri et ruiné un plus grand nombre, paralysé bien des bras utiles et enlevé tant au commerce qu'à l'agriculture une main-d'œuvre des plus indispensables. Nous reviendrons sur cette production de l'or dans les trois pays, de même que dans le cours de ce récit nous aurons l'occasion d'établir un parallèle entre leurs cultures et leurs productions, leurs habitants et les moyens mis en œuvre par les différents gouvernements dans la mère patrie pour faire fructifier leurs possessions d'outre-mer. Une seule observation s'impose dès à présent : il faut déplorer qu'une colonie d'une fécondité à peu près sans pareille se trouve, après plus de deux siècles de possession, dans la situation d'un agonisant et qu'elle manque de bras pour la relever de son état de léthargie. Ah! si tous ces condamnés qu'on y a envoyés depuis un quart de siècle avaient fait un mètre de route par jour et par personne, planté un caféier ou un arbre quelconque entre leurs deux repas, desséché un marais malfaisant et abattu la brousse envahissante, ce beau pays de Guyane présenterait aujourd'hui un aspect bien différent. En effet, en dehors des routes qui se trouvent dans le voisinage immédiat de la capitale, les communications sont rares et incomplètes, ou bien, tout en existant sur le papier, elles ne représentent qu'un marais ou une brousse quasi impénétrable. Le gouverneur de la colonie, M. Grodet, et son prédécesseur, M. Gerville-Réache (1888-1891), ainsi que M. Loubère (1875-1877) et M. Chessé (1883-1884), ont été les seuls qui aient eu vraiment à cœur les intérêts du pays qu'ils étaient appelés à administrer, et qui y aient fait quelque chose. Sous leur gouvernement, la main-d'œuvre pénale a été employée à la construction des routes de l'île de Cayenne et autres, à l'entretien des centres ruraux, à certains travaux préparatoires de culture, au curage des canaux, à la construction de l'appontement de Cayenne, et à la continuation des travaux de la nouvelle conduite d'eau.

En vue de doter la capitale d'une conduite d'eau indispensable, le gouverneur Bonard avait exploré en 1854 le plateau de Rémire; ce ne fut que sous M. Gerville-Réache que ce projet reçut un commencement d'exécution. M. le gouverneur Grodet déployait toute son activité à l'exécution de ces importants travaux, et, dans un avenir prochain, les eaux du bassin du Rorota contribueront en une large mesure à l'assainissement de la métropole et au bien-être de ses habitants. Pourvu qu'un successeur aux idées contraires ne s'avise pas d'arrêter les travaux, poussés ces derniers temps avec tant de persévérance! Depuis 1850 le palais du gouverneur a hébergé le nombre fantastique de trente-trois gouverneurs titulaires et intérimaires; le vieux proverbe qui dit : « Autant de têtes, autant d'avis » s'applique dans l'espèce, et ne peut qu'être nuisible au développement d'un pays, à la direction sage et progressive d'une colonie. Les directeurs de l'intérieur ne le cèdent en rien aux gouverneurs; on peut en compter vingt-six depuis cette même année 1850.

En débarquant à Cayenne, j'avais remarqué sur le quai un grand nombre de tuyaux en fonte destinés à la canalisation dont je viens de parler. M. Grodet, qui déjà m'avait expliqué l'importance du travail entrepris, vint me prendre un matin à la lueur de l'aube, avec M. le directeur de l'intérieur et le chef du service des ponts et chaussées, et nous voilà en route pour la prise d'eau du Rorota. Nous quittons la voiture à l'endroit où la route devient ascendante et nous pataugeons à travers la brousse jusqu'aux bassins, qui contiennent une eau claire et limpide. Un nombre suffisant de condamnés attaquent au moyen de haches et de sabres d'abatis les troncs d'arbres et les ronces; d'autres sont occupés à la confection des maçonneries ou à la mise en place des tuyaux conducteurs.

Le travail est dur sous le climat torride de la Guyane, à l'heure où le soleil commence déjà à darder ses rayons cuisants; aussi les réclamations de ces ouvriers peu intéressants ne manquent-elles pas, et ils profitent de la présence du gouverneur pour formuler leurs griefs et se plaindre de leurs surveillants! Du courage, victimes d'une législation que vous n'admettez pas; piochez, abattez et ajustez vos tuyaux, vous aurez peut-être une double ration, et les habitants reconnaissants de Cayenne certifieront volontiers que vous avez bien mérité de la patrie.

Le directeur de l'administration pénitentiaire, nommé par décret du mois de février, n'est pas encore arrivé au mois d'août. Le directeur par intérim, M. Guégan, me reçoit avec une extrême courtoisie, et charge un de ses chefs de bureau de me conduire au pénitencier de

Rentrée des forçats.

la métropole. Dans un voyage précédent j'avais visité les principaux établissements de ce genre en Nouvelle-Calédonie ; la vue des *bagnards*[1] dans les rues de Cayenne, employés à des travaux de voirie et à différentes corvées, n'avait donc pas pour moi le charme du nouveau. Leur costume se compose, comme en Océanie, d'une blouse et d'un pantalon en coton gris et d'un chapeau de paille. D'aucuns ont le type du criminel endurci, d'autres ont une figure de sainte-nitouche, derrière laquelle on a de la peine à deviner un incendiaire ou un assassin.

J'avais choisi pour ma visite un dimanche matin, jour où le travail est interrompu, et où les transportés ont le temps de laver leur linge, de lire un livre, s'ils le demandent à la bibliothèque, ou de se reposer suivant les dispositions du règlement. Le pénitencier est vaste et comprend, outre les dortoirs et les réfectoires, un atelier pour assurer les confections d'effets d'habillement et de chaussures des surveillants militaires. Cet atelier occupe des transportés en qualité d'ouvriers. En principe, les condamnés ne doivent détenir ni argent, ni valeur quelconque ; en cas d'infraction, l'argent est saisi et versé au pécule des hommes. La durée du travail est de huit heures, ainsi fixées : le matin de 6 à 10 ; le soir de 1 à 5.

En comparant le climat débilitant de la Guyane avec le climat tempéré de la Nouvelle-Calédonie, on arrive à la conclusion que la peine des travaux forcés est bien plus dure dans la première colonie que dans la seconde. J'ajoute, comme comparaison personnelle, qu'en Calédonie j'ai rarement assisté à un travail sérieux, et qu'à

---

1. En Guyane on se sert couramment de ce mot *bagnard*, que je n'ai jamais entendu appliquer en Nouvelle-Calédonie.

la Guyane j'ai vu maintes fois des transportés occupés à des exercices musculaires expliquant suffisamment leur mine anémiée.

Il est vrai qu'ici comme là-bas les fainéants sont légion et qu'ils ne manqueront jamais d'un prétexte pour simuler la maladie ou s'affranchir d'une tâche qui les fatigue ; mais ce qui est une vérité incontestable, c'est que quatre heures de travail à Cayenne sont plus pénibles, surtout pour celui qui travaille au soleil ou en plein air, que le double à Nouméa.

La nourriture, au dire des personnes compétentes et impartiales que j'ai consultées à ce sujet, est insuffisante, étant donné le climat, tant à Cayenne même que dans les autres pénitenciers de la colonie. Le condamné ne reçoit que deux fois par semaine de la viande fraîche, à raison de 250 grammes par ration.

Cayenne renferme (statistique de 1892) 1 579 transportés en cours de peine, sur les 3 827 que contient la colonie ; les autres sont distribués aux îles du Salut, au Maroni, à Kourou et à la Montagne d'Argent. Les récidivistes, dont le premier convoi est arrivé en Guyane en 1887, se trouvent au dépôt de Saint-Jean du Maroni, au Chantier forestier et à Saint-Louis. Leur effectif était de 1 237 au 1er juillet 1892.

L'aviso à vapeur *Oyapock*, de la marine de l'État, part pour Kourou et les îles du Salut. J'ai été présenté au commandant, le lieutenant de vaisseau Bertaud, qui m'offre l'hospitalité de son bord. En quittant la rade vers midi je suis à même d'admirer l'aspect vraiment pittoresque de la ville, dominée par le mont Céperou, et encadrée à l'horizon par des hauteurs verdoyantes. A ma droite quatre îlots émergent de la mer ; ce sont le Père, la Mère et les deux Mamelles. Sur l'îlot de la Mère se trouvait autrefois l'infirmerie des condamnés. Nous piquons tout droit, pour éviter un banc de sable assez étendu, sur un rocher isolé en pleine mer, où l'on a élevé en 1863 un phare à feu fixe ; ce rocher porte le nom de « l'Enfant perdu ». Il est habité par trois transportés arabes, dont la promenade se borne à un espace de quelques mètres, et dont la distraction quotidienne ne peut consister que dans la contemplation de l'océan et l'entretien de leur feu. On leur envoie de temps en temps des vivres et des objets de première nécessité. Autrefois les cavités de ce rocher contenaient quantité de crabes ; aujourd'hui les exilés qui l'habitent doivent se passer de ce régal, la vase molle ayant couvert la base de l'îlot. Ils peuvent faire des signaux avec Cayenne, en cas de mort de l'un d'eux, d'accident ou de manque de vivres.

Passé le rocher, l'*Oyapock* met le cap sur la côte, et nous arrivons à Kourou. Sans perdre de temps, je descends à terre et je visite le pénitencier, qui contient 400 bagnards, dont une partie travaille à la confection d'une route de l'autre côté de la baie. Le travail est dur ; le rocher qu'il s'agit de briser en morceaux se trouve à Kourou même, et ses débris doivent être transportés en chaloupe à la rive opposée par une mer fréquemment tourmentée. J'aperçois de beau bétail, dont on fait l'élevage dans cette commune. On m'informe que le stock se compose de 500 têtes, en dehors de quelques buffles, expédiés de Cochinchine. On en tue au fur et à mesure des besoins pour la nourriture du camp.

Nous passons la nuit à Kourou et partons à la pointe du jour pour les îles du Salut, qui se composent de l'île Royale, de l'île Saint-Joseph et de l'île du Diable. C'est dans les deux premières que sont internés les incorrigibles, les individus réputés dangereux et les condamnés de marque, recommandés à leur départ de France à une surveillance spéciale. L'île Royale est le siège du commandement; on y trouve une église, les maisons du commandant et des surveillants, des ateliers, des magasins, un asile pour les impotents et les incurables, et un dépôt de charbon pour la marine de guerre.

C'est devant cette île que nous jetons l'ancre. La même baleinière que j'ai vue arriver lorsque le *Salvador* y déposait son courrier, accoste l'*Oyapock* et me conduit à terre en compagnie d'un inspecteur principal de l'administration pénitentiaire. Nous montons la côte qui conduit aux établissements et visitons d'abord l'hôpital, dirigé par les sœurs de Saint-Paul de Chartres. A peu de distance se trouvent des jardins potagers, confiés aux condamnés désignés pour les travaux légers en vertu d'un certificat du médecin. Le scorbut serait à craindre dans ces îles, qui ne produisent que des cocotiers, si l'on ne s'y occupait de la culture de quelques légumes.

Les évasions, si faciles et si fréquentes à Cayenne et au Maroni (détail sur lequel je reviendrai plus tard), sont assez difficiles aux îles du Salut. Il est vrai qu'en 1884 six condamnés ont trouvé moyen de s'emparer de la baleinière et de prendre le large. Comme ils avaient atterri à Demerara, les autorités anglaises les recueillirent et les reconduisirent au bercail. Il n'y a pas longtemps, un autre se jeta à la mer dans un tonneau abandonné sur la plage. Ce Diogène fin de siècle ne fut pas plus heureux. Entraîné par le courant, et ménagé respectueusement par les requins qui foisonnent dans ces parages, il put mettre pied à terre à Sinnamary, où il fut reçu par un représentant de l'autorité, qui le réexpédia. Cette promenade en tonneau lui a valu un supplément de deux ans de travaux forcés.

Après avoir visité le pénitencier, qui n'offre rien de particulier, nous remontons dans la même embarcation qui est venue nous prendre et nous nous rendons à l'île Saint-Joseph. C'est ici que sont internés les pires sujets, la lie du bagne!. Pour déjouer toute tentative d'évasion, la baleinière n'y reste jamais ; elle n'y accoste que pour les besoins du service et est surveillée par un employé de l'administration jusqu'à ce qu'elle retourne à l'île Royale. Le commandant du pénitencier nous fait les honneurs de son île et nous conduit au plateau que ses administrés sont en train de construire au sommet d'une colline. Cette colline, plantée d'arbres et couverte de broussailles, est le point culminant de l'île Saint-Joseph. Les condamnés déblaient le terrain, taillent le roc, enlèvent les sables, et quand le sol sera entièrement nivelé, on construira une prison sur l'emplacement. Les travaux ont été commencés le 16 mai 1892 avec 28 hommes ; le jour de ma visite, 9 août, il en travaillait 166, et le commandant avait tout espoir qu'avant le 30 juin 1893, date indiquée par le gouverneur, le plateau serait terminé.

Il fait une chaleur sénégalienne, et le travail sous ce soleil de feu ne constitue pas précisément une sinécure. Je sais que l'île Saint-Joseph contient quelques célébrités et ne puis m'empêcher de demander à la dérobée à un surveillant de me désigner ces héros de cour d'assises. Il m'en montre un qui m'intéresse spécialement et ajoute avec un air de satisfaction personnelle : « Le voilà en chair et en os ; vous voyez donc bien que tous ces racontars d'évasion n'ont aucun fondement ». A quelques pas de là, pioche un autre criminel de marque, et un fils de famille déverse le sable de sa brouette le long du bord d'un talus. L'effectif des transportés dans les deux îles était de 685 au moment de mon passage.

Quant à l'île du Diable, elle offre peu d'intérêt ; elle contient neuf lépreux et un entrepôt de chèvres. La mer étant assez mauvaise, l'excursion ne me tente pas et je me fais reconduire à bord de l'*Oyapock*. Un officier de l'aviso me montre à l'extrémité de l'île Royale un rocher en face duquel on jette à la mer les cadavres des condamnés morts dans l'île. Le corps est cousu dans une toile à voile avec un morceau de plomb aux extrémités et déposé dans un cercueil qui est le même pour tous et qu'une embarcation conduit au large. Arrivé à une certaine distance, le cadavre est retiré et précipité à la mer, où il ne tarde pas à devenir la pâture des nombreux requins qui, d'après ce qu'on raconte, connaissent le son de la cloche tintant le glas funèbre, et ne manquent jamais de suivre la barque. Les exécutions capitales ont lieu généralement aux îles du Salut. Elles peuvent être ordonnées aussi à Saint-Laurent, qui est doté de bois de justice. L'exécuteur est un transporté.

L'*Oyapock* est un petit aviso dont l'installation est loin d'être luxueuse ; de plus il est très mauvais marcheur. Néanmoins j'y suis assez bien logé, grâce à l'amabilité du commandant Bertaud. Un des divertissements à bord consiste dans les exploits téméraires du plus espiègle des singes que j'ai jamais rencontrés. Jack — c'est son nom — jouit d'une liberté pleine et entière, il est affable avec tout le monde, vole ce qu'il peut et a pour champ de ses explorations depuis l'extrémité du mât jusqu'à la soute au charbon. Il brise le flacon d'encre rouge du commandant et se barbouille la figure avec son contenu, il met en guenilles un veston dont il a pu s'emparer, et ne demeure invisible pendant un certain temps que quand il a attrapé quelques horions bien mérités.

Notre départ des îles du Salut ne peut s'effectuer que vers le coucher du soleil, l'*Oyapock* ayant à s'approvisionner de charbon. Le pont en est encombré ; il ne reste guère de place pour circuler, et la poussière, soulevée par la brise, pénètre partout. Un chat blanc a déjà revêtu une teinte noirâtre, et nous redoutons les caresses de Jack, qui prend ses ébats au milieu de ce chargement salissant. La traversée demande plus de trois heures, et nous éprouvons le contretemps d'arriver devant Cayenne à la marée basse, ce qui nous oblige à rester mouillés au large jusqu'au lendemain matin.

Le gouverneur, devant partir pour un voyage d'inspection au Maroni avec le directeur de l'administration pénitentiaire et l'agent général des cultures, m'invite à l'accompagner. Nous nous embarquons à bord du *Capy*, bateau à vapeur appartenant à une maison de commerce de Cayenne. Le *Capy* relâche aux îles du Salut, où le chef de la colonie désire se rendre compte de l'avancement des travaux du plateau que je viens de décrire ; j'y refais donc la promenade d'il y a quelques jours, pendant qu'un certain nombre de condamnés opèrent le déchargement d'une quantité de caisses contenant des vivres, des approvisionnements et des médicaments, que le dernier paquebot d'Europe a apportés pour le pénitencier.

Nous repartons dans l'après-midi et avons la chance de rencontrer une mer exceptionnellement calme ; aussi le terrible rouleur qui nous porte daigne-t-il bien se contenter d'un tangage supportable.

Le lendemain matin, au lever de l'aurore, nous entrons dans le Maroni, le fleuve le plus important de la colonie, tant par sa largeur que par la longueur de son cours. Il prend sa source aux monts Tumuc-Humac, d'où il sort, sous le nom d'Itang, pour prendre ensuite celui d'Aoua (les Hollandais écrivent Lawa) et devenir enfin le Maroni. Le chenal par où l'on entre dans le fleuve est assez étroit; deux bouées mouillées entre deux bancs de sable indiquent la passe. A tribord, sur la rive hollandaise, j'aperçois le phare de la pointe Galibi, élevé en 1871 et tombant aujourd'hui en ruines. A bâbord, sur la rive française, le phare des Hattes est bien entretenu; il vient d'éteindre ses feux au moment où nous entrons dans la passe.

Des deux côtés, les terres sont basses et recouvertes de plantes fluviatiles. A droite deux villages indiens, à gauche nulle trace d'habitants : rien que quelques carbets abandonnés. Nous passons devant plusieurs îles, où l'on chasse la biche et le *pak*. Sur la rive française que nous suivons à peu de distance, on me montre plusieurs affluents, qui ne sont, à vrai dire, que des ruisseaux ou des criques. Elles portent les noms de crique Coswine, crique aux Vaches, crique Lamantin, Saint-Pierre et Briqueterie. Les trois premières communiquent entre elles et forment un ensemble d'îles en formation, qui prend le nom d'îles Laussat. Ces îlots, inondés à marée haute, et découverts à marée basse, constituent des dépôts de vase, recouverte de palétuviers, qui dans un siècle ou deux pourront former des terrains solides.

A dix heures nous accostons à l'appontement de Saint-Laurent, où M. Meunier, commandant supérieur du territoire du Maroni, vient recevoir le gouverneur.

Pendant que quelques bagnards transportent nos bagages, nous nous rendons à l'hôtel du Commandement, grande construction en bois, qui sert de demeure au gouverneur et au directeur de l'administration pénitentiaire quand ils se rendent au Maroni.

En traversant la place qui se trouve au bout de la jetée, je vois des transportés occupés à sarcler les sentiers du petit parc, au milieu duquel s'élève une colonne, ornée du buste de la République. Au-dessus de leurs têtes, les mots « Liberté, Égalité, Fraternité » sont lisibles en gros caractères. Ils doivent faire de tristes réflexions sur ce triple épanchement en pareil endroit!

Nous voici installés d'une façon fort confortable pour une douzaine de jours. Nous ferons des excursions en différentes directions, mais Saint-Laurent restera notre quartier général. Nous nous lèverons le matin de très bonne heure, souvent même au milieu de la nuit, pour nous rendre, avec la chaloupe à vapeur, qui s'y trouve en station, aux localités que nous aurons à visiter, et pour profiter autant que possible de la fraîcheur matinale.

Le Maroni est devenu depuis 1858 le centre de la transportation à la Guyane. Le pénitencier de Saint-Laurent est un vaste établissement, dont le voisinage n'est pas sans utilité pour le personnel attaché aux exploitations aurifères du haut du fleuve. Des chantiers forestiers sont établis à la crique Serpent, sur les rives de la crique Maïpouri et à la crique aux Vaches. Le nombre des transportés à Saint-Laurent et dans ses dépendances était de 1 105 au 1er juillet 1892. Un établissement spécial est affecté aux femmes reléguées et confié aux Sœurs de Saint-Paul de Chartres. Le total

de ces anges déchus s'élève à 160. Quelle jolie société!
Je n'ai vu nulle part au monde une agglomération de
femmes aussi laides, et quand nous parcourons les
rangs et que six d'entre elles demandent la permission

Église de Saint-Laurent.

de se marier avec des concessionnaires, nous ne pouvons réprimer un mouvement de stupeur. Décidément l'amour est aveugle, même sur les bords du Maroni.

Les femmes reléguées font de la couture; d'autres sont occupées comme matelassières ou blanchisseuses. Toutes à peu près ont des réclamations verbales ou écrites à adresser au gouverneur; dont les poches sont bombées au départ.

Ces bonnes Sœurs doivent finir par être cuirassées, à

force d'entendre journellement le langage de ces dames, qui ferait rougir un gendarme. C'est quand elles sont entre elles, ou à l'heure de la récréation, que l'écho de leur vocabulaire passant par-dessus le mur d'enceinte donne une idée de ce que contient cette bergerie. La plupart ont une dizaine de condamnations ou plus à leur actif avant d'avoir été expédiées de l'autre côté de l'océan. Néanmoins, après six ans de très bonne conduite, elles peuvent demander la libération pleine et entière, qui souvent alors leur est accordée.

Pour les transportés, c'est le même monde ici que dans tous les pénitenciers que j'ai visités. Quand je les interroge, c'est toujours la même réponse : ils ont été entraînés, n'ont commis qu'un vol insignifiant, ont tué parce qu'ils se trouvaient en cas de légitime défense, ou bien ils se proclament innocents. Un rôdeur de barrières qu'on me désigne a répondu dernièrement à un surveillant : « Nous ne sommes pas des matelots, pour nous faire travailler comme cela ! » Un autre a riposté : « Je n'ai jamais travaillé de ma vie : vous croyez que je vais travailler ici ? »

Généralement parlant, les condamnés à la Guyane sont plus soumis que ceux de la Calédonie, ce qu'on attribue à l'influence d'un climat débilitant sur des êtres souvent épuisés par le vice et les excès, et insuffisamment nourris. Les évasions sont très fréquentes et proviennent d'une surveillance absolument insuffisante. Je n'ai constaté souvent que la présence d'un seul surveillant militaire là où six ne seraient pas de trop. Ceux qui s'échappent des établissements du Maroni, soit au moyen d'une pirogue volée, soit au moyen d'un radeau de construction primitive, ont soin d'abord d'atterrir sur la rive opposée, où ils se trouveront sur le territoire hollandais. L'évadé irréfléchi qui s'aventure dans la terrible forêt vierge, où la mort la plus épouvantable le menace sous toutes les formes, a neuf chances contre une de succomber dans ces grands bois. Ce ne sont pas seulement les bêtes féroces, les serpents, les crocodiles, l'absence de nourriture, les émanations meurtrières des marais, la fièvre, la dysenterie qu'il aura à éviter ou à combattre : le danger le plus grand est pour lui dans les légions d'insectes immondes qui l'assailleront quand la lumière fuit devant l'envahissement de l'ombre et qu'épuisé de fatigue il cherchera en vain un sommeil réparateur.

Il suffit d'entrevoir une forêt de la Guyane pour se faire une idée des souffrances qu'on risque en s'aventurant dans l'inextricable chaos, où grouillent des bêtes hideuses, où les moustiques et les araignées vous suceront le sang et vous dévoreront tout vivant.

Parmi ceux qui ont tenté l'aventure, beaucoup sont revenus épuisés et mourants quand ils ont pu retrouver leur chemin. Mais l'évadé malin est muni d'une carte soigneusement exacte du territoire hollandais, comme j'en ai vu une, saisie sur un individu arrêté par les autorités de Surinam. Ces cartes existent à Saint-Laurent, de même qu'une liste complète des plantes vénéneuses et des plantes inoffensives qui se trouvent dans les bois. On n'a pu découvrir de quelle façon ces indications précieuses ont pu être introduites dans les pénitenciers, ni dans quels endroits les condamnés ont réussi à les cacher.

Le fuyard, en possession de ces talismans, longe la côte et arrive, non loin du phare de la pointe Galibi, à une crique qui se prolonge sur un grand parcours et vient se jeter dans une des principales rivières de la Guyane hollandaise. Pour échapper à la police du pays, qui le renvoie sur le territoire français en cas de capture, il tâche de se placer chez un particulier quelconque, assez naïf pour ajouter confiance au récit fantaisiste ou mensonger qui lui est fait, ou bien il offre son travail sur une plantation de l'intérieur. Quelquefois aussi il tâche de s'embarquer à Paramaribo sur un navire en partance pour Demerara.

Tant dans la Guyane hollandaise que dans la Guyane anglaise, les autorités se plaignent amèrement du nombre considérable d'évadés qu'on arrive à cueillir chaque année sur leur territoire. J'en ai vu huit à Surinam, dont trois à l'hôpital et cinq dans la prison, qui allaient être expédiés pour le Maroni par le premier bateau. Plus tard, à Demerara, le gouverneur me racontait qu'un lot de six était à la veille de partir pour la même destination.

L'amateur d'air libre qui s'échappe de la ville de Cayenne ou des environs n'a pas de route préférée. Il va au petit bonheur, à hue et à dia, ayant toujours pour objectif les colonies voisines ou la côte du Brésil, et tâche avant tout de s'emparer d'une embarcation.

La ville de Saint-Laurent est relativement assez étendue. Presque toutes les maisons sont en bois. On y trouve des petits restaurants et des guinguettes où se réunissent les chercheurs d'or se rendant aux placers, des boutiques tenues par des libérés et un très beau jardin, appelé la Pépinière, commencé en 1890 et renfermant une collection aussi variée que choisie de plantes et d'arbres fruitiers. Ce délicieux jardin a été construit par les condamnés sous la conduite éclairée de M. Hayes, l'agent général des cultures, qui nous accompagne dans notre excursion.

Derrière la Pépinière se trouve le cimetière, de forme carrée et bordé d'énormes bambous ayant jusqu'à une hauteur de 20 mètres. La plupart des tombes sont décorées de dracénas, ce qui produit un aspect tout à fait original. Au fond se trouve la partie réservée aux transportés. Je lis sur quelques pierres tombales des épitaphes plutôt grotesques que touchantes, entre autres :

A mon bien-aimé époux — sa veuve inconsolable.

A mon père — son fils reconnaissant.

A l'extrémité de Saint-Laurent on arrive à un petit village annamite, habité par des hommes et des femmes condamnés, qui se sont mariés ou ont fait venir leur conjoint libre. Ils sont pêcheurs et fournissent le poisson qui figure sur le marché. Ce marché, construit tout récemment, est très propre et s'appelle le marché Étienne.

A l'hôpital, une des bonnes Sœurs me désigne un *brave vieillard,* étendu sur une chaise longue. Ce personnage sympathique est le doyen du bagne de la Guyane, condamné à perpétuité pour assassinat, et arrivé dans la colonie en 1854. Le brave vieillard porte à son actif une trentaine de condamnations de moindre importance pour tapage, insubordination et ivresse pendant son séjour au pénitencier !

La supérieure s'adresse au gouverneur pour demander l'autorisation d'employer pour le service des Sœurs un petit Arabe qu'elle qualifie de « très convenable ». On lui promet de délibérer sur la question, car c'est toute une affaire d'accorder un bagnard pour les services privés. Les fonctionnaires sont souvent dans le plus profond marasme : un décret d'il y a huit ou neuf ans défend l'emploi de transportés comme domestiques. En Calédonie, où longtemps on a fermé les yeux, le décret était appliqué avec une élasticité étonnante, bien qu'aujourd'hui il paraisse qu'on y tienne davantage la main. En Guyane on l'a toujours mieux respecté ; il n'y a que quelques fonctionnaires supérieurs mariés qui puissent choisir comme domestique un condamné, et cette autorisation n'est accordée encore que sous certaines conditions.

Les domestiques ne se recrutent du reste que parmi les libérés et l'on n'en trouve pas facilement. Un pauvre célibataire se trouve le plus souvent réduit à faire son lit lui-même et à vaquer aux soins de son ménage.

Nos excursions dans les environs de Saint-Laurent comprennent Saint-Pierre, Saint-Louis et Saint-Maurice. Saint-Pierre était autrefois un pénitencier important, où se trouvaient tous les concessionnaires européens. Maintenant il ne contient qu'une vingtaine de libérés, condamnés à l'emprisonnement, dont sept Annamites. A Saint-Louis est située la prison provisoire affectée aux relégués condamnés à l'emprisonnement par le tribunal de droit commun et par la commission disciplinaire. A Saint-Maurice l'administration pénitentiaire exploite une fabrique de sucre et de tafia. Cette usine a son budget particulier ; elle a un personnel composé de mécaniciens, de chauffeurs, de comptables et de condamnés en cours de peine, employés comme travailleurs. Elle paye une redevance au budget de l'État, pour couvrir celui-ci des dépenses de vivres, habillement et autres, qu'il supporte, ainsi que les frais d'hospitalisation des condamnés, pour une période qui ne peut excéder quinze jours par individu. On y fait en moyenne 150 000 à 170 000 litres de tafia et 50 000 kilogrammes de sucre par an. La canne à sucre rendue à l'usine provient des cultures des concessionnaires.

Ces cultures se trouvent dans les environs de Saint-Laurent et consistent principalement en sucre. Il y a quinze séries de concessions, accordées à des condamnés de bonne conduite. Les premières que nous visitons font réellement pitié à voir. Les concessionnaires sont morts ou impotents, les cases sont abandonnées ou tombent en ruine. Un bananier ou une touffe de cannes émerge tristement de la brousse, qui a tout envahi. Une seule série est plus ou moins sérieuse : les concessionnaires sont presque tous des Arabes. Quand on voit un pareil résultat en trente ans sur une superficie de 250 hectares, on ne peut que perdre toute illusion sur la possibilité de coloniser un pays avec des voleurs et des assassins.

Les routes qui conduisent à ces concessions sont très mauvaises en maint endroit ; souvent elles deviennent de véritables fondrières. A chaque instant nous sommes forcés de descendre de voiture et de faire une promenade fatigante en plein soleil. Notre automédon est un ancien cocher de M. Rouher, qui, d'après ce qu'il me raconte, a bu un coup de trop à Paris et commis une peccadille qui lui a valu sept ans de séjour gratuit à la Guyane.

Les travaux vont grand train pour relier Saint-Laurent à Saint-Jean au moyen d'un chemin de fer Decauville. Nous prenons un matin le train, c'est-à-dire un wagon découvert remorqué par la locomotive, qui nous dépose 6 kilomètres plus loin, à l'endroit où s'arrête actuellement la ligne. Nous continuons à pied, le long d'un chemin où déjà les rails sont posés, et tombons, à l'extrémité des rails, dans un terrain moitié déblayé et débroussé qui nous donne l'avant-goût de l'excursion de 10 kilomètres que nous avons encore à faire en pleine forêt. Bientôt nous pénétrons dans le bois mystérieux, où il n'y a rien que l'ébauche d'un sentier, et ce sentier doit être entretenu, sous peine qu'il n'en existe plus trace dans un mois de temps, à cause de la puissance de la végétation.

Sans le moindre doute, ce semblant de route a été tant bien que mal inspecté, déblayé et comblé, en vue de la prochaine visite du gouverneur. En beaucoup d'endroits on a établi de petits ponts, faits de troncs et de branches d'arbres, reliés ensemble par des tiges flexibles, tandis qu'un bâton reposant sur deux perches consolidées dans la vase sert de garde-fou. Il faut faire attention et garder son équilibre, pour ne pas plonger dans la boue ou dans l'eau stagnante.

Notre petite caravane est précédée de deux surveillants armés, car la forêt sert de domicile aux tigres, aux serpents boas et à d'autres animaux nuisibles, pour ne pas parler des évadés. Le sabre d'abatis fait tomber les branches, les lianes et les plantes parasites qui nous interceptent le passage; nous pataugeons parfois dans une masse bourbeuse et enfonçons jusqu'à mi-genou; souvent le pied est pris dans un lacis d'herbes, de branches mortes, de fougères, de détritus.

La nature qui nous environne est majestueuse : ce silence de la création étreint et écrase. Nous sommes ici en pleine forêt tropicale, où les oiseaux dialoguent leurs chants d'amour, où les monarques sylvains, vêtus de mousses opulentes, étalent leurs bras puissants, tandis que leurs racines plongent dans le limon empesté. Les arbrisseaux aux branches fleuries et aux vives couleurs semblent vouloir atteindre les puissantes ramures confusément mêlées au-dessus de leurs têtes. Parmi les géants de la forêt, quelques-uns, déjà morts et ensevelis sous des monceaux de feuilles, sont maintenant des pépinières de parasites, ou servent de retraite à des hordes d'insectes destructeurs. La vie, la déchéance et la mort sont perpétuellement à l'œuvre.

Les lianes se tordent et s'enroulent dans cette mer de profonde verdure ; les convolvulus, les clématites, les plantes textiles s'accrochent partout et à toutes hauteurs, se suspendent d'un végétal à l'autre, ou retombent sur le sol. De-ci, de-là, des orchidées et des fleurs élégantes aux corolles blanches, jaunes et cramoisies s'attachent aux brindilles sous l'ombre éternelle de la sylve inviolée. Ce n'est qu'à de rares intervalles que le soleil filtre à travers la végétation tumultueuse et exubérante. L'humidité suinte de toutes parts dans ce labyrinthe solennel et mystérieux ; malheur à celui qui se perdrait dans le fouillis impénétrable du grand bois ! C'est bien là la forêt vierge dans toute sa puissance, d'aspect froid et sévère, cachant dans son épaisse frondaison depuis le fauve jusqu'à l'imperceptible ciron, depuis le géant du règne végétal jusqu'au plus petit des lycopodes.

La seule bête que j'aperçoive est un gros singe au pelage rouge foncé, gambadant de branche en branche, et paraissant s'étonner de notre présence dans son domaine solitaire. C'est le singe hurleur de la Guyane.

Nous sortons de la forêt, et retrouvons bientôt un terrain déboisé, où l'on est occupé à poser les rails, car les travaux sont commencés également du côté de Saint-Jean. Le gouverneur a visité les lieux quelques mois auparavant et a voulu refaire l'excursion pour se rendre compte de l'avancement de ces travaux. Maître Phébus nous envoie ses caresses les plus chaudes, car le dôme de verdure qui nous a protégés pendant trois heures a disparu. Nous arrivons à Saint-Jean, où nous ne nous arrêterons pas aujourd'hui, et la chaloupe à vapeur nous ramène à Saint-Laurent.

Le lendemain nous retournons à Saint-Jean. Il n'est que 4 heures du matin quand nous nous embarquons, ce qui veut dire qu'il fait nuit complète, et la température est même très fraîche. Une heure et demie après, les étoiles disparaissent et la lumière apparaît.

Nous côtoyons l'île Portal. Cette île, comme plusieurs autres disséminées dans le grand fleuve, représente un épais massif de verdure; elle a 12 kilomètres de long, sur 3 de large. L'eau est unie comme un miroir, et les courants très forts qui règnent, non seulement dans le Maroni, mais dans toutes les grandes rivières des Guyanes, sont à peine perceptibles pendant notre trajet. Vers les 6 heures nous mouillons devant Saint-Jean, et l'embarcation que nous avons prise avec nous à la remorque nous conduit à terre.

Saint-Jean du Maroni est le dépôt des relégués collectifs. L'effectif total de la relégation, depuis l'arrivée du premier convoi, en juin 1887, est de 2 602; au 1er juillet 1892 il était réduit à 1237, par suite des décès et des disparitions.

La relégation consiste dans l'internement perpétuel, sur le territoire des colonies pénitentiaires, des condamnés récidivistes qui, par la multiplicité de leurs condamnations, la gravité et la fréquence de leurs crimes ou délits, constituent un danger social. C'est par une mesure de sécurité publique qu'ils sont chassés de France et relégués dans des régions lointaines, où ils ne créent plus aucun danger et où ils peuvent même, si le cœur leur en dit, revenir au bien.

Les catégories d'individus que la mère patrie rejette

Saint-Jean du Maroni.

ainsi, sont très variées. En voici les principales : Sont relégués ceux qui dans un intervalle de dix ans ont encouru les condamnations suivantes : 1° deux condamnations aux travaux forcés ou à la réclusion ; 2° une de ces condamnations plus deux autres, soit à l'emprisonnement pour faits qualifiés crimes, soit à plus de trois mois d'emprisonnements pour vol, escroquerie, abus de confiance, mendicité ou vagabondage ; 3° quatre condamnations à plus de trois mois d'emprisonnement pour ces mêmes délits ; 4° sept condamnations, dont deux pour les délits spécifiés ci-dessus, et les autres pour vagabondage ou infraction à l'interdiction de résidence dans des villes déterminées.

Sont considérés comme gens sans aveu et sont punis des peines édictées contre le vagabondage tous individus qui, même ayant un domicile reconnu, ne tirent habituellement leur subsistance que du fait de pratiquer ou de faciliter sur la voie publique l'exercice de jeux illicites ou la prostitution d'autrui. La relégation n'est pas encourue de plein droit par le fait seul d'avoir accumulé sur sa tête les conditions que nous venons d'énumérer. Il faut que le jugement du tribunal ou l'arrêt de la cour d'assises prononce spécialement cette peine en même temps que la peine principale, en visant les condamnations antérieures par suite desquelles elle est appliquée.

En faisant l'inventaire de ce rebut de la société, composé de gens abrutis, affaiblis et épuisés par l'âge, les excès et tous les vices possibles, il n'est pas étonnant que les décès atteignent un chiffre aussi considérable. La moyenne est de 35 par mois ; cependant, aux mois de juin et juillet 1892 on en avait enregistré respectivement 54 et 55.

Il faut faire la part également de l'insalubrité du

climat de Saint-Jean et de ses environs, où les marais et les cloaques répandent des émanations malfaisantes qui engendrent la fièvre et la dysenterie. Ces maladies attaquent les fonctionnaires européens établis dans cette

Le camp de la mort à Saint-Jean du Maroni.

partie du Maroni, à plus forte raison les constitutions ébranlées du joli monde frappé par les tribunaux.

Tout en reconnaissant ce qu'il y a de fondé dans la mauvaise réputation dont jouit la Guyane en ce qui concerne Saint-Jean, je tiens absolument à réagir contre la légende complètement erronée qui a cours en Europe au sujet de l'insalubrité du pays. La Guyane est une colonie bien plus saine que beaucoup d'autres situées dans la zone tropicale. Il n'y a qu'à consulter les statistiques pour vérifier l'exactitude de mon assertion. Les observations faites pendant une période de dix années démontrent que la mortalité à la Guyane était bien inférieure à celle de la Martinique, de la Guadeloupe et de Bourbon. Seraient-ce par hasard les nombreux fonctionnaires ayant la nostalgie de Paris et demandant constamment des congés de convalescence, qui se font l'écho de ces bruits alarmants et complètement inexacts? Je n'oserais l'affirmer, mais ce que je tiens à proclamer, en vertu de statistiques qu'on ne pourra contredire, c'est que le climat de cette pauvre Guyane, honnie, calomniée, que l'on se représente dans une atmosphère de maladie, de mort et de bagne, est bien plus sain que celui de beaucoup d'autres pays exposés au même soleil brûlant des tropiques, mais ne jouissant pas de la même réputation fâcheuse. Réussirai-je après cela à détruire une légende si ancrée dans les esprits?

Comme les transportés, les relégués sont insuffisamment nourris. Ils n'ont du vin, du tafia et du café qu'en le gagnant par leur travail. Beaucoup en sont fréquemment privés, car l'amour du travail n'est pas précisément la qualité prédominante de gens dont la plupart ont en Europe dix ou quinze condamnations à leur actif. Pour être condamné à la relégation, il faut qu'un individu, après un certain nombre de peines encourues, soit considéré comme incorrigible. La plus grande privation pour beaucoup d'entre eux, et en général pour le contingent de chaque bagne, est le tabac. A l'île Saint-Joseph, le commandant en réclamait aussi avec instance. Pour donner une gratification aux bons travailleurs, il n'y a rien qui produise un effet tel qu'un paquet de tabac.

Nous visitons les grandes constructions en fer et en briques que les condamnés sont en train d'élever, en remplacement des vieilles cases qui menacent ruine.

Ces nouvelles constructions pourront contenir chacune de quarante à cinquante hommes, et elles seront terminées dans le courant de cette année. Les condamnés sont tous au travail, excepté le nombre assez grand de malades que nous trouvons couchés à l'hôpital. En parcourant les salles de cet établissement, je ne puis résister à un sentiment de pitié devant ce lugubre tableau de la dégradation humaine, ce triste mélange d'êtres humains, imbus de tous les vices, et dont l'existence antérieure s'est écoulée en grande partie dans les prisons et les maisons centrales. Combien y en a-t-il parmi ces figures hâves, blêmes et anémiées, dont la première faute est imputable au milieu vicieux dans lequel ils ont grandi, à l'exemple contagieux qu'ils ont eu devant les yeux dès leur première jeunesse !

Une briqueterie se trouve sur les lieux ; ce sont aussi des relégués qui s'occupent de la confection des briques devant servir pour les constructions. Autrefois on leur accordait la permission de jouer la comédie sur un petit théâtre. Les femmes manquant, le travestissement suppléait à l'absence du beau sexe. Depuis un certain temps ce théâtre a été supprimé.

Un jour le gouverneur a une inspection à faire qui n'a pas d'intérêt pour moi. J'en profite pour passer le fleuve et visiter Albina, situé sur le territoire hollandais, en face de Saint-Laurent. M. Colomb, le commissaire de police, vient me chercher ; nous trouvons à l'appontement la chaloupe du pénitencier, armée de quatre forçats arabes. Nous mettons quarante minutes pour traverser le Maroni, la marée étant contre nous. C'est le jusant, ou le *perdant*, comme on dit en Guyane, et un courant très fort entrave la marche de l'embarcation. Il ne faudrait pas chavirer ici, car, quoique bon nageur, on aurait peu de chance de se sauver. Souvent un courant à fleur d'eau se croise avec un autre courant sous-marin et forme tourbillon.

Le requin, si fréquent dans la mer des Antilles et sur les côtes des Guyanes, ne remonte que rarement les rivières. Par contre, les fleuves sont habités par un poisson tout aussi vorace, servi par une mâchoire garnie de dents aiguës et tranchantes. Ce poisson, qui porte le nom de *piraïe*, s'attaque aux extrémités du baigneur, ou du malheureux qu'un accident fait tomber à l'eau.

La façon de débarquer à Albina est assez primitive. La chaloupe doit être échouée sur le sable, et l'on saute à terre tant bien que mal. Quand la rivière est agitée, une espèce de passerelle est établie au moyen de poutres, qui reposent sur la plage.

M. Colomb me présente à M. Mackintosh, le représentant du gouvernement hollandais. Cet obligeant fonctionnaire me fait les honneurs de sa résidence et me promène dans le village, où je remarque plusieurs boutiques tenues spécialement par des Chinois. Je fais également la connaissance du médecin de la localité, qui est occupé à autopsier un vieux nègre.

A gauche des habitations des Européens se trouve un assez grand nombre de cabanes et de gourbis, occupés par les nègres revenant de l'intérieur et des placers. Ces habitations appartiennent aux négociants de l'endroit. Quand les nègres arrivent dans leurs pirogues, ils les occupent, y restent quelques jours et dépensent l'argent qu'ils ont sur eux. Après quoi, ils s'en vont, et les huttes restent vides. Une visite au chef des nègres Bosch, soumis à l'autorité néerlandaise, termine mon excursion. Il s'appelle Osecsi, a le titre de Grand Man

Le théâtre de la relégation à Saint-Jean du Maroni.

et parle un langage dont malheureusement je ne puis apprécier ni la richesse, ni l'euphonie.

J'aurai le plaisir de revoir ce monarque à épiderme d'ébène à Saint-Laurent d'abord, où le gouverneur l'invitera à déjeuner, et plus tard au palais du gouvernement à Surinam. Pour revenir à Saint-Laurent nous ne mettons que quinze minutes, soit à peu près le tiers de notre voyage d'aller. Nous profitons encore du perdant, qui nous fait traverser le Maroni avec la vitesse d'un bon voilier.

Encore un réveil matinal! Nous partons — toujours avec la chaloupe à vapeur — à quatre heures pour les Hattes, à l'embouchure du Maroni, et y arrivons après deux heures et demie de navigation. En dehors du phare, il y a aux Hattes une station télégraphique, par où passe le fil qui relie Saint-Laurent à Cayenne. On y fait aussi l'élevage du bétail, qui se compose aujourd'hui de cent cinquante à deux cents têtes. Vingt-six condamnés y travaillent sous la surveillance de trois gardiens. Tous les ingrédients pour notre déjeuner ont été emportés; la femme d'un surveillant nous le prépare et, ainsi que son mari, partage notre repas.

Nous avons pris des fusils avec nous, car l'endroit est riche en gibier. On tue trois oiseaux, dont il me serait difficile de définir l'espèce. Ce qui est curieux, c'est que, de mémoire d'homme, aucune couvée n'a jamais été trouvée sur la rive française. Les gros oiseaux : perroquets (*ara's*), grues, aigrettes, canards et autres, traversent le fleuve par bandes le matin, viennent manger sur le territoire français, et repassent le soir sur la rive hollandaise. On n'en connaît pas la cause; la végétation est à peu près la même; serait-ce la peur du serpent peut-être? Aux savants à l'expliquer.

La baleinière a été laissée à quelques mètres du rivage, retenue par une ancre. Nous avons beaucoup de peine à nous embarquer et à regagner la chaloupe à vapeur, car le fleuve est très agité, ce qui nous oblige à renoncer au projet d'accoster sur la terre hollandaise pour visiter un village d'Indiens.

- Je suis probablement le premier touriste qui ait visité cette station du Maroni, comme plusieurs autres comprises dans notre excursion de quinze jours en cette partie de la Guyane. Sans le voyage du gouverneur, il m'aurait été complètement impossible d'aborder sur des plages avec lesquelles il n'existe aucune communication. Le seul service public qui se fait consiste dans le bateau, qui part à des dates régulières de Cayenne pour Demerara, en faisant relâche à Saint-Laurent. Ce bateau correspond à Demerara avec le vapeur postal anglais pour l'Europe.

CHAPITRE VII .

Les territoires contestés. — Les bois de la Guyane. — Le nouveau chantier. — La Forestière. — La main-d'œuvre pénale. — Mana. — Une réception enthousiaste. — Un banquet officiel. — Tour de l'île de Cayenne. — Le Mahury. — Roura. — Le tribunal maritime spécial. — La rivière Surinam. — Paramaribo. — Le palais du gouvernement. — Les cultures. — Les coulis hindous. — Une fabrique de sucre. — Les écoles.

Les colonies qu'on désigne sous le nom de Trois Guyanes, et qui appartiennent à la France, à la Hollande et à l'Angleterre, présentent entre elles la plus grande analogie au point de vue physique. La limite orientale de la partie française avec le Brésil n'est guère mieux définie que la limite occidentale de la partie anglaise avec le Venezuela.

La délimitation entre la Guyane française et le Brésil a été en 1855 l'objet de conférences entre les plénipotentiaires des deux pays. Ces conférences ont duré dix mois sans résoudre la question. L'Angleterre n'a pas mieux réussi à s'entendre avec le Venezuela. Il en résulte que les trois colonies dont nous nous occupons se trouvent enclavées, comme un immense pâté, entre deux territoires mal définis, qui lui serviraient de croûtes.

Ces terrains contestés par la France et l'Angleterre

au Brésil et au Venezuela n'ont pour le moment qu'une médiocre importance. Ils figurent sur la carte comme des terres peu connues, et ne présenteront un intérêt réel que le jour où la découverte de terrains aurifères conduira à une reprise plus sérieuse des négociations et qu'une solution définitive deviendra urgente.

La limite entre les Guyanes française et hollandaise n'a été réglée qu'en 1891 par l'arbitrage de l'empereur de Russie. Les deux puissances se contestèrent un terrain situé entre les rivières Tapanahoni et Lawa (Aoua) et envoyèrent en 1861 une commission mixte au Maroni pour s'entendre au sujet de la délimitation. Malgré le rapport dressé par cette commission, la question était restée pendante. Elle établit que le Lawa devait être considéré comme fleuve principal, c'est-à-dire comme continuation de la rivière Maroni, dont le Tapanahoni ne serait qu'un affluent.

La découverte de gisements aurifères en quantité abondante sur le territoire contesté exigeait en 1888 un accord définitif au sujet de la frontière des deux colonies. On décida de remettre à un arbitre le soin de procéder à cette délimitation, et le tsar, choisi par les cabinets de Paris et de la Haye, rendit le 25 mai 1891 la décision arbitrale suivante :

« Le Lawa devra être considéré comme fleuve limite et servir de frontière entre la Guyane française et la Guyane hollandaise. Le territoire en amont du confluent des rivières Tapanahoni et Lawa doit désormais appartenir à la Hollande ; seront respectés d'ailleurs tous les droits acquis de bonne foi par les ressortissants français dans les limites du territoire qui a fait l'objet de la présente décision. »

La région attribuée aux Pays-Bas, comprenant l'espace triangulaire dont le sommet est au confluent des deux rivières, est assez mal connue. Elle est séparée de ce que l'on peut appeler le versant du littoral par la chaîne de montagnes connue sous le nom de Montagnes Françaises, et est arrosée par un assez grand nombre d'affluents des deux rivières qui l'encadrent.

Au point de vue de la culture, cette région n'est pas appelée à prendre un grand développement. Elle tire son plus grand intérêt des gisements d'or, dont l'étendue est encore insuffisamment établie, bien que plusieurs concessions y' aient été accordées et qu'une quantité importante d'or alluvial ait été extraite de son sol.

Si nous étions restés plus longtemps au Maroni, je crois bien que nous aurions fini par ne plus nous coucher du tout, car voilà qu'à trois heures du matin nous sommes debout pour nous rendre à ce qu'on appelle le « Nouveau Chantier ».

Nous descendons le fleuve jusqu'à peu de distance de son embouchure et entrons dans la crique Vache ou crique aux Vaches, comme on l'écrit souvent. Le crépuscule fuit devant les premières lueurs du soleil levant, au moment où notre chaloupe s'engage dans la rivière.

Le spectacle de cette belle nature tropicale aux tonalités variées, qui s'arrache au sommeil, est splendide. Sur ces plages noyées, les alluvions superposent sans cesse leurs couches fertiles. L'air frais du matin dilate la poitrine ; on se sature d'air pur, en attendant que le soleil suive sa marche ascendante vers le zénith.

Aucune habitation, aucun être vivant ; rien qu'à de rares intervalles un oiseau traversant l'espace d'un vol effarouché, ou un crocodile couché sur la vase entre la rangée uniforme des palétuviers.

D'abord la végétation est plutôt basse ; les arbustes

se mêlent aux lianes, les balisiers alternent avec les pinots. Rien n'est décoratif comme ces pinots qui ressemblent aux cocotiers, mais qui ne produisent qu'un grain sans valeur. Bientôt les arbres de haute futaie

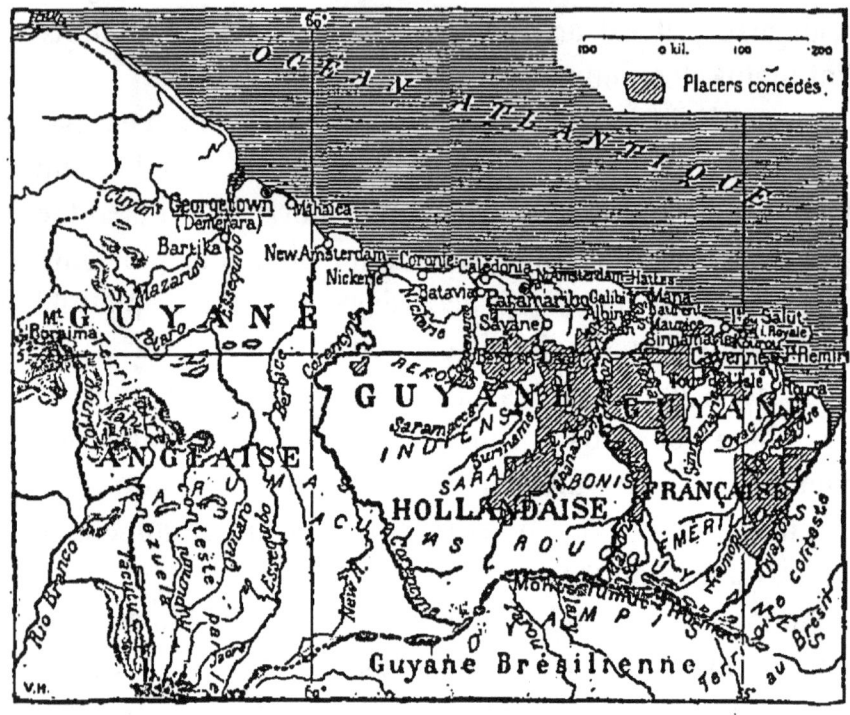

Carte des trois Guyanes.

succèdent à la brousse ; c'est la forêt vierge qui commence.

Nous suivons les sinuosités de la crique jusqu'à l'endroit où le manque d'eau nous oblige à jeter l'ancre, et nous nous transbordons dans la baleinière, qui dans la plupart de nos excursions est prise à la remorque.

Arrivés à un dégrad, nous débarquons. On entend en Guyane par *dégrad* tout endroit d'atterrissement ou de débarquement. Nous partons à pied avec un surveillant militaire, par un sentier tracé tant bien que mal dans la forêt, et nous faisons 5 kilomètres sous un dôme de

14

verdure qui me rappelle ma promenade dans le grand bois qui mène à Saint-Jean.

Les Guyanes sont très riches en bois à essences et bois de menuiserie ; malheureusement dans les parties française et hollandaise on n'en tire à peu près aucun parti. Ce n'est que dans la colonie anglaise que l'on comprend la valeur qu'ils représentent et qu'on en fait une exportation considérable en Europe, où ces bois sont fort recherchés.

Néanmoins, au Nouveau Chantier, on se sert d'un certain nombre de condamnés pour faire l'abatage. Nous les voyons à l'œuvre au moyen de la serpe et de la hache. Les arbres, une fois abattus, sont placés dans le sens de la longueur sur des traverses qui se prolongent jusqu'à l'endroit où nous avons atterri, et, arrivés au dégrad, ils sont attachés en radeaux et expédiés à Saint-Laurent, à Cayenne et même en Europe.

En général ces bois sont très durs et très lourds ; parmi les qualités les plus recherchées, il y a à citer le cèdre dans ses différentes nuances, l'acajou, l'ébène, le courbaril, l'angélique, le satiné, le moucheté, le rubané, le panacoco, le préfontaine, le bois serpent.

La promenade n'est pas commode : nous sommes souvent forcés de sautiller, d'enjamber des amas de ronces et de troncs, et de piétiner dans une masse visqueuse et glissante. La belle nature sauvage qui nous environne de tous côtés nous dédommage largement de la fatigue de l'excursion, et pour ma part le danger des serpents ne m'effarouche pas, attendu que dans des explorations de ce genre mes jambières ne me quittent jamais.

La Forestière, que nous visitons le lendemain, se trouve en amont du fleuve, à une vingtaine de milles au delà de Saint-Jean. Partis de Saint-Laurent au milieu de la nuit, nous n'y arrivons que vers les huit heures du matin. L'exploitation a pris plus de développement qu'au Nouveau Chantier; on n'y emploie que des relégués, au nombre d'environ une centaine.

J'observe dans la forêt les mêmes opérations que la veille. Sans conteste, le travail de ces hommes, qui la plupart ont une mine patibulaire, est dur et énervant.

Un chemin de fer Decauville sert à transporter les arbres abattus, des profondeurs du bois jusqu'à la scierie à vapeur qui se trouve à deux pas du débarcadère. J'assiste même au curieux spectacle de l'arrivée d'un arbre de forte dimension; il est

Un dégrad.

placé dans la scierie devant la mécanique, qui le découpe séance tenante en planches, lesquelles sont chargées dans le chaland qui les conduira à Saint-Laurent.

Après notre déjeuner, emporté comme toujours et préparé dans l'habitation des surveillants, nous nous remettons en route. Nous nous arrêtons à Tollinche, petite station dans le Maroni, où il n'y a qu'une seule maison et quelques cases. Six transportés sous la surveillance d'un gardien y passent leur temps à chercher des feuilles de way, qui servent à couvrir les cases. En nous promenant dans la brousse, M. Meunier aperçoit un serpent corail qui cherche à se glisser dans un tronc d'arbre pourri, et il réussit à le tuer. Je l'emporte comme souvenir et l'enferme le soir à Saint-Laurent dans un flacon rempli de glycérine.

Notre dernière étape est un petit village où se trouve une tribu d'Indiens Tapouyas. Ces gens sont assez civilisés et parlent le français; ils ne dédaignent pas même les cigares que nous leur offrons.

Le départ du Maroni est fixé au surlendemain. Nous avons un jour pour nous reposer et faire nos malles.

Un dernier mot sur les pénitenciers que j'ai visités; il s'applique également à ceux que j'ai vus à Cayenne et à Kourou. Il est indiscutable que les nombreuses évasions des transportés et relégués proviennent d'une surveillance absolument insuffisante. Le nombre des gardiens devrait être au moins triplé partout, si l'on voulait faire cesser ce déplorable état de choses.

Un fait qui m'a frappé, autant en Guyane que précédemment en Nouvelle-Calédonie, c'est qu'à partir de huit heures du soir les condamnés, enfermés dans leurs dortoirs, sont entièrement livrés à eux-mêmes jusqu'au lendemain matin cinq heures, moment du réveil. Il est vrai que souvent dans le courant de la nuit un surveillant fait son entrée pour constater la présence des pensionnaires, mais cette mesure est loin d'être efficace. Du reste, ce n'est pas alors que les évasions ont lieu; le condamné qui a médité son coup prend la clef des champs au beau milieu de son travail, au moment où le gardien, qui a souvent cinquante, soixante individus à surveiller, lui tourne le dos.

Mais c'est dans la nuit que les évasions se complotent et se préparent; que le peu de bien qui reste dans le cœur de quelques-uns des condamnés est corrompu par la promiscuité dans laquelle on les laisse; que les passions les plus honteuses sont assouvies; que la débauche la plus bestiale bat son plein. Je me rappelle en outre qu'à l'île Nou on avait surpris ces messieurs jouant au baccara!

Qu'on se décide enfin à désigner deux, trois surveillants, qui se relayeraient à heure fixe, pour monter la garde dans ces salles, ou bien à mettre les condamnés la nuit en cellule, comme cela se fait dans les bagnes anglais que j'ai visités. La discipline y gagnerait, et beaucoup de délits seraient évités.

Ce qu'on devrait faire également dans les colonies pénitentiaires, ce serait un triage raisonné des condamnés. Le bagne se compose de gens coupables d'un crime isolé, sans pour cela être foncièrement corrompus, et de gredins endurcis, ayant commis vol sur vol, crime sur crime. Le mélange de ces derniers, dont le retour au bien ne peut exister que dans l'esprit d'utopistes, avec d'autres dont la condamnation n'a été prononcée que pour un simple délit, n'a jamais produit que les effets les plus déplorables.

Est-il possible que ceux-ci s'amendent sous l'influence corruptrice et l'exemple écœurant qu'ils ont journellement sous les yeux? L'administration possède plusieurs pénitenciers dans chacune des deux colonies; qu'elle évacue sur telle ou telle station les individus susceptibles de se corriger, et qu'elle réunisse dans une autre la lie de son contingent, pourrie à tout jamais. Ce serait œuvre d'humanité et en même temps l'intérêt de l'administration.

Si l'on demande quel a été le résultat, en une période de trente années, de l'emploi de la main-d'œuvre pénale en Guyane, la réponse est facile : ce résultat a été à peu près nul. Les forces de l'administration pénitentiaire ont été disséminées dans toute la colonie pour n'aboutir à presque rien du tout, pour la faire manquer de routes, de communications, de défrichements et de tout ce qui constitue le développement d'un pays dont la fécondité ne peut être surpassée par aucun autre.

Adieu, Saint-Laurent! adieu, beau fleuve du Maroni! Nous partons dans la nuit, et après avoir fait six milles en mer, et passé le phare des Hattes, nous entrons dans la rivière de Mana, fleuve qui prend sa source dans le pays des Émerillons. La commune de Mana se trouve à vingt-cinq milles environ de l'embouchure, sur un sol plat et formé d'alluvions, de bancs de sable boisés et de savanes noyées. On trouve ensuite les grands bois, qui s'étendent dans l'intérieur.

Bientôt arrive à notre rencontre une pirogue, dans laquelle se tiennent debout quatre négresses, revêtues de leurs costumes de fête aux couleurs bariolées, et agitant des drapeaux tricolores, tout en chantant à tue-tête. Deux nègres manient leurs pagaies, et un troisième se tient sur le devant. En même temps on tire des coups de fusil dans les broussailles pour signaler notre arrivée aux habitants de Mana.

Nous stoppons pour prendre la pirogue à la remorque; ces dames élèvent de plus en plus le diapason de leur voix et tiennent absolument à nous faire une réception bruyante. En approchant de l'appontement, nous apercevons la population manifestant sa joie, criant, chantant et se livrant à des contorsions qui rappellent la danse du ventre. On tire des pétards, des coups de fusil et de pistolet. Des nègres Bosch et des Galibis se sont mêlés à la foule; pour la circonstance ils se sont entouré le torse de quelques oripeaux aux vives couleurs.

Je me fais expliquer le motif de cet enthousiasme général. On m'apprend que le gouverneur est très populaire à Mana; il y est venu l'année dernière, et les habitants indigènes, descendant pour la plupart de nègres africains transportés sur ces plages, lui sont fort reconnaissants de certaines décisions prises en leur faveur. Depuis quinze ans de temps, aucun gouverneur n'y était venu; il y a six ans seulement, un directeur de l'intérieur, faisant les fonctions de gouverneur par intérim, y avait fait quelques heures de halte.

Nous faisons une entrée d'opéra-comique. Tout est en fête, tout est pavoisé; la place devant la mairie représente un champ de foire, où les baraques alternent avec des cafés improvisés, décorés de banderoles et de verdure. Le gouverneur loge à la mairie, tandis que M. Guégan et moi nous trouvons des chambres préparées à la gendarmerie.

Les deux jours que nous passons dans cette localité sont consacrés à l'inspection des édifices publics, des écoles, d'une rhumerie, et à des promenades dans les alentours. Beaucoup de ces bâtiments ne sont que des baraques qui menacent ruine. L'instituteur pourra s'estimer heureux si un beau jour le toit de sa maison ne lui tombe pas sur la tête. Je suppose qu'en débarquant à Mana un jour où la chaleureuse réception qu'on a préparée au gouverneur ferait défaut, la première impression qu'on aurait serait de s'en retourner le plus vite possible. La ville, si l'on peut l'appeler ainsi, n'offre absolument rien de curieux; les rues ou plutôt les voies qui prennent ce nom sont des routes du désert africain, où le pied s'enfonce dans le sable; les moustiques sont légion et vous assaillent sans trêve ni merci.

Et dire que Mana est la seconde commune de la Guyane! On y passe souvent vingt jours sans recevoir le courrier de Cayenne; la semaine avant notre arrivée, les habitants étaient obligés de se prêter leurs encriers, attendu que l'encre manquait dans les boutiques. Un fromage y est un objet de valeur, et l'on n'en trouve presque jamais. Cette pénurie d'objets nécessaires à l'alimentation ou aux autres besoins de l'existence se manifeste à Cayenne même. Un jour j'ai couru toute la ville pour acheter une éponge de toilette : il n'y en avait dans aucun magasin!

Autrefois il existait en face de Mana, de l'autre côté de la rivière, de belles cultures de riz, qu'on expédiait à Cayenne. Après la découverte de l'or, toute culture a cessé; les travailleurs sont partis pour les placers, et les champs ont été abandonnés. Maintenant le riz doit venir de Cayenne, où on le reçoit d'Europe.

Les autres cultures sont à peu près nulles dans les environs. Il existe dans les documents officiels une route de Cayenne à Mana. Mais, transformée presque entièrement en brousse, elle n'est praticable que pendant deux mois de l'année, après l'époque de la grande sécheresse, et encore dans cette saison risque-t-on de s'y enfoncer en certains endroits jusqu'à mi-corps.

Le soir de notre arrivée il y a bal champêtre sur la place de la Mairie. Notre organe olfactif est péniblement affecté par l'odeur qui se dégage de ces couples d'Apollons et de Vénus, se livrant à leurs ébats aux sons énervants du tam-tam. Les femmes galibis, plus ou moins échauffées par le tafia, font vis-à-vis dans les quadrilles aux gommeux de l'endroit; le vacarme dure jusqu'au matin et nous empêche de dormir.

Le jour suivant, nous visitons la léproserie d'Accarouany, située dans la rivière de ce nom, affluent de la Mana. En ce moment on n'y comptait que quinze hommes et cinq femmes affligés de cette terrible maladie, qui, par bonheur, n'attaque que rarement les Européens. Autrefois cette léproserie se trouvait aux îles du Salut; elle a été transférée à Accarouany en 1835 et est dirigée par les sœurs de Saint-Joseph de Cluny.

La rivière est belle, et ses méandres présentent des vues fort pittoresques. Au retour nous faisons une partie de la route à pied par un sentier qui traverse la forêt, et retrouvons la chaloupe à vapeur au dégrad Populo. Cette chaloupe ne pouvant accoster en raison du peu d'eau, nous sommes forcés de l'atteindre au moyen de petites pirogues de nègres, frêles embarcations qui chavirent au moindre mouvement contraire aux lois de l'équilibre. Du reste je ferai plus ample connaissance avec ces moyens de transport primitifs sur les rivières et dans les criques de la Guyane hollandaise.

Un banquet officiel a été organisé pour le lendemain, dimanche. Une vingtaine de fonctionnaires et de notables de la commune ont été invités; l'élément noir prédomine. Au moment où nous allons nous mettre à table, une négresse, se croyant invitée, pénètre dans la salle du festin. Elle a réuni dans sa toilette toutes les couleurs de l'arc-en-ciel, et un fichu multicolore porte encore l'étiquette du magasin où elle vient probablement de l'acheter.

Il n'y a pas moyen de lui faire comprendre qu'elle

fait erreur. Elle y est, elle y reste. Le gouverneur rit de l'aventure et lui fait prendre place entre deux bellâtres de la même nuance.

Le soir nous repartons. Le *Bengali*, arrivé il y a peu de jours d'Europe à Cayenne pour remplacer l'aviso *Oyapock*, qui va être désarmé, a reçu l'ordre de venir nous chercher à Mana; ce navire de guerre était arrivé dans la matinée. A notre départ la manifestation est tout aussi bruyante qu'à notre arrivée; je suis sûr qu'il ne restera plus un grain de poudre sur place.

Le *Bengali* est un joli bateau; il nous ramènera en quatorze heures à Cayenne.

En somme, ce voyage du Maroni m'a vivement intéressé. Si j'avais pu prolonger mon séjour en Guyane, j'aurais certes accepté l'offre du gouverneur de l'accompagner prochainement à l'Approuague et à la commune du même nom, qui était autrefois la plus importante de la colonie par le nombre de ses sucreries. Hélas! au point de vue des cultures je n'y aurais trouvé que des ruines et des vestiges d'une prospérité passagère. Les bords du fleuve sont aujourd'hui le centre des grands établissements aurifères.

A Sinnamary, traversé par la rivière du même nom, se trouvent les placers les plus riches de la colonie. Jusqu'à ces dernières années cette section avait été presque exclusivement consacrée à l'élève des bestiaux. Les quelques plantations de caféiers, de roucouyers et de cotonniers qui y existent encore ne présentent qu'un faible intérêt.

A la Montagne d'Argent on voyait autrefois des cultures florissantes; elles sont abandonnées aujourd'hui. Cependant depuis peu on tâche de les relever, et l'on a recommencé à y planter du café.

Une excursion que je ne puis manquer de faire, c'est le tour de ce qu'on appelle l'Ile de Cayenne, en y comprenant Roura. Nous avons rendez-vous, à 5 heures du matin, M. le directeur de l'intérieur, deux autres messieurs et moi. Une voiture nous conduit au dégrad des Cannes par une route de 18 kilomètres, qui existe depuis 1874. Elle traverse un pays superbe, où la végétation tropicale se déploie dans toute sa puissance, où les fougères, les mousses les plus variées tapissent les bords du chemin, où les palmiers et les bananiers sauvages dépassent de leurs bouquets les herbes les plus vigoureuses, où les bambous géants se penchent et se rencontrent au-dessus de nos têtes.

Au dégrad des Cannes nous trouvons une chaloupe à vapeur et nous entrons dans la rivière Mahury. Cette rivière n'est qu'imparfaitement connue; nous ne tardons pas à nous en apercevoir. Soudain notre chaloupe, touchant un rocher, fait un bond fantastique et penche tellement du côté droit, qu'elle embarque de l'eau. C'est un miracle qu'elle n'ait pas complètement chaviré. Le premier mouvement de panique passé, nous nous apercevons que l'eau entre par un trou qui s'est produit dans la coque; on le bouche tant bien que mal avec de l'étoupe et un morceau de toile. S'il avait été plus grand, nous aurions infailliblement coulé à pic.

Le patron du bateau force la vapeur; nous voici heureusement débarqués à Roura, petit bourg dans les environs duquel il y a quelques ébauches de cultures et quelque exploitation de bois. Nous avions eu le projet de pousser jusqu'à l'Orapu, mais il vaut mieux qu'on s'occupe d'étancher la voie d'eau de notre chaloupe.

Du reste il y en a pour tous les goûts à Roura. M. le directeur de l'intérieur découvre de belles orchidées et en fait collection; mes deux autres compagnons vont à la chasse et tuent un horrible fourmilier; moi-même je m'allonge sous l'ombre du feuillage et parcours les journaux de Paris que j'ai reçus la veille. Ces intrépides chasseurs sont toujours destinés aux aventures : en entrant dans un fourré pour rechercher un toucan blessé, ils découvrent... quoi? un monceau de charbon abandonné dans une ancienne plantation. Le lendemain matin ils tuent un second fourmilier... et le chien d'une dame de Roura! Au retour, le chasseur pleure autant que la propriétaire du chien.

Tout près du bourg, je manque me perdre dans un labyrinthe de verdure et de broussailles, d'où émergent de-ci, de-là, les restes d'anciennes cultures; j'y aperçois même l'ananas poussant à l'état sauvage. Quelques vieilles négresses à l'aspect simiesque, accroupies devant des cabanes menaçant ruine, me parlent un créole dont je ne saisis pas le premier mot.

Trois fois par mois, une chaloupe à vapeur de l'administration pénitentiaire va à Roura pour y porter des vivres et d'autres objets indispensables. L'équipage se compose de quatre condamnés sous la surveillance de deux gardiens. Dernièrement ces condamnés, qui indubitablement avaient médité le coup depuis longtemps, ont profité d'un moment où les surveillants avaient mis pied à terre, pour s'éloigner en un clin d'œil à toute vapeur. Les surveillants, ahuris et se rendant compte de la responsabilité encourue, ne perdent pas de temps et s'empressent de descendre en canot le fleuve Mahury. Ils abordent à l'île de Cayenne, font 18 kilomètres à pied en courant, arrivent au chef-lieu à deux heures du matin, préviennent le directeur de l'administration pénitentiaire, qui se lève en sursaut et court réveiller le gouverneur.

M. Grodet se rend immédiatement au port, se jette, avec le directeur et les deux surveillants, dans une embarcation, monte à bord de l'aviso de l'État *Oyapock* et se rend ensuite à bord du vapeur *Capy*, qu'il réquisitionne. Il donne l'ordre aux deux commandants de faire chauffer immédiatement.

Il était quatre heures du matin. Les transportés avaient huit heures d'avance. Leur chaloupe filait cinq à six nœuds, tandis que l'*Oyapock* en fait à peu près autant, et le *Capy* neuf.

Les évadés avaient-ils pris la haute mer? S'étaient-ils dirigés du côté du Brésil, à droite, ou du côté de la Guyane hollandaise, à gauche?

Le gouverneur, estimant qu'ils gagneraient plus facilement le territoire contesté franco-brésilien, décida que les recherches seraient effectuées uniquement de ce côté; néanmoins il fit télégraphier dans toutes les communes de l'ouest d'envoyer des canots armés en observation à l'embouchure des rivières.

Ordre fut donné au capitaine du *Capy* de prendre la haute mer et de se diriger à toute vitesse sur le cap Orange. Il devait ainsi couper la route à la chaloupe, évidemment mal conduite.

Quant à l'*Oyapock*, M. Grodet invita le commandant à suivre, mais plus près de la côte, le même itinéraire, en poussant jusqu'à Counani, dans le territoire contesté.

Le surlendemain, dans l'après-midi, le *Capy* revint à Cayenne sans avoir rien vu. Quelques heures plus tard l'*Oyapock* rentra avec la chaloupe à la remorque et les transportés, qu'il avait trouvés dans la nuit, au-dessus de la Montagne d'Argent, à l'entrée de l'estuaire.

Le *Capy*, filant en haute mer, avait été évidemment

aperçu par la chaloupe à vapeur, invisible, elle, pour lui, à cause de sa petitesse. Elle avait alors serré la terre et était tombée dans le rayon d'observation de l'*Oyapock*, qui aperçut au loin une légère colonne de fumée, sur laquelle il se dirigea. C'était la chaloupe à vapeur.

Les prévisions du gouverneur s'étaient donc pleinement réalisées. Dès que les transportés reconnurent l'*Oyapock*, ils détachèrent le canot et s'y jetèrent pour gagner la terre, qui n'était qu'à un mille de distance. Le commandant envoya deux coups de canon entre le rivage et le canot. Celui-ci ne s'arrêtant pas, l'*Oyapock* lui tira quelques coups de fusil. Le canot stoppa; les fuyards furent placés sur l'aviso, qui se mit en route pour Cayenne avec la chaloupe à vapeur à la remorque.

Inutile de dire que cette audacieuse évasion avait causé une vive émotion dans le chef-lieu de la colonie. Aussi toute la population se trouvait sur l'appontement et le quai lorsque l'*Oyapock*, signalé depuis une heure par la vigie, mouillait en rade, ramenant tous les évadés.

La tentative leur aurait réussi peut-être, s'ils avaient eu suffisamment de charbon et s'ils ne s'étaient grisés avec le rhum qui se trouvait à bord. J'ai appris plus tard que l'escapade leur a valu, à chacun, une condamnation à cinq ans de réclusion.

La communication postale entre Cayenne et Roura se borne à un piéton qui part de la dernière localité le vendredi de chaque semaine à cinq heures du soir, et qui repart de Cayenne le dimanche ou le lundi suivant. C'est une distance d'environ 40 kilomètres.

De Roura nous revenons par la rivière Tonnegrande; nous échouons sur la vase molle dans une crique peu profonde, mais nous avons la chance de nous dégager au bout d'une demi-heure.

Avant de quitter la colonie, j'assiste à une séance du tribunal maritime spécial. Ce tribunal remplace depuis trois ans, en Guyane comme en Nouvelle-Calédonie, le conseil de guerre appelé autrefois à juger les crimes commis par les forçats et les délits d'évasion. J'entends condamner à mort un concessionnaire qui a tué un libéré à coups de fusil, et à cinq ans de travaux forcés supplémentaires un gredin qui s'est évadé pour la *cinquième* fois.

La peine établie pour la première évasion est de deux ans, pour les suivantes de deux à cinq ans. Un condamné à perpétuité est puni de la chaîne ou de la double chaîne pour un ou deux ans. Cette absurdité de condamner à un certain nombre d'années un client qui en a déjà pour la vie entière, n'existe donc plus. J'avais assisté à cette plaisanterie en Calédonie en 1889!

Je fais mes visites d'adieu, et quitte Cayenne avec un vrai regret. J'y ai reçu l'accueil le plus charmant du chef de la colonie, sans lequel, vu le manque de communications et de moyens de transport, je n'aurais pu voir le quart de ce qu'il m'a été donné de visiter. Puisse cette Guyane française, tant calomniée, voir apparaître à la fin une ère de prospérité et de succès !

Le pont du *Salvador* — car c'est encore le même bateau sur lequel je m'embarque — est plein, archiplein. C'est une espèce de pèlerinage pour la moitié des habitants de Cayenne d'aller serrer la main le 3 de chaque mois aux amis qui partent pour la France.

Une dernière relâche aux îles du Salut : je vois les mêmes condamnés — car ils me sont devenus familiers — arriver avec l'embarcation de l'île Royale. En guise d'adieu, je leur jette un paquet de cigarettes. Quelles idées doivent traverser le cerveau de ces gens quand ils voient disparaître à l'horizon le panache de fumée du courrier, reprenant sa route vers le sol libre, qu'ils ne reverront probablement jamais!

Vingt-quatre heures après, nous arrivons devant l'embouchure de la rivière Surinam. Les rives sont très basses des deux côtés et n'offrent rien de pittoresque. Bien que nous soyons en pleine saison sèche, suivant le calendrier et suivant toutes les statistiques possibles, une pluie torrentielle ne tarde pas à nous masquer complètement les deux bords, à tel point que le commandant juge prudent de ralentir sa marche, et à un moment donné de stopper.

Voici la capitale de la Guyane hollandaise, Paramaribo, dont la silhouette se dresse au loin. Le ciel s'est complètement éclairci, et les rayons obliques d'un soleil qui dans deux heures disparaîtra à l'horizon, illuminent les maisons qui s'allongent sur un quai dont on a peine à découvrir l'extrême limite. Paramaribo ne ressemble en rien à Cayenne; elle a un cachet spécial, elle rappelle en quelque sorte la Hollande et plus particulièrement ses villes de province, tandis que Cayenne a le même caractère général que la majorité des ports des Antilles.

Le jour de mon arrivée est un dimanche; les magasins du quai sont fermés, ce qui donne toujours une empreinte de mélancolie à un quartier généralement animé dans la semaine. La musique militaire se fait entendre au moment où je débarque, et où je me rends avec mes bagages, chargés sur une charrette à bras, au principal hôtel de la ville.

L'hôtel Van Embden ne peut prétendre à un luxe ou

à une installation dignes de nos capitales d'Europe, mais il est supérieur à beaucoup de ceux que j'ai trouvés dans les colonies. La chambre qu'on me donne est propre, ce qui vaut quelque chose, et le lit est excellent. Le

Paramaribo. — Bureaux du gouvernement.

dîner est mauvais, mais la bouteille de vin que je commande est de bonne qualité.

Le lendemain matin je me rends au palais du gouvernement, et fais ma visite à M. le gouverneur, le chevalier van Asch van Wijck. J'ai pour lui une lettre de S. E. le ministre des colonies à la Haye.

Ma bonne étoile me poursuit dans les Guyanes; le

charmant accueil que j'ai reçu à Cayenne est égal à celui qu'on me fait à Paramaribo. Le gouverneur m'offre l'hospitalité au palais du gouvernement, édifice spacieux et confortablement installé, me présente à Mme van Asch van Wijck, et m'engage à venir prendre possession sans délai de la belle chambre qu'on m'assigne. J'accepte avec empressement, et ne tarde pas à apprécier les avantages que me procurera mon séjour dans cette demeure hospitalière.

Au déjeuner le gouverneur s'informe du but de mon voyage et me fait l'énumération de ce qu'il y a à voir dans la colonie et de ce qui pourra m'intéresser. Comme dans la Guyane française, les communications dans l'intérieur et sur les rivières ne sont ni fréquentes, ni partout publiques, bien que le gouvernement hollandais ait doté Surinam de bateaux à vapeur pour le service de ses fleuves.

Sans perdre de temps, mon hôte donne l'ordre qu'un de ces bateaux soit prêt pour deux heures. Nous remontons la rivière de Surinam jusqu'au point où elle se joint à la rivière de Commewyne et nous mouillons devant le fort Amsterdam, que j'ai aperçu en arrivant la veille. La baleinière ne met que deux minutes pour nous conduire à terre. Au fort il y a une garnison de soixante-quinze hommes, commandés par un lieutenant d'infanterie et un lieutenant d'artillerie; le dernier fait fonctions de commandant. Un service téléphonique, auquel on se propose de donner plus d'extension, met la capitale en relations avec la station et avec plusieurs plantations des alentours. Le fort contient une prison où sont internés les condamnés aux travaux forcés. Il y en a une trentaine, tous condamnés pour des délits graves, commis dans la colonie. La sensiblerie maladive qui atténue pour un assassin ou un malfaiteur fieffé la peine prononcée contre lui par les tribunaux est inconnue ici. La plupart de ces hommes portent un boulet pesant 12 kilos attaché à une chaîne. Ils sont bien surveillés; aucun cas d'évasion ne s'est jamais produit.

Les gens condamnés pour un délit de peu d'importance purgent leur peine dans la prison du fort Zelandia, à Paramaribo même, et sont employés aux routes où aux travaux de la ville.

Nous commençons aujourd'hui même la visite de la série des plantations que j'aurai à parcourir. Celle où nous allons occupe un terrain de 600 hectares, dont il n'y a que la moitié en exploitation. On y cultive le cacao; cependant on a commencé à y planter aussi, depuis peu de temps, le café Libéria, comme sur la majorité des plantations de la Guyane hollandaise.

Autrefois cette colonie possédait un nombre considérable de plantations de sucre, dont plusieurs sont abandonnées à l'heure qu'il est. L'abolition de l'esclavage a porté un coup terrible à l'industrie sucrière, et transformé en ruines des exploitations autrefois florissantes. La colonie prospère de Surinam, manquant de bras, luttant en outre contre la concurrence du sucre de betterave, a subi, ces derniers trente ans, une période de déclin et de malaise, dont elle aura beaucoup de peine à se relever.

Mais les nègres, bénéficiant de cette émancipation, se sont-ils mis au niveau des races libres? Leur valeur, leur sens moral, leur caractère y ont-ils gagné? Bien loin de là! Ils n'ont pris en général à l'Européen que ses mauvaises qualités et sont restés la même race ignorante qu'ils étaient autrefois. Ils sont devenus insolents, paresseux à l'excès; ils se sont créé des besoins multiples, et leurs femmes n'éprouvent que le désir de se parer de bijoux et d'ornements.

Sans aucun doute, beaucoup d'entre eux sont dans une situation moins heureuse qu'avant la promulgation du décret de 1862, notamment ceux qui se trouvaient dans des centres où ils avaient toujours été bien traités.

Prévoyant que l'industrie sucrière ne pourrait plus jamais atteindre la période de prospérité qu'elle avait eue depuis deux siècles, les colons de Surinam et les propriétaires de plantations, habitant les Pays-Bas, se sont appliqués ces derniers temps à la culture du cacao et du café Libéria, de préférence à toute autre espèce. Il y a des planteurs enthousiastes qui rêvent monts et merveilles de cette dernière culture, et en attendent le relèvement de la colonie.

Les rapports constatent que la qualité du café Libéria récolté à Surinam est supérieure à celle qu'on cultive depuis quelques années à Java. Toutefois, à Java l'arbre pousse fort bien; à Ceylan, au contraire, cette culture ne réussit pas. La plante prend à peu près partout ici. Dans le cours de mes visites aux plantations j'ai pu admirer des caféières en plein rapport et d'un aspect merveilleux. L'arbre ne produit une bonne récolte qu'au bout de trois à cinq ans.

Le cacao demande de huit à dix ans; la noix a la forme et la dimension d'une petite pastèque; elle contient dans une couche blanche et fibreuse une moyenne de quarante fèves. D'une teinte violacée au moment où on la cueille, par l'action de la chaleur, la fève, séchée artificiellement sous les hangars ou dans les greniers, prend la couleur brun-jaune sous laquelle on la voit dans le commerce.

La ville de Paramaribo m'intéresse beaucoup, autant

par son étendue et par sa disposition espacée que par son cachet, tout à fait différent des villes que j'ai parcourues depuis quatre mois. Plusieurs constructions originales portent l'empreinte de la vieille architecture hollandaise. Sa population est de 28 831 habitants, suivant la dernière statistique, sur un total de 56 873 que

Église de Paramaribo.

contient la colonie. Cayenne n'a que 9 581 habitants, sur 26 839 en tout pour la Guyane française. La Guyane anglaise l'emporte de beaucoup sur ses deux voisines ; elle compte 288 328 âmes, avec une population de 53 716 pour sa capitale Georgetown.

Les vieilles maisons sont très typiques : elles possèdent souvent des perrons en pierre avec des balustrades en fer, et des toitures avec lucarnes comme on en voit dans certaines cités de province de la Hollande. Presque toutes ces maisons sont en bois et revêtues d'une peinture grise ou blanche, ce qui fatigue sensiblement la vue quand un soleil chauffé à blanc les couvre d'une lumière aveuglante.

La fondation de Paramaribo remonte à 1640. A cette époque les Français, chassés de Cayenne, construisirent une forteresse à l'embouchure de la rivière Surinam, à l'endroit où se trouve aujourd'hui le fort Zelandia.

Le palais du gouvernement est le plus beau des colonies de l'Amérique centrale. A gauche une splendide allée plantée de tamariniers y donne accès; à droite une allée de manguiers sert d'entrée à la ville. Devant l'édifice s'étale une grande pelouse, coupée par des sentiers et s'étendant jusqu'au bord de la rivière Surinam, qui baigne la ville. Le dimanche et le mercredi, la musique militaire s'y fait entendre.

Sur la rivière se trouve un cercle avec jardin, où de temps en temps on donne des fêtes. L'hôpital civil et militaire est un vaste établissement qui fait honneur à la colonie.

Les métisses et les mulâtresses de Surinam, même les négresses, sont, avec celles de Saint-Thomas, les plus coquettes des colonies américaines ; malheureusement elles n'arriveront jamais à se débarrasser de l'odeur spéciale qui se dégage de leur corps et qui rappelle celle de l'ail ou du cancrelat écrasé. Elles dépensent tout ce qu'elles gagnent pour leur toilette, et aiment, comme toutes leurs congénères, à se parer de couleurs voyantes. Le besoin de luxe se manifeste en outre chez les femmes de Paramaribo dans la façon dont la robe, en cotonnade le plus souvent, est empesée. Rien de plus curieux que de les voir se promener le dimanche à la musique, simulant un embonpoint fantastique, produit uniquement par la circonférence d'un vêtement boursouflé, raidi par l'empois.

Cette musique réunit la fine fleur des mulâtresses et des métisses de toutes nuances, selon le degré de croisement. Il n'est pas rare d'en rencontrer de fort jolies, ornées de chapeaux à plumes, et balançant coquettement l'éventail dans leur main. Au marché on voit des femmes ayant la tête enveloppée d'un foulard ou d'un madras, où l'amidon n'a pas été non plus épargné. Ce couvre-chef prend alors la dimension d'un monument; c'est bizarre et typique, mais on y cherche en vain la grâce des Bordelaises ou des filles d'Arcachon et de Pau.

Négresse de la Guyane hollandaise.

Un matin, au moment où j'étais en train de rédiger mes notes de voyage, le gouverneur me fait prier de descendre. Je vois une vingtaine de Caraïbes (Galibis) rangés devant le palais, spectacle qui au premier abord ne me paraît pas bien extraordinaire, attendu que ces Indiens circulent souvent dans les rues, et que j'ai eu plusieurs fois déjà l'occasion de les rencontrer aux bords du Maroni et à Mana.

Ces Galibis m'intéressent toutefois quand j'apprends que je me trouve en présence du groupe qui a été exhibé au Jardin d'Acclimatation de Paris.

Dans le nombre il y en a qui excitent un fou rire. Ceux-là reviennent de France avec un complet d'un magasin de confection quelconque, le cou emprisonné dans un faux-col d'où sort une cravate du plus bel écarlate. En général leur odyssée ne leur a pas laissé de bons souvenirs, d'après les explications du cornac qui les accompagne.

Le chef de la colonie pousse l'amabilité jusqu'à vouloir m'accompagner personnellement dans les excursions qu'il a projetées pour moi. Il a invité le commandant du navire de guerre en station à Paramaribo ainsi que plusieurs dames et messieurs pour une visite à la plantation la plus importante du pays. Nous partons de grand matin par le vapeur *Wilhelmina*, et arrivons, en suivant la rivière Surinam, devant la plantation de Marienburg, appartenant à la Société de Commerce d'Amsterdam. Pendant le cours du trajet, nous en avons passé plusieurs autres de moindre intérêt, ainsi que des concessions faites par le gouvernement. Ces concessions sont généralement de 2 hectares, pour lesquelles l'ayant droit paye une redevance de 10 florins par hectare et par an. L'exploitation où nous débarquons occupe une superficie de 548 hectares, et emploie : 700 coulis indiens; 700 hommes libres, presque tous nègres; 100 Javanais et 80 Chinois.

La culture principale consiste en sucre. Le produit de l'exercice écoulé a été de 29 millions de kilogrammes de canne coupée. Pour la campagne de 1892 on comptait sur 35 millions. La canne donne généralement 10 et demi pour 100 de sucre fabriqué. Nous y trouvons

Négresses marchandes de poisson.

également environ 75 000 cacaoyers et 6 000 caféiers Libéria. On se propose, me dit le directeur, de donner beaucoup d'extension à la plantation du café. Un chemin de fer nous transporte partout sur ce vaste domaine, où d'immenses champs de canne s'étendent à perte de vue.

Je visite en détail la fabrique où la canne, pressurée et écrasée par de puissantes machines, rend le jus, qui est converti en sucre à la suite des mêmes procédés que j'ai été à même de suivre dans d'autres colonies.

La Hollande a été tributaire de l'Angleterre depuis l'abolition de l'esclavage pour l'introduction dans sa colonie de Surinam des coulis hindous. Elle enrôle ces travailleurs avec le consentement du gouvernement britannique, et en assume l'entière responsabilité; et, qui plus est, elle doit se porter garante pour les salaires que les planteurs sont tenus de leur payer.

L'engagement se fait pour cinq ans; au bout de ces cinq ans, le travailleur a le droit d'exiger son rapatriement aux frais du gouvernement néerlandais. En cas d'engagement pour une nouvelle période de même durée, ce droit lui reste toujours acquis à l'expiration du second contrat, même du troisième ou du quatrième, s'il se décide à prolonger son séjour dans la colonie.

En règle générale, les colonies anglaises ne renouvellent pas leur contrat avec les coulis indiens. Elles en recrutent de nouveaux, et conservent les anciens comme travailleurs libres (*free labourers*).

Tant dans la Guyane hollandaise que dans la Guyane anglaise, le contrat passé avec les immigrants stipule toutes les conditions auxquelles les deux parties adhèrent. Les heures de travail, la nature et la quantité de la nourriture, l'obligation d'envoyer les enfants aux écoles de l'État, y sont spécifiées de la façon la plus étendue et la plus claire. Le gouvernement anglais maintient dans chacune de ses colonies un agent chargé de la surveillance des intérêts qui sont en cause. A Paramaribo il y a également un agent spécial pour contrôler le service de l'immigration.

Dans la Guyane française on a de même essayé du couli hindou. En 1856, on en amena 800 à Cayenne, et dans l'espace de vingt ans, environ 8 000 y furent transportés. Sur ce nombre total, les documents officiels de 1878 ne constatent la présence que de la moitié; l'autre moitié était morte. D'après le dernier annuaire il se trouve encore 1 818 immigrants, tant hommes que femmes et enfants.

On a voulu démontrer à plusieurs reprises, en se basant sur le chiffre considérable de la mortalité, que le travailleur hindou n'est pas apte à supporter le climat. Le fait que la mortalité ne s'est jamais, à beaucoup près, produite dans les mêmes proportions dans les deux autres Guyanes, dont le climat est absolument le même, prouve suffisamment que ce raisonnement pèche par la base. J'ai la conviction que la qualité des gens recrutés laissait à désirer, et que les Hindous débarqués à Cayenne se composaient pour la plupart d'un rebut, ramassé dans les bas-fonds de Calcutta ou de la côte de Malabar.

Pour obtenir de la race dont il s'agit un travail régulier et assidu, il faut qu'on la traite par la douceur et la persuasion. Arrive-t-il que le directeur d'une plantation ou un employé se montre dur avec eux, les brutalise ou ne fasse pas preuve d'une stricte justice en cas de conflit, la soumission fait place à l'indiscipline, voire même à la révolte. Comme la haine et le désir de vengeance se développent facilement chez eux, on a eu quelquefois à enregistrer des meurtres. C'est ainsi qu'à Surinam on m'a désigné le gérant d'une plantation dont les procédés injustes et arbitraires envers ces gens n'étaient un secret pour personne. Dans ces conditions, plaindra-t-on cet administrateur si, un jour ou l'autre, un attentat se produit, et qu'il tombe victime d'une passion qu'il a provoquée lui-même?

Les bulletins officiels de la Guyane hollandaise constatent la présence dans la colonie, au 31 décembre 1891, de 3 441 hommes, 1 073 femmes et 1 195 enfants hindous, soit un total de 5 709. Dans la Guyane anglaise il s'en trouvait à la même époque, rien que sur les plantations, 15 373, hommes et femmes, avec leurs enfants, sans contrat, et 58 374 comme travailleurs libres (femmes et enfants compris). En dehors de ceux-là il existe quelques milliers d'immigrants hindous dans la colonie, s'occupant d'autres travaux.

De temps en temps on a fait venir autrefois des Chinois à Surinam. Un dernier convoi, qui se composait de deux cents hommes, y est arrivé en 1869. Actuellement le gouvernement chinois ne permet plus l'exportation de ses sujets, sous contrat, pour travail de fabrique ou dans les champs. En conséquence on ne peut s'en procurer qu'en qualité de travailleurs libres. Comme tels ils arrivent périodiquement à Demerara, mais ils se refusent bientôt à travailler dans les champs de canne, quittent les plantations et s'établissent marchands ou boutiquiers.

Le gouvernement de la Guyane anglaise a modifié ses lois pour les coulis établis sur son territoire, et leur a appliqué les mêmes dispositions relatives au mariage, au divorce, au droit de succession, etc., que celles en vigueur dans leur pays. Le gouvernement de Surinam a eu le tort, à mon avis, de ne pas suivre cet exemple, et de continuer à leur appliquer les lois néerlandaises.

La question a été agitée assez souvent dans les Pays-Bas si, oui ou non, une immigration de paysans et de cultivateurs hollandais donnerait des résultats satisfaisants. Quelques-uns prétendent que les Européens ne peuvent suffire au travail fatigant et affaiblissant sous le soleil torride des tropiques; d'autres sont d'avis que dans certaines conditions le blanc peut fournir un contingent utile et appréciable. Ce dernier raisonnement me paraît le plus fondé. Il faudrait, bien entendu, qu'on ne recrutât que des gens parfaitement valides, robustes et habitués aux travaux des champs.

Croirait-on que le labeur de nos moissonneurs par un soleil brûlant de juillet pourrait être accompli par des ouvriers occupés dans les usines, ou des cultivateurs gagnant leur vie par un jardinage facile et peu laborieux? Pourquoi ce paysan musclé de Frise ou de Groningue ne résisterait-il pas au climat, en bornant son travail à quelques heures par jour, à la fraîcheur matinale et vers le moment du soleil couchant?

Dans le cas où l'on exigerait trop de ses forces, en lui imposant un travail de cinq à six heures par jour, qu'on se borne à lui en demander quatre! Ces quatre heures ne pourront porter préjudice à la santé d'un homme robuste et donneront un résultat absolument rémunérateur. Au surplus l'épreuve en a été faite plus d'une fois.

Au mois d'octobre de l'année dernière, une commission a été constituée à Paramaribo pour examiner de nouveau la question. Puisse-t-elle la résoudre dans le sens de l'affirmative; la colonie y gagnera une force vitale d'une valeur incontestable; l'exemple pourra servir de leçon et contribuera à déraciner un des nombreux préjugés qui entravent le développement de mainte colonie.

On vient de faire un essai à Surinam avec des Javanais ; un premier convoi d'une centaine est arrivé il y a deux ou trois ans et travaille sur la plantation que nous visitons. Le directeur m'informe qu'il est très content d'eux, et qu'ayant à choisir entre le Javanais fraîchement débarqué et l'Hindou dans les mêmes conditions, il donnerait la préférence au premier. D'après d'autres renseignements puisés à différentes sources, je crois que le gouvernement hollandais fera bien de favoriser cette immigration javanaise, ne fût-ce que pour ne plus dépendre de l'Angleterre.

Quoi qu'il en soit, au point de vue de la main-d'œuvre dans les trois colonies, je me résume en constatant que dans la Guyane anglaise on se plaint rarement de l'insuffisance du nombre des travailleurs ; dans la Guyane hollandaise, l'immigration de Java sera un bienfait, quoique, en vertu de ses conventions avec l'Angleterre, elle ne doive pas se trouver de si tôt à court. Il est à noter cependant qu'en 1875 l'émigration de l'Inde britannique fut interdite par l'Angleterre. Peu de temps après, cette interdiction étant levée, de nouveaux envois furent introduits dans la colonie. A cette époque un fonds d'immigration fut établi par le gouvernement colonial et voté par les États généraux à la Haye. Ce fonds d'immigration facilite beaucoup l'introduction des émigrants.

Dans la Guyane française, en l'absence de plantations, la pénurie de bras ne se fait pas beaucoup sentir. Mais le jour où l'on comprendra qu'une colonie sans colons et sans cultures n'offre qu'un avantage platonique, ce jour-là qu'on prenne donc exemple sur les deux voisines, auxquelles la mère patrie n'accorde pas un contingent gratuit de quelques milliers de condamnés aux travaux *forcés*!

Ces grandes plantations de Surinam et de Demerara sont de petites villes. A Marienburg, après la visite à la fabrique et aux habitations du personnel européen, je prends grand intérêt à inspecter les cases des travailleurs hindous et javanais. Ces demeures, installées conformément aux habitudes et aux mœurs des occupants, ont un certain cachet de bien-être. Les hommes sont aux champs, les femmes s'occupent du ménage ou préparent le repas, dont le riz forme l'élément principal. Les femmes de l'Inde ont un culte démesuré pour les bracelets, la plupart en argent, qui entourent leurs bras et leurs jambes. Souvent le nez est percé et orné d'une bague ou d'un autre attribut, et des colliers composés de pièces de monnaie pendent jusque sur la poitrine. Les cheveux sont d'un noir de jais, et les grands yeux de même nuance rendraient bien des Parisiennes jalouses. Malheureusement une odeur qu'on ne peut définir, une émanation fade et moisie d'huile rance vous tient à distance ; c'est généralement l'huile de coco dont elles ont la manie de s'enduire la coiffure et le corps.

Les enfants sont à l'école ; nous allons les voir. J'avais entendu dire beaucoup de bien de l'instruction qu'on leur donne et de l'aptitude qu'ils ont pour apprendre. Au risque d'abuser de la patience de mes compagnons d'excursion je me livre à une inspection minutieuse et je parcours d'abord les livres d'écriture.

Il y a là une trentaine de jeunes élèves de cinq à douze ans dans la première école où nous sommes entrés. Aucune écriture mauvaise ou passable même, mais toutes d'une netteté, d'une régularité étonnantes.

Passons à la lecture : deux enfants de cinq ans et un de six, que je désigne au hasard et sans que le maître intervienne, me lisent couramment une page de leurs livres, que j'ouvre. Je demande au précepteur quels sont leurs progrès en arithmétique. « Veuillez en juger par vous-même », est la réponse.

Je pose d'abord quelques questions peu compliquées ; je fais faire des divisions et des multiplications peu difficiles, et je m'étonne de la rapidité et de l'exactitude des calculs. Avisant un joli petit garçon qui me répond avoir sept ans, je lui demande si une division de plusieurs chiffres le mettrait dans l'embarras.

« Pas du tout, monsieur », dit-il en riant.

Je prends un morceau de craie, et trace sur le tableau la division suivante : 96 723 242 / 934.

Le petit bonhomme s'embarque sans crainte, et, pendant que je contrôle son travail, me donne le chiffre très exact de 103 558. Combien d'enfants d'Européens dans nos villes, qui se piquent de progrès et de civilisation, devraient rougir en face du petit Hindou que j'ai devant moi ! Il a bien mérité les sous que je lui glisse dans la main pour acheter une friandise.

Les Anglais et les Hollandais comprennent très bien du reste les avantages que produit l'instruction donnée à ces jeunes enfants. Le plus souvent le père et la mère ne savent ni lire ni écrire, mais leurs rejetons profitent dans une seconde patrie d'une éducation bien comprise et pourront former des auxiliaires de valeur dans le pays où ils feront souche.

En face de la plantation de Marienburg se trouve la station de Frederiksdorp, où réside le commissaire du district. Il y a là également une plantation, exclusivement de cacao, qui donne de beaux bénéfices. Cette exploitation a été vendue à vil prix, il y a quelques années, au moment où le malaise avait atteint ses dernières limites. Après un certain temps, les propriétaires actuels sont arrivés à retirer de la plantation un bénéfice annuel égal à la somme déboursée pour l'achat. Marienburg et Frederiksdorp communiquent avec Paramaribo au moyen du téléphone.

CHAPITRE VIII

Les races de la Guyane. — Encore des écoles. — Les environs de Paramaribo. — Promenades sur les grands fleuves. — Les Frères Moraves. — Évadés de Cayenne. — Excursion au Para. — Villages de nègres. — Les pirogues. — Retour dangereux. — Plantations de cacao. — Les insectes nuisibles. — Nickerie.

Il y a peu de pays qui possèdent une population composée d'éléments aussi variés que l'ensemble des Guyanes. Nous y trouvons, en dehors des nègres de différentes origines, une mosaïque d'habitants venus des coins les plus éloignés du monde, Européens, Chinois, Hindous, Arabes, Annamites, Sénégalais, et le croisement des races a produit même des spécimens qu'il serait difficile de définir. Au point de vue de la race noire et des tribus dont le type s'est conservé intact, la Guyane hollandaise possède l'assortiment le plus curieux à étudier. Les descriptions des différents auteurs sur ces races indigènes ne s'accordent pas entre elles, et l'obscurité qui enveloppe l'origine de chaque peuple sans histoire authentique et sans littérature laissera toujours subsister bien des doutes et bien des lacunes.

Les véritables Indiens ne forment qu'une faible partie de la population. Les principaux, Caraïbes, ou Galibis, comme on les appelle le plus souvent dans la Guyane française, habitent les bois et ont une certaine répugnance à se mêler à la vie des nègres. On les voit quelquefois mener une existence nomade, se fixer pour un certain temps dans un fourré où ils établissent leur camp, ou au bord d'une rivière qui leur fournit le poisson en abondance. A un moment donné, le camp a disparu et la troupe s'est reportée dans une autre partie de la forêt.

Ils dédaignent tout travail manuel et font un usage immodéré de boissons alcooliques, bienfait de la civilisation européenne qui ne tardera pas à contribuer fortement à l'extinction graduelle de la race. Souvent

Femme caraïbe.

ils poussent une pointe sur le territoire français, où j'en ai vu, au Maroni et à Mana, accroupis pendant des heures sur le sable et demandant une pièce de monnaie pour s'acheter du rhum. Physiquement, ils ressemblent aux Peaux-Rouges du Far West, dont ils ont la couleur; parmi les jeunes femmes, j'en ai rencontré de très gracieuses et de vraiment jolies. Les femmes ont la lèvre percée d'une épingle, qu'elles font manœuvrer à droite et à gauche avec la langue. Cette épingle leur sert à extirper les chiques qui souvent viennent se loger dans leurs pieds.

C'est chez eux que le collectionneur a encore quelque chance de trouver des armes ; chez les autres tribus on ne découvre presque jamais rien. Ces armes consistent en tomahawks, sarbacanes et flèches ; les dernières fréquemment empoisonnées au moyen du curare. Les femmes s'occupent à tresser des paniers et des corbeilles et fabriquent des potiches et des gargoulettes.

Les nègres Paramacca se trouvent sur le territoire hollandais du Maroni, au delà du Saut Hermina, les nègres Saramacca sur le haut Surinam, et les Becoes et Moesinga sur la rivière Saramacca. Aux bords de la rivière Coppename il reste un groupe peu considérable de nègres Quinti.

Les Arrowaks sont des Indiens dispersés principalement sur le territoire hollandais ; il y en a quelques-uns dans la Guyane anglaise, mais la colonie française n'en voit presque jamais.

On appelle Indiens Carbougres, ceux qui sont nés de pères nègres et de mères indiennes ; ils forment une tribu établie près d'un affluent de la rivière Coppename. Les Roucouyennes sont des Indiens habitant le haut Lawa ; ils empruntent leur nom au roucou, dont ils se couvrent le corps.

Les Roucouyennes sont les seuls Indiens qui brûlent leurs cadavres ; ils adorent la danse et aiment à se revêtir d'ornements bizarres et de couleurs voyantes.

Pour compléter le catalogue, citons les Oyampis, les Émerillons, les Poligoudoux, et consacrons quelques mots aux nègres Bosch et Bonis.

Les nègres Bosch ou « nègres des bois » (traduction du mot hollandais *Bosch*) sont les descendants d'anciens esclaves qui, après s'être sauvés des plantations, se sont répandus sur différentes parties de la Guyane hollandaise, et ont établi des villages dans l'intérieur des forêts. On les appelle aussi Djoekas en hollandais ou

Nègres Bosch.

Youcas en français, de même qu'Aucas. Ils habitent actuellement le haut Maroni, aux environs du Tapanahoni et du haut Cottica, tout en ayant quelques villages dans la crique Sara. Les Saramacca et les Becoes sont aussi des tribus à classer sous la dénomination générale de nègres des Bois.

Les Bonis, auxquels dans la Guyane française on attribue souvent et par erreur une autre origine, ne sont, en réalité, que des nègres Bosch. Ils descendent, comme eux, d'esclaves évadés des plantations. A la fin du siècle dernier, les Bonis furent placés par le gouvernement hollandais sous la surveillance des Aucas, qui finirent par les réduire en esclavage. Relâchés de la surveillance des Aucas en 1860, ils devinrent des nègres complètement libres; ils ont toujours continué à porter le nom de Bonis, d'après le nom de leur premier chef. Établis sur les rives du Maroni, ils ne faisaient aucune différence entre les autorités des deux pays, choisissant tantôt la rive gauche, tantôt la rive droite, pour y fonder des villages. Ni les Français ni les Hollandais ne s'occupaient d'eux, le pays n'étant qu'un territoire sauvage, à peu près inconnu.

La question de savoir si les Bonis étaient soumis à l'autorité française ou hollandaise n'a été soulevée qu'à l'époque où l'or a été découvert entre le Lawa et le Tapanahoni. A ce moment il y en avait plus sur la rive française, et, probablement en vertu de ce principe, on a prétendu qu'ils devaient être considérés comme sujets français. Dans aucune publication française ancienne on ne parle de nègres Bonis; tous, sans exception, sont désignés sous le nom de nègres Bosch ou nègres Marrons. Léon Rivière écrit en 1866 dans la feuille officielle de la Guyane française : « En dehors de nos possessions il existe encore des peuplades désignées sous le nom générique de nègres Bosch. »

Les vrais Bosch, ceux qu'on appelle ainsi, même sur

la rive française du Maroni, sont supérieurs aux Bonis au point de vue des services qu'ils rendent aux Européens. On ne peut se passer d'eux pour franchir les sauts, en se rendant aux terrains aurifères. Tous les explorateurs qui ont franchi les rapides excessivement dangereux de la Guyane dans les pirogues, faites d'un tronc d'arbre creux, maniées par ces hommes hardis et expérimentés, rendent hommage à l'habileté avec laquelle ils savent vaincre tous les obstacles et à la sûreté de leur coup d'œil.

Le tatouage se pratique, chez eux, par de petites incisions sur l'épiderme, lesquelles, à défaut d'adjonction de couleur, produisent des cicatrices noires d'un effet absolument bizarre ; on dirait de la graine de lin répandue et collée sur le torse, qu'ils montrent généralement tout nu. Leurs cheveux, très courts, sont réunis en tresses semblables à des cornes poussant sur la tête. Je ne parlerai pas de leurs dents : est-il besoin de rappeler que le nègre, qui ne connaît pas nos poudres et pâtes dentifrices, serait en droit de se moquer de nous, qui ne pourrions bien souvent opposer qu'un râtelier bien triste à sa double rangée intacte et immaculée?

Ils se rendent souvent à la capitale, où ils ne peuvent circuler qu'à la condition d'être plus ou moins vêtus. S'ils ne veulent pas rester dans leurs canots, ils peuvent habiter des hangars que le gouvernement a fait construire à leur intention.

C'était le chef des nègres Bosch que j'avais rencontré à Albina et, quelques jours plus tard, à Saint-Laurent. Parti peu après pour Paramaribo, où il avait été appelé par le gouverneur, il semble tout heureux de me revoir. Nous nous adressons des discours, dont réciproquement nous ne comprenons pas le premier mot ; il a le rire facile, et pour me prouver qu'il saisit fort bien les politesses que je lui prodigue dans un langage qui lui est inconnu, il ne cesse de me répéter *Ja, ja* (ce qui veut dire « oui, oui »). Pour faire preuve de son attachement au gouvernement hollandais, il étale un mouchoir aux couleurs nationales. Décidément le Grand Man Oseesi est d'un patriotisme touchant!

Quelques jours après, le gouverneur reçoit successivement le chef des nègres Saramacca, appelé Akroesoe, accompagné de son capitaine, et le chef des nègres Bekoe et Moesinga, qui porte le nom d'Adray Vroomhart; ce dernier est accompagné de son fils. Invité à assister à l'audience, je fais la connaissance de deux personnalités tout à fait différentes; malheureusement, comme avec Oseesi, le charme de la conversation m'échappe, à cause de mon ignorance de la langue indigène.

Akroesoe pousse le patriotisme encore plus loin qu'Oseesi; son pantalon est composé de trois bandes : rouge, blanc et bleu, avec une bande orange au milieu, qui couvre exactement le genou. Adray Vroomhart est en uniforme de général, le tricorne sur la tête et le bâton de chef à la main. Il me fait penser aux généraux d'Haïti!

Après m'être rendu compte de l'instruction donnée aux enfants hindous sur la plantation Marienburg, je désire visiter les écoles de Paramaribo. Il y en a plus d'une douzaine, indépendamment de l'école du soir pour ouvriers et artisans et de celle où l'on enseigne l'agriculture. Le gouverneur veut bien m'accompagner dans deux ou trois, et le lendemain, l'inspecteur des écoles me sert de cicérone dans quelques autres.

Pénétré de la conviction que l'enseignement — surtout dans les colonies — est le point de départ du développement et du progrès, en arrachant à l'oisiveté et à l'ignorance des cerveaux qui peuvent plus tard être si utiles, et contribuer, dans une large mesure, au bienêtre du pays, je ne me contente pas d'une visite sommaire, mais désire m'initier aux détails de l'instruction qu'on donne aux enfants des deux sexes, tant européens que créoles et nègres.

Cette instruction fait le plus grand honneur au gouvernement hollandais. Dans chaque établissement je constate qu'elle est sérieuse, bien comprise et essentiellement pratique pour les enfants de couleur. Les écritures qui passent sous mes yeux sont régulières et belles.

Dans une école de jeunes filles, je m'informe si l'enseignement comprend les langues étrangères. Sur la réponse qu'elles apprennent le français et l'anglais, je demande la permission de passer un examen. Les élèves ouvrent leur livre de français; je prie plusieurs d'entre elles de me lire quelques lignes, et après je leur adresse différentes questions, auxquelles on me répond sans hésiter. Passant à l'anglais, j'obtiens le même résultat satisfaisant.

Dans une école de garçons, je passe un examen de géographie et choisis comme sujet de mes investigations la Suède, la France, les États-Unis et l'Inde anglaise. Les questions assez compliquées que je pose sont toutes résolues avec une exactitude surprenante. Dans une école d'enfants créoles, je choisis l'arithmétique; un enfant de huit ans me fait sur le tableau la division suivante :

$$8172 / 8972\ 136\,572\ 4546.$$

De pareils résultats se passent de commentaires. Involontairement je me rappelais ma visite faite, peu de temps auparavant, dans une autre colonie à une école où le côté pratique de l'instruction m'avait paru faire entièrement défaut. Un négrillon était chargé de copier un thème sur le roi Clovis! N'aurait-il pas mieux valu apprendre à ce moricaud comment on plante des bananes?

Un autre futur électeur, âgé de huit ou neuf ans, copiait sur son ardoise un thème dans lequel il était question de glace et de neige. En demandant à toute la classe réunie ce que c'était que la neige, personne ne put me répondre! L'instituteur, interloqué, se décidait à ce moment-là à le leur expliquer.

A Cayenne et à Mana, j'ai assisté à la distribution des prix dans les écoles. Dans la dernière localité j'ai pu me présenter à cette cérémonie en jaquette, mais à Cayenne l'habit et la cravate blanche étaient de rigueur. L'habit, à 8 heures du matin, pour une fête d'enfants, la plupart noirs, de couleur chocolat ou à nuances indéfinies, me semblait un comble. Dans certaines colonies, le besoin de se vêtir, pour des motifs futiles, d'une manière absolument incompatible avec le climat, d'arborer le chapeau haute forme en plein soleil, atteint les proportions du comique, pour ne pas dire du ridicule.

J'ai vu distribuer, dans ces deux réunions, des monceaux de prix à tous les élèves sans distinction. Il y en avait qui en emportaient des paquets, parfois trop lourds, mais témoignant probablement de leur haute intelligence et de leurs capacités multiples. Un lauréat, qui me rappelait la doctrine de Darwin, obtint un prix d'hygiène : je ne pus apprécier en quoi pouvait bien consister sa supériorité! Il y a des prix de bon vouloir, de gentillesse et d'autres qualités, insaisissables pour mon pauvre cerveau, surmené dans un accoutrement qui me fait horriblement transpirer par 30 degrés de chaleur. Une fillette de sept ans reçoit un prix de morale; je regarde mon voisin, qui me paraît aussi ébahi que moi. Il va sans dire que de longs discours avaient inauguré l'imposante réunion, où le côté politique ne manquait pas d'être effleuré.

Les promenades que je fais avec le gouverneur, tant en voiture qu'à cheval, me font connaître la ville et ses environs. La première, d'une étendue considérable, se compose, en grande partie, plutôt d'allées et de boulevards que de rues proprement dites. Sur le bord de la rivière, une rangée de beaux amandiers protège contre les rayons du soleil; en plusieurs rues, des arbres de belle taille, dont les branches supérieures se recourbent les unes vers les autres, forment un dôme continu de verdure et d'ombrage bienfaisant.

Les grandes routes ne sont guère plus nombreuses ici que dans la Guyane française. Les anciens colons et habitants, habitués de génération en génération à se servir pour leurs transports des grands fleuves et de leurs affluents, n'ont pas suffisamment compris que pour faire fructifier un pays, pour établir des relations fréquentes et des débouchés indispensables, la création de routes est de première nécessité.

Actuellement cette absence d'artères se fait fortement sentir; des terrains étendus restent en friche, faute de communications suffisantes avec la capitale. Les richesses forestières du district de Coppename, pour ne citer qu'un exemple, n'ont jamais été exploitées, par la seule raison qu'une communication avec Paramaribo n'existait pas.

Le gouvernement colonial insiste beaucoup pour la création d'un tramway à vapeur entre la métropole et le district de Saramacca, lequel serait le point de départ, pour toute cette contrée, de progrès incontestables. Les adversaires du projet demandent l'amélioration de la route fluviale, et le Ministère des colonies à la Haye, avant d'accorder les subsides nécessités par les travaux auxquels on se décidera, a envoyé sur les lieux un ingénieur chargé de se prononcer sur la question. Quel que soit le résultat, le district de Saramacca aura dans un avenir prochain une communication plus facile avec la capitale. Qu'on en fasse autant, et le plus vite possible, pour l'intérieur du pays où l'on trouve les placers. Jusqu'aujourd'hui, l'accès aux contrées aurifères est des plus difficiles; il en résulte que l'immigration ne s'y porte pas, qu'aucun commerce ne s'y établit, qu'aucune ville ou village ne s'y fonde. Des routes, et d'autres routes encore : c'est toujours par là qu'il faut commencer; Demerara cependant en a bien donné l'exemple.

C'est par une belle soirée du mois de septembre que nous nous embarquons, le gouverneur, quelques invités et moi, à bord d'un joli petit vapeur qui fait le service des rivières. Il est 10 heures; le ciel, d'un azur profond, est diamanté de tous les feux stellaires; la bise apporte sur ses ailes la fraîcheur de la mer. Nous sommes sept, cinq hommes et deux dames. Les dames nous quittent peu de temps après notre départ; notre bateau stoppe un instant, et elles sont transbordées dans une embarcation que nous traînons à la remorque. Cette embarcation, dont le modèle rappelle celles de la mère patrie du siècle dernier, ressemble comme forme aux gondoles de Venise. Elle est toute en bois, peinte d'un vert clair, et la partie intérieure étant assez spacieuse, nos deux dames pourront s'étendre à leur aise sur les banquettes transformées en lits.

La petite cabine de notre vapeur contient deux banquettes, qui constituent quatre places pour coucher; un des invités se plonge, d'un bond agile, dans son hamac accroché pour la circonstance sur le pont.

A 4 heures du matin, notre steamer s'arrête au beau milieu du fleuve Surinam. Nous sommes arrivés à un endroit où le manque d'eau nous exposerait à un échouement inévitable. Nos cris ont réveillé ces dames, qui apparaissent comme des fées, noyées dans des flots de rayons lunaires. Toute la société se trouve bientôt réunie dans une chaloupe à vapeur, qui a été remorquée pendant le trajet, comme la fameuse gondole, et dont le peu de tirant d'eau nous permet d'atteindre la rive. Nous accostons au clair de la lune, et nous nous engageons dans un petit sentier sous bois qui mène à un cimetière du siècle dernier. L'endroit que nous visitons s'appelle la Savane des Juifs; quelques pieux vermoulus, faisant fonctions de monuments funéraires, attestent la présence de cadavres enterrés là à une époque bien reculée. C'est ici également que commençait autrefois le cordon militaire destiné à empêcher l'évasion des esclaves.

Le spectacle est lugubre, mais imposant; nous pouvons nous figurer que nous sommes dans un théâtre au moment où l'on baisse le gaz.

Au retour, le soleil levant dore la crête des petites hauteurs verdoyantes, tandis que notre sentier à travers la forêt sommeille encore dans un léger brouillard de rosée qui se dissipe au fur et à mesure que nous regagnons la berge de la rivière. Notre chaloupe à vapeur continue sa route et nous conduit à Bergendal, la station la plus éloignée où l'on puisse arriver avec ce moyen de transport. On pourrait à la rigueur continuer encore quelques milles plus loin, mais alors il faudrait bientôt se servir de pirogues de nègres pour pénétrer plus avant dans l'intérieur.

Débarqués à terre vers les 11 heures, le soleil nous envoie des caresses brûlantes. Il ne s'agit pas ici de nous reposer sous le feuillage touffu de la flore tropicale, mais d'escalader une colline de 300 pieds de hauteur, qui nous fera jouir d'un coup d'œil superbe. L'ascension est fatigante sous ce ciel de feu, et j'admire la vaillance de nos dames, qui nous donnent une leçon et prennent hardiment les devants.

Le panorama qui se déroule devant nous, une fois arrivés au sommet, nous dédommage largement de nos efforts. Le vert manteau de la forêt puissante et sans limites se perd dans la chaîne des monts Tumuc-Humac que nous apercevons à l'horizon. Plus près de nous, des mamelons couverts de bouquets de verdure s'échelonnent gracieusement et se reflètent dans l'eau cristalline d'un ruisseau qui serpente à travers le paysage. Après la descente nous traversons une savane conduisant à un petit pont en bois, où commence une très bonne route de 30 kilomètres au bout de laquelle se trouvent des placers de valeur.

Nous ne quittons pas Bergendal sans nous reposer quelques instants à l'école des Hernhutters ou Frères Moraves, secte religieuse protestante qui remonte au xvii° siècle, et qui possède plusieurs écoles dans la colonie. Cette secte a été fondée par le comte de Zinsendorf et est venue s'établir à Surinam il y a cent soixante ans. Elle y a fait beaucoup de bien au point de vue moral et s'est appliquée spécialement à l'instruction des enfants. Les Hernhutters se marient toujours entre eux et sont très attachés les uns aux autres; ils ont une réputation de grande honnêteté.

Après une courte halte dans un village de nègres, nous faisons escale à Phedra, station d'une certaine importance, que le chef de la colonie tient à visiter. J'y prends un bain délicieux, mais j'ai soin de me tenir tout près de la berge, où il n'y a qu'un mètre de profondeur. De cette façon la transparence de l'eau me permettra de reconnaître le fond et de m'apercevoir, le cas échéant, de l'approche du redouté piraï. Nous dînons à bord et regagnons Paramaribo tard dans la soirée.

Un voyage non moins intéressant est combiné pour un autre jour. Nous partons aux premières lueurs de l'aube par le steamer *Nederland,* suivons le Surinam d'abord jusqu'au fort Amsterdam, et bifurquons à droite par la rivière Commewyne, affluent du premier.

Des deux côtés du fleuve j'aperçois de nombreuses plantations de bonne apparence. Notre premier arrêt est à Charlottenburg, plantation autrefois importante, mais abandonnée aujourd'hui. Les Frères Moraves y possèdent un établissement qui n'est pas sans intérêt, et s'occupent de l'instruction des enfants.

Notre seconde étape est la plantation Nieuw Clarenbeek, entreprise qui a coûté 200 000 florins d'exploitation, mais dont le résultat a été des plus onéreux. Vendue pour la somme modique de 12 000 florins, les nouveaux propriétaires s'attendent à un rendement largement rémunérateur.

Une branche du Commewyne s'appelle Cottica ; nous nous engageons dans cette rivière et visitons une concession de 6 hectares en culture, accordée à un couli hindou, ayant terminé son contrat de cinq ans. Je me trouve en présence d'un homme fort intelligent, établi à cet endroit depuis six ans, ayant sous ses ordres une dizaine de travailleurs libres. Il parle couramment le hollandais, et nous montre, en dehors de sa petite bibliothèque, sa collection de timbres-poste. La timbromanie n'a plus de limites, à ce qu'il paraît!

Un peu plus loin, une plantation abandonnée, nommée la Paix, ressemble à un champ après la bataille. Les machines rongées par la rouille se dressent comme de sinistres fantômes au milieu d'un bâtiment en ruines, emprisonné dans la brousse envahissante.

Voici enfin Ephrata, où demeure le commissaire du district; ce fonctionnaire nous fait le plus charmant accueil. Pendant qu'il nous promène sur la station, mon attention est mise en éveil par l'arrivée de deux individus, les menottes aux mains et sous la conduite d'un brigadier de la police. Ils ont pris le chemin du Cottica que j'ai décrit en parlant des évadés du Maroni; le lecteur aura déjà soupçonné que je me trouvais en présence de deux échappés de la colonie voisine. En les interrogeant, j'apprends qu'ils viennent de Saint-Jean et qu'ils ont franchi le Maroni au moyen d'un petit radeau construit dans leurs moments de loisir.

Mes questions ne semblent pas leur plaire beaucoup, attendu qu'il s'en dégage forcément une connaissance suffisante des lieux qu'ils viennent de quitter. Le plus souvent ces évadés s'ingénient à apitoyer les gens, en racontant des choses absurdes, en faisant le récit le plus dramatique de la façon dont ils sont traités et malmenés, et encore en se faisant passer pour des condamnés « politiques », si la supercherie a quelque chance de réussir. Évidemment tout habitant de la Guyane hollandaise n'est pas initié aux détails des établissements pénitentiaires; il n'y a donc rien d'étonnant à ce que les histoires débitées avec force détails touchants excitent quelquefois la compassion. C'est ainsi qu'une de nos dames prêche la miséricorde pour ces pauvres « malheureux ».

Je leur demande leurs noms et leurs numéros matriculaires, et, plus tard, ayant pu vérifier que, si sous ce rapport ils n'avaient pas menti, les réponses données sur leurs antécédents étaient toutes mensongères, j'ai été à même d'édifier les habitants de Surinam, enclins à une pitié assez mal fondée, sur la valeur des fuyards et sur la foi qu'on peut accorder à leurs récits.

Il m'est arrivé à Paramaribo d'entendre soutenir la thèse que le gouvernement français ne demandait pas mieux que de les voir s'échapper, afin d'en être débarrassé. On ne pouvait admettre, en effet, que la surveillance fût insuffisante, au point de leur fournir l'occasion de s'échapper quand bon leur semblait.

Le retour d'Ephrata s'accomplit en ligne directe, et en route le gouverneur combine le voyage sur la rivière Para, projeté pour le surlendemain. Un des invités d'aujourd'hui, fonctionnaire pour le district du Para, fera partie de l'excursion, qui prendra trois jours et qui demande des préparatifs sérieux.

La rivière Para est un affluent du Surinam; elle est assez étroite et peu profonde. Pourra-t-on s'y engager avec une chaloupe à vapeur sans avoir l'ennui d'échouements continuels et des retards qui s'ensuivent?

Il est décidé qu'on risquera l'aventure à la marée haute; nous emportons une grande quantité de provisions et partons après déjeuner. C'est bien l'exploration la plus intéressante et la plus pittoresque que j'aie faite dans la Guyane hollandaise. En nous engageant dans la rivière, nous nous trouvons entourés d'une nature différant entièrement de celle que présentent les bords des grands fleuves. Plus de plantations, de maisons proprement entretenues, plus de courants s'entre-croisant et mettant en mouvement les sables, les matières friables et les détritus charriés par la force des eaux. La nappe sur laquelle glisse notre chaloupe ne tarde pas à devenir claire et limpide ; elle est calme comme un lac, ridée par une brise chaude, chargée des parfums des terres tropicales. Des deux côtés la rangée non interrompue de palétuviers baigne dans la vase molle et se confond avec la ceinture verte de la forêt. En certains endroits, des arbres séculaires, confusément distribués et réunis par des centaines de clématites et de liserons, forment un rideau impénétrable à la chaleur moite et alanguissante dont l'atmosphère est imprégnée. Les rameaux fleuris des abrisseaux aux vives couleurs se mêlent aux pandanus, aux plantes grimpantes, aux lianes, aux fougères arborescentes, au feuillage en forme d'éventail du palmier bâche et à tout un fouillis de végétation parasite. De-ci, de-là, s'élèvent des pinots et des balisiers ; les orchidées tapissent les branches des géants de la forêt, la corolle violette ou jaune d'une belle fleur se montre à travers l'écartement de la masse enchevêtrée.

Tout autour de nous règne le silence le plus profond, interrompu à de rares intervalles par le sifflet d'un oiseau ou les cris d'une bande de macaques s'enfuyant à travers les profondeurs de la sylve. Et, au-dessus de cette végétation mystérieuse, si follement désordonnée, mais si splendide et luxuriante, le ciel ardent étale l'uniformité implacable d'un bleu intense.

Une heure avant le coucher du soleil nous arrivons à Onoribo ; heureusement nous n'avons échoué nulle part. La réception qui nous attend est semblable à celle d'il y a un mois à Mana. Les femmes crient et dansent comme des possédées, les hommes tirent des coups de pistolet et de fusil, en saluant le gouverneur par les gestes les plus enthousiastes, et en l'appelant *papa* ou *massa.* Tous ces noirs sont de vieux esclaves ou leurs descendants. Le propriétaire du terrain où nous sommes débarqués leur loue le sol pour l'abatage des arbres, qui sont sciés en planches sur place avant d'être expédiés à Paramaribo. Ils y font également la culture des bananes et d'autres fruits. Pour l'instruction des enfants il s'y trouve une école; tous ces moricauds parlent hollandais et savent lire et écrire.

Le gouverneur tient beaucoup à ce que les enfants apprennent le hollandais. On a déjà trop longtemps toléré le jargon, dit patois nègre ou nègre anglais, qu'on parle dans la colonie.

Cette langue est un méli-mélo de hollandais, d'anglais et de portugais que tout le monde parle ou comprend à Surinam, même les Chinois et les coulis hindous. Les Européens s'en servent aussi par commodité dans leurs rapports avec leurs domestiques.

Nous passons sous deux arcs de triomphe assez primitifs, mais témoignant de la joie produite par la visite du chef de la colonie. Les femmes étendent devant nos pas des madras bariolés, qu'elles relèvent aussitôt que nous les avons traversés pour les déployer de nouveau tout le long de notre chemin; les hommes marchent à côté de nous en faisant des salamalecs; les enfants prennent les devants en sautillant.

La demeure de l'administrateur nous servira d'hôtel cette nuit; c'est un vieux bâtiment en bois dont le plancher craque sous nos pas, et où les fourmis paraissent avoir fait d'éclatants ravages. Nous faisons honneur au repas qui vient de nous être préparé; l'administrateur et le maître d'école sont nos convives, et manifestent hautement leur satisfaction d'échanger pour quelques heures l'entourage dans lequel ils se trouvent journellement contre la distraction que leur procure notre société.

Après le dîner, toute la bande de femmes fait interruption dans la salle; les hommes et les enfants forment l'arrière-garde, ces derniers armés de clarinettes et de tam-tams. Un bruit assourdissant nous écorche les oreilles, le bal est inévitable; et pour donner plus d'éclat à la fête, un jeune gamin se met à taper avec une planche sur un vieux bidon à pétrole.

Tous les bals de nègres se ressemblent : plus il y a de tapage, plus il y a de bonheur, et si on ne les renvoie pas à un moment donné, ils danseront jusqu'au jour, toujours sur le même air et en reproduisant à l'infini les mêmes contorsions des hanches.

C'est probablement sur l'initiative de l'instituteur que le chant national est entonné. Au dernier couplet, quelques femmes, dégageant à la suite de leur danse effrénée un parfum peu déguisé, soulèvent le gouverneur et le portent en triomphe. Après lui, nous devons tous y passer, quoique nous protestions contre cet excès d'honneur. La foule se retire après s'être arrosé le gosier avec le genièvre qu'on leur a offert. Nous regagnons chacun, non pas notre lit, mais notre hamac, qui a été emporté. Le gouverneur et moi, nous couchons dans la partie supérieure de la maison, espèce de grenier ouvert à tous les vents; les autres invités accrochent leurs hamacs dans la salle du festin, où les émanations des danseurs se perçoivent encore le lendemain à leur réveil. Dans de pareilles excursions il faut passer sur ces petits inconvénients; dans notre chambre d'en haut nous ne sommes pas épargnés non plus. Une bande de chauves-souris décrivent leurs orbes au-dessus de nos têtes.

Le départ se fait avant le lever du soleil; nous avons dû faire notre toilette à la lumière vacillante d'une vieille lanterne. La chaloupe à vapeur avance avec précaution, car dans maint endroit le fond de l'eau est visible. La matinée est superbe et imprime à tout ce qui nous environne cette tonalité fascinante qui forme l'apanage des pays chauds. La rivière se rétrécit, et plus d'une fois nous touchons légèrement la vase ou frôlons un tronc d'arbre couché sur le fond. Continuer avec la chaloupe, ce serait s'exposer à un accident; elle stoppe, et au bord d'une crique on l'attache.

En quittant Onoribo nous avons emporté trois pirogues de nègres, qu'on appelle *coriaals* dans la Guyane hollandaise; elles ont été prises à la remorque, et les indigènes chargés de les pagayer se mettent à les vider au moyen de leurs écopes. Descendre dans ces frêles embarcations, poser le pied juste au milieu, s'asseoir avec toute la précaution exigée par la circonstance, et garder un équilibre permanent, constituent un tour de force que dédaigne le colon expérimenté et dont le nègre, doué de l'agilité du singe, se rit, même dans les fleuves aux courants tumultueux. L'embarquement n'est qu'un jeu pour mes compagnons; moi, en ma qualité de néophyte, je me demande comment il sera possible de conserver l'équilibre indispensable sur l'étroite planchette qui me servira de siège.

La crique dans laquelle nous entrons n'a que peu de profondeur, et quand même, étant bon nageur, je ne risquerai qu'un bain forcé dans le cas où le léger canot, simple tronc d'arbre creux, chavirerait par quelque mouvement involontaire. Nous ne sommes que deux dans notre pirogue, sans compter les deux nègres, qui s'accroupissent l'un sur le devant et l'autre sur le derrière. Au moyen de leurs pagaies, dont le maniement exige une extrême adresse, ils la font glisser sur l'eau avec la rapidité d'une flèche. Je me tiens immobile, avec la rigidité d'un empaillé : rien qu'en éternuant, on risque de faire culbuter l'embarcation.

Encore une nature sauvage et imposante, noyée dans l'immense silence de la solitude ; une véritable débauche de végétation. Ici l'œil est charmé par l'abondance des nénuphars et des fleurs élégantes qui poussent sur les berges, attirant les superbes papillons qui voltigent à fleur d'eau. Nous accostons à une station qui s'appelle Onverwacht ; la réception qu'on nous y fait forme le pendant de celle de la veille.

Le beau sexe de l'endroit est tout aussi enthousiaste qu'à Onoribo ; nous ne marchons que sur des étoffes de cotonnade étendues devant nos pieds, et ne se terminant que devant l'entrée de l'école, qui sert en même temps d'église. La population étant moitié protestante, moitié catholique, les desservants respectifs visitent la localité à jours fixes pour le besoin de leurs cultes. Le terrain est la propriété collective des nègres qui l'habitent et qui coupent le bois dans la forêt, tout en cultivant des légumes et des fruits. Leur nombre est de trois cents environ, hommes, femmes et enfants.

Parmi les femmes en délire qui nous escortent, il y en a une qui attire spécialement l'attention. C'est une vieille négresse dont le dos est couvert d'un énorme foulard portant en gros caractères l'inscription : *Honi zwaki mali pansi*. C'est un cadeau qu'elle a reçu il y a dix ans; mais elle ne peut pas nous donner de renseignements sur le gracieux donateur, pas plus qu'elle n'a jamais compris le sens de ces paroles, qu'elle considère comme un fétiche apposé sur le fichu.

Une promenade de vingt minutes nous mène à Osembo, autre station où l'on s'occupe également de l'abatage des arbres. Les Frères Moraves établis ici nous abreuvent avec un lait délicieux de noix de coco.

Deux autres heures en pirogue, et nous voici rembarqués sur notre chaloupe à vapeur, qui nous conduit à Overtoom, nouvelle exploitation forestière. Toutes ces stations que nous visitons étaient autrefois des centres de prospérité; on y trouvait des plantations où les habitants de Paramaribo allaient chercher la villégiature et le repos pendant la saison sèche.

Après l'abolition de l'esclavage, le manque de bras a converti en brousse et en désert des propriétés jadis florissantes; la déchéance augmente d'année en année. Il n'en est pas moins vrai que mon voyage au Para m'a laissé d'ineffaçables souvenirs et que les beautés des sites me le font considérer comme la plus enchanteresse des excursions à accomplir dans les Guyanes.

La dernière halte, au bout de deux nouvelles heures en coriaal, est Eendracht. Je trouve dans un gourbi de nègres une chaise et m'occupe à rédiger mes notes, tandis que le gouverneur et ses autres invités se dirigent à pied vers le poste Berlijn, où il y a une inspection à faire. Assis dans une anse au bord de la crique; je me laisse aller à cette douce rêverie, où la pensée prend librement ses envolées, où la solitude, au milieu de la flore tropicale, constitue un charme indescriptible.

Mais le soleil est à son déclin et ma montre indique

près de six heures quand mes compagnons reviennent à grands pas. Il nous faut plus de deux heures en pirogue pour regagner la chaloupe! A franchement parler, la traversée ne me sourit guère, mais il n'y a pas à discuter. Nous ne pouvons passer la nuit dans la forêt et nous sommes forcés de nous abandonner à l'expérience de nos nègres. Heureusement que cette race est dotée de véritables yeux de chat, qui perçoivent une ombre, un semblant de clarté, là où le regard inexpérimenté de l'Européen ne plonge que dans le voile impénétrable des ténèbres. D'étoiles, il n'y en a même pas; seul le scintillement des lucioles perce de temps en temps l'implacable obscurité qui nous environne.

De temps en temps un petit choc nous prouve que nous glissons sur des troncs ou des ronces submergés; il y a de quoi avoir la chair de poule! Aucune parole n'est échangée dans les pirogues, qui se suivent à de faibles distances; le clapotement des pagaies dans l'eau est le seul bruit qui interrompe le silence de cette nuit que je n'oublierai de ma vie.

Voilà finalement une faible lueur rouge qui se dessine à l'horizon : c'est notre salut, c'est notre chaloupe à vapeur. Un dernier prodige d'équilibre pour accoster sans chavirer et monter prudemment à bord, où un souper bien mérité nous attend. Le lendemain c'est encore le même moyen de transport que nous devons utiliser pour nous rendre à Republiek, poste militaire sur le Para, et de là aux Quatre-Enfants (Vier Kinderen). Dans cette dernière station, deux curés desservent une église catholique, comprenant une école pour les enfants d'à peu près trois cents nègres établis dans les alentours. « Prospérité », établissement d'indigènes ayant embrassé la religion des Frères Moraves, est notre dernière étape.

Vier Kinderen.

Ils sont là quatre cents, s'occupant de différentes cultures. En regagnant pour la dernière fois notre chaloupe, et en sortant courbaturé de l'affreuse pirogue, je fais le serment de ne plus jamais descendre dans une pareille embarcation.

Notre retour à Paramaribo se fait par le grand fleuve, le Surinam, que nous atteignons en quittant le Para par un petit canal de traverse. Nous en avons encore pour plusieurs heures avant que la ville ne devienne visible.

Les grandes rivières des Guyanes, aux eaux jaunâtres et limoneuses, ont une frappante ressemblance entre elles, comme du reste avec l'Orénoque et l'Amazone. Occupant à leur embouchure une largeur qui varie de 1 à 4 kilomètres, elles sont soumises au flux et au reflux de la marée ; la navigation est généralement subordonnée au niveau de leurs eaux et à la force des courants. L'entrée en mer en est rendue souvent difficile par la boue et les bancs de sable, et demande une connaissance pratique. Ces rivières, alimentées par des centaines d'affluents et de criques, sont navigables jusqu'à 60, même 100 kilomètres de distance dans l'intérieur des terres ; plus loin leur cours, extrêmement sinueux depuis l'embouchure, se rétrécit, et les bas-fonds parsemés de roches, dues à des soulèvements plutoniens, en rendent la navigation impossible pour tout autre bateau que les canots dont se servent les aborigènes. Plus loin encore on arrive aux sauts ou rapides, qui sont le fait d'un étranglement du lit du fleuve.

Dans plusieurs rivières et criques, le niveau varie sensiblement suivant la saison. La quantité d'eau pluviale qui tombe tous les ans dans les Guyanes surpasse celle que reçoivent la majorité des pays tropicaux ; on peut calculer qu'il y pleut au moins la moitié de l'année.

Ces pluies sont encore plus abondantes dans les forêts, et donnent naissance à des marais perpétuels, dont la réputation d'insalubrité s'étend, bien à tort, au pays tout entier.

Parmi les fleuves les plus importants du sol guyanais, qui presque tous prennent leur source dans la chaîne des Tumuc-Humac, citons le Maroni, le Surinam, le Corentyn et l'Essequibo. La première sert de limite aux Guyanes française et hollandaise, et la troisième sépare cette dernière de la Guyane anglaise. Nous trouvons ensuite sur le territoire français la Mana, le Sinnamary, le Kourou, le Mahury, l'Approuague et l'Oyapock, qui sert de limite provisoire du côté du Brésil. Les autres rivières ne sont que d'un intérêt secondaire. En dehors du Surinam et du Commewyne, dont le cours ne forme qu'une seule embouchure avec le premier, nous ne trouvons sur le territoire hollandais que le Cottica, affluent de la dernière, le Saramacca, le Coppename et le Nickerie.

La Guyane anglaise compte, à côté de ses grands cours, le Corentyn et l'Essequibo, deux rivières importantes, le Demerara et le Berbice. Le Cuyuni et le Massaruni, qui confluent avec l'Essequibo, parcourent le territoire contesté entre le Venezuela et la possession britannique. Le Pomeroon, le Canje et le Rupununi sont trois rivières de moindre valeur, bien que la dernière ait une longueur de 220 milles.

A part les sauts, nombreux dans les trois pays, la Guyane anglaise seule possède des cascades ou chutes d'eau. La variété des poissons dans ces différentes rivières n'est pas aussi grande qu'on serait tenté de le supposer. Les pêcheurs étant peu nombreux, il est très possible que l'ichtyologie se trouve privée de la connaissance de plusieurs spécimens, prenant gaiement leurs ébats journaliers, en se moquant de l'ignorance humaine.

Il n'en est pas moins vrai que quelques espèces curieuses méritent l'attention. Nous trouvons d'abord le piraï, dont j'ai expliqué les qualités voraces, le lamantin, espèce de cétacé herbivore qui atteint jusqu'à 6 mètres, le gymnote, de la famille des torpilles, dont les secousses électriques sont des plus violentes, et un poisson tout à fait spécial à la Guyane, qu'on appelle en patois nègre le *kopira* (espèce de silure).

Un naturaliste de Paramaribo a bien voulu me faire cadeau de la tête décharnée de ce poisson original. La partie supérieure de cette tête ressemble à un marin breton, la partie inférieure représente le Christ à la croix. C'est un poisson de mer, qu'on trouve quelquefois par les temps de haute marée dans les grands fleuves jusqu'à peu de distance de leur embouchure. Sa longueur varie généralement de 40 à 80 centimètres.

Le programme de mes excursions sur le territoire hollandais comprend la visite de deux autres plantations. Cette fois-ci c'est encore le vapeur *Wilhelmina* qui est destiné à nous conduire. Pour atteindre le bateau, et à chaque descente, il faut, dans la Guyane hollandaise, faire de 50 à 100 mètres en baleinière; il en est de même dans la colonie française, et souvent le trajet, en raison des courants excessivement forts, n'est pas sans présenter d'inconvénients.

Cependant la main exercée des gens qui manient les avirons ne vous fait jamais manquer l'abordage; vous êtes sûr d'accoster mathématiquement à l'endroit précis où se trouve l'échelle. Et cet exercice savamment calculé se fait ici sans gouvernail; sur le Maroni, où le

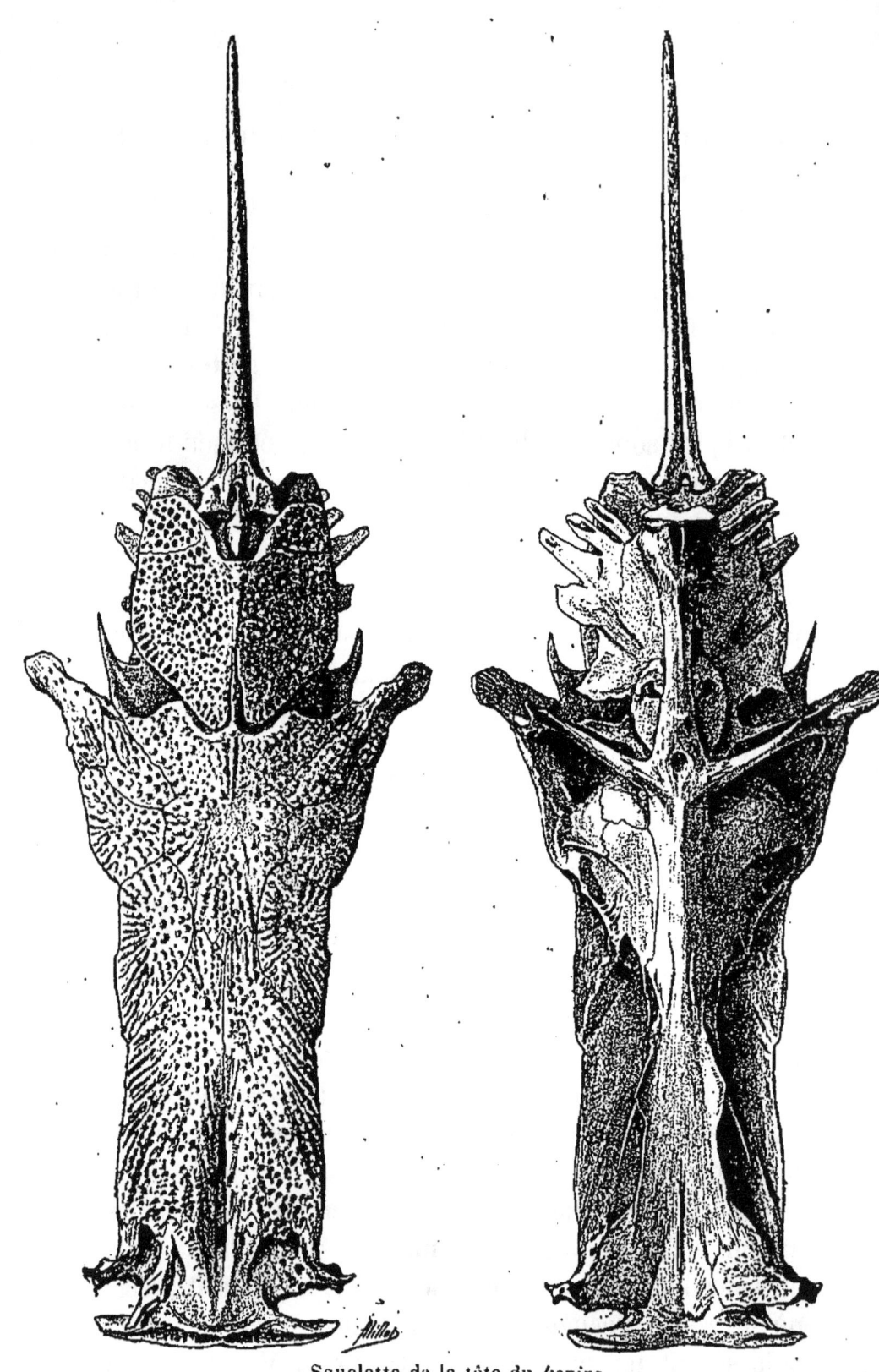

Squelette de la tête du *kopira*.

courant n'est pas aussi violent que sur le Surinam, le gouvernail rend des services; ici la combinaison constituerait plutôt un danger. Dans la Guyane anglaise je trouverai partout des appontements, des jetées ou des estacades, non seulement à tout endroit de débarquement devant la capitale, mais aussi à chaque point d'atterrissement conduisant à une plantation.

Nous visitons d'abord la plantation Geijersvlijt, abandonnée et négligée il n'y a pas longtemps, mais très bien soignée aujourd'hui. On y a produit 40 000 kilos de cacao l'année dernière, et probablement sous peu on ira y planter le café Libéria. Le directeur nous fait les honneurs de son exploitation et appelle notre attention sur le système de drainage, qui ne laisse rien à désirer.

En traversant la rivière nous mouillons devant un poste militaire, que le gouverneur désire inspecter. Deux soldats y occupent leurs loisirs à regarder l'horizon, et un couli indien arrache des orties. Ce sont les seuls êtres humains que j'aperçois; ils doivent s'amuser comme le trio arabe sur le rocher de l'Enfant perdu!

Quelques milles plus loin, nous jetons l'ancre devant la plantation Voorburg, où, après un déjeuner pantagruélique, on nous place dans des canots pour faire le tour des terrains. La culture y consiste uniquement en café Libéria; je n'en ai vu nulle part d'aussi beau que sur cette plantation.

Toutes les fois que je rentrais en ville après m'être promené dans les hautes herbes ou même dans les sentiers où ne poussent que des herbages, des graminées et de l'ivraie, j'étais sûr d'avoir les jambes envahies jusqu'au genou par les piqûres d'un insecte qui pullule partout à la campagne. Au Maroni déjà j'avais fait ample connaissance avec ce visiteur si largement représenté parmi la horde d'insectes qui peuple le pays. On l'appelle *pou d'agouti* à Cayenne et *pedatte* à Surinam ; la bête s'introduit entre cuir et chair et produit une démangeaison intolérable. On ne l'extirpe pas, ce qui du reste serait assez difficile vu sa petitesse et le grand nombre d'individus qui se logent sous l'épiderme : on se frotte la jambe avec du jus de citron, et bientôt le mal est guéri. Il n'est pas rare, en revenant d'une plantation ou d'une promenade à travers champs, de voir toute la société se gratter à l'envi. Le pou d'agouti est entré dans les mœurs pour ainsi dire, personne ne s'en soucie plus qu'il ne faut. Mais il existe dans les Guyanes un autre insecte, qui est bien plus désagréable, et qu'on attrape tout aussi facilement : c'est la chique, espèce de puce pénétrante. Elle se loge également sous la peau, et y dépose ses œufs. Il faut l'extirper au moyen d'une épingle ou d'une aiguille, sinon elle produirait un petit bobo. Les négresses sont très adroites pour vous faire l'opération, mais heureusement la chique ne m'a jamais obligé de recourir à leur savant intermédiaire.

J'ai parlé déjà du grand nombre de moustiques et je n'en finirais pas s'il fallait faire l'énumération de tous les insectes dont on fait la connaissance sous les tropiques, et spécialement en Guyane. Le cancrelat, la fourmi-manioc, le ver macaque, le charançon, le mille-pieds, le scorpion, sont des espèces assez connues ; cependant une espèce de mouche anthropophage (la *Lucilia hominivore*) mérite une description. Cette mouche s'introduit dans l'oreille ou dans les narines et y dépose ses œufs, qui ne tardent pas à éclore. Toutes les larves se développent et amènent une méningo-céphalite, qui détermine presque toujours la mort.

Aux îles du Salut on m'a montré un condamné qui

avait été sauvé par miracle après un long traitement; ce privilégié avait eu une chance sur cent.

Un jour, en visitant l'hôpital de Paramaribo, l'un des médecins me fit assister à un spectacle aussi hideux qu'intéressant, qui me montra, mieux que tous les renseignements recueillis antérieurement, quels épouvantables ravages les piqûres de ces bêtes immondes peuvent exercer.

La veille, on y avait transporté un nègre ramassé mourant aux confins de la forêt. Ce malheureux avait erré pendant dix jours dans les grands bois, où il s'était perdu, vivant de ce qu'il trouvait. Que ce soit la mouche dont je viens de parler, ou d'autres insectes dont les piqûres avaient occasionné l'horrible plaie qui me fit reculer d'horreur, peu importe. Toujours est-il que le pauvre homme avait la moitié de la figure transformée en un trou béant, où grouillaient des centaines de gros vers. Le nez avait entièrement disparu jusqu'à la cavité nasale; la lèvre supérieure n'existait plus; la moitié des deux joues avait été rongée; l'œil gauche manquait dans son orbite; les os étaient à nu.

En arrivant à l'hôpital, le misérable vivait encore et avait pu répondre aux questions qu'on lui avait posées. Le médecin me déclara qu'au moyen d'une pince il lui avait enlevé jusque dans la cavité orbitaire tous les vers qu'il avait pu saisir et que la plaie béante du visage avait été entièrement nettoyée. Le cas était sans espoir cependant; le lendemain matin, le nègre avait rendu le dernier soupir, tout autant envahi par les vers que la veille à son arrivée.

En parcourant les salles, d'une propreté irréprochable, je m'arrête aux lits de trois malades atteints de fièvre et de dysenterie.

Ce sont des évadés du Maroni, qui en ont encore raconté de belles au médecin chargé de les soigner. Deux n'ont commis qu'un seul vol, le troisième en a commis deux. J'aurais bien ri s'ils m'avaient fait le « coup » du délit politique !

Heureusement ils sont en convalescence et pourront supporter dans quelques jours le voyage de retour à Saint-Laurent. Je donne à l'un d'eux quelques journaux français que j'ai reçus par le dernier courrier. Cela les distraira en route; il y a longtemps probablement qu'ils n'ont eu des nouvelles de France.

La vie à Paramaribo est plus sociable qu'à Cayenne; les réceptions, toutes intimes et sans façon, y sont fréquentes. Pendant mon séjour au gouvernement j'eus l'occasion de faire la connaissance de la plupart des familles qui habitent la ville, le gouverneur recevant chaque semaine. Ce qui répond à mes goûts et habitudes sous les tropiques, c'est que le chef de la colonie n'aime pas à se coucher tard; aussi les visiteurs se retirent-ils de bonne heure. Mais en règle générale les familles de Surinam ne sont pas pressées et se couchent à ce que j'appelle une heure indue dans les pays chauds. Il en résulte qu'elles se lèvent tard, non pas suivant la conception européenne, mais pour un climat où, pour profiter de la fraîcheur du matin, en d'autres termes de la partie la plus délicieuse de la journée, il est nécessaire de s'arracher aux bras de Morphée à la première clarté du jour.

Quoi de plus ravissant en effet, dans les pays où, les trois quarts du temps, on se trouve dans la situation d'une côtelette sur une rôtissoire, que de profiter de ces premières heures matinales où la nature, après s'être arrachée au sommeil, se revêt des tons les plus enchanteurs!

Les distractions et les amusements publics sont à peu près nuls. De temps en temps une troupe d'opéra ou un cirque de passage donne quelques représentations, ou bien il y a une fête au club.

Paramaribo possède un modeste théâtre; un soir j'y ai assisté à un concert. Une curiosité de ce bâtiment consiste en ce qu'il est construit à côté d'un cimetière. Comme évidemment toutes les persiennes sont ouvertes, les spectateurs de la galerie où se trouvent les loges partagent leur attention entre les acteurs qui sont en scène et les tombes, qui rappellent souvent de tristes souvenirs. Par un clair de lune surtout, le spectacle, tout original qu'il peut être, manque de charme, et ce voisinage empêche bien des personnes d'y aller.

Je fais mes préparatifs de départ et me dispose à quitter une colonie souvent injustement critiquée en Hollande comme Cayenne l'est en France.

Certes parmi les colonies des Pays-Bas, elle est une des moins prospères, et Surinam est loin de valoir Java. Mais une colonie qui, à la suite de l'abolition de l'esclavage, a périclité dans des proportions notables, qui a vu nombre d'exploitations sucrières tomber en ruines et de riches planteurs quitter le pays, ne se relève pas d'un seul coup des suites d'un acte dicté par l'humanité, mais accompli d'une façon inintelligente. Il y a progrès ces dernières années, les plantations s'accroissent en nombre et tendent à se développer, la confiance semble renaître. Le gouverneur s'occupe de la façon la plus sérieuse des intérêts de la colonie; les autres fonctionnaires y comptent plusieurs années de séjour et connaissent à fond les besoins du pays, comme les détails du service. Tandis que dans la Guyane française nous avons trouvé depuis la moitié de ce siècle le nombre fabuleux de trente-trois gouverneurs, la colonie hollandaise n'en est qu'à son douzième. Comme il n'y a pas de directeur de l'intérieur, on ne peut pas voir, comme à Cayenne, ce poste occupé successivement par trois personnes dans une seule et même année !

Surinam a besoin de routes, maintenant que les placers demandent des communications plus rapides. Les temps ont changé ; le transport fluvial, autrefois suffisant pour les plantations en plein rapport, situées aux bords des grands fleuves, ne peut suffire aujourd'hui pour atteindre les terrains aurifères et pour développer l'intérieur du pays. Le chef de la colonie a réclamé dans son dernier budget un vigoureux coup de main de la mère patrie, et le gouvernement de la Haye a accordé une partie du subside demandé.

Il est fortement à souhaiter que cet appui efficace porte les fruits qu'on en attend, et qu'une immigration bien comprise et savamment combinée supplée au manque de bras dont Surinam n'est pas la seule colonie à souffrir. Un pays aussi fécond a besoin d'être soutenu pour revoir les jours prospères d'un siècle écoulé, pour redevenir un des beaux fleurons de la couronne de Hollande.

Il m'en coûte de quitter la maison hospitalière où j'ai passé un temps aussi agréable. Le gouverneur me conduit à bord du steamer *Curaçao* qui partira à 5 heures du soir. La ville pittoresque de Paramaribo disparaît à mes regards, probablement pour toujours. Le lendemain matin nous mouillons à plusieurs milles de distance d'une côte basse, dont la lorgnette me fait à peine distinguer la silhouette.

C'est devant Coronie que nous avons stoppé. Impossible pour un bateau à vapeur de s'approcher davantage, à cause des bas-fonds. Une goélette nous accoste pour prendre nos passagers et pour nous en donner deux autres. L'un est Français; notre commandant lui demande son billet de passage : il n'en a pas, mais un ami viendra le prendre à Demerara, et payera sa place.

Le capitaine lui refuse l'accès de son bord; il a flairé un client du Maroni! Le touriste, obligé de retourner à terre, se répand en invectives; il écrira au consul de France, pour déposer sa plainte!

Coronie est une commune de 2 300 âmes; elle produit du cacao, du café, des bananes et des cocotiers.

Vers midi nous entrons dans la rivière Nickerie. C'est à l'embouchure que se trouvait autrefois la ville du même nom. La mer, en sapant la côte sablonneuse, et un violent ressac achevant l'œuvre de destruction, il ne reste plus trace aujourd'hui d'une cité jadis florissante. Une seconde ville, bâtie plus loin dans l'intérieur du fleuve, a subi le même sort; j'en aperçois encore quelques vestiges, ainsi que les restes d'un appontement. La troisième ville de Nickerie, que l'envahissement de la mer ne pourra probablement jamais atteindre, est située à quelques milles de distance dans l'intérieur; c'est la capitale d'un district où se trouvent des plantations et des terrains en culture.

En dépit de la forte chaleur je me promène à terre pendant une heure, et je vais ensuite rendre visite au commissaire, qui réunit dans sa personne différentes fonctions. Il est maire, directeur de la poste et chef de la police. Nous partons vers la tombée de la nuit, et le lendemain à mon réveil je me trouve ancré devant la capitale de la Guyane anglaise.

CHAPITRE IX

Demerara. — Le confort de l'Europe. — Les édifices publics. — Le musée. — Mes caïmans. — Le jardin botanique. — Les noirs et les blancs. — Les routes. — Mahaica. — Le climat des trois Guyanes. — Le cocktail. — La vie de famille. — Les congés de fonctionnaires. — Histoire des Guyanes.

Le voyageur qui vient des Guyanes française et hollandaise et qui, en arrivant devant Georgetown, promène ses regards sur le spectacle qui se déroule devant ses yeux, ne peut que constater un contraste frappant.

Il est cinq heures et demie quand je monte sur le pont; le jour commence à poindre, la ville semble encore endormie. Deux puissantes lumières électriques projettent leur clarté sur la ligne des premiers bâtiments de la cité et attendent le coup de six heures pour s'éteindre. Le phare qui se trouve près de l'embouchure de la rivière est encore allumé. Il est à feu tournant et s'élève à 30 mètres de hauteur sur un soubassement de granit. La lumière est visible en mer à une distance de 50 kilomètres.

Des steamers et des voiliers en grand nombre sont dispersés sur le fleuve; la fumée des usines, qu'aucune brise ne disperse, monte lentement vers le ciel.

Nous sommes mouillés devant les premières maisons de la capitale; à quelques encablures derrière nous, le courrier anglais, venu de la Barbade avec la malle d'Europe, a arboré son pavillon postal.

Nous attendons la Santé, qui n'arrivera que vers sept heures, ainsi qu'un officier de la douane, pour visiter nos bagages. Reste à savoir si l'on nous accordera la libre pratique, en présence de l'affolement que les cas de choléra en Europe ont produit dans certains ports des Antilles et de la côte ferme. Les quarantaines constituent une précaution excellente pour les provenances des ports reconnus officiellement comme contaminés, mais je suis d'avis que la façon dont on vient de les appliquer dans l'Amérique centrale pour des navires n'ayant eu aucune communication suspecte et n'ayant aucun cas de maladie à bord, n'a pas de raison d'être.

Voici la chaloupe qui se dirige sur nous, portant le pavillon de la Santé. Le médecin, avant de monter l'échelle, examine les papiers qu'on lui passe; tout est en règle, et le *all right* prononcé veut dire que notre bateau peut avancer jusqu'à son mouillage ordinaire. A peine l'ancre jetée, nous sommes entourés de quelques douzaines d'embarcations, dont les bateliers offrent leurs services aux passagers qui désirent se rendre à terre. C'est le mouvement accoutumé dans presque tous les ports du monde, mais dans les deux autres Guyanes on n'y est pas habitué.

A Paramaribo j'arrivais un dimanche; ce jour-là aucun nègre ne se dérangeait pour débarquer les voyageurs, et c'est grâce à l'obligeance de l'agent de la compagnie, qui m'offrit une place dans son canot, que je pus quitter le *Salvador*. A Cayenne, quand on n'obtient pas le privilège de débarquer dans une chaloupe du port ou dans l'embarcation du bord, on n'a qu'un bien maigre choix entre quelques canots de petite dimension et mal aménagés. Dans les deux villes, l'affaire se complique des exigences du batelier, dont les services ne sont pas tarifés ; ici, aucune contestation à craindre : le tarif est réglé par les autorités compétentes, absolument comme s'il s'agissait d'une course en fiacre.

J'avais déjà interpellé un *boatman*, lorsqu'un jeune homme qui était monté à bord pour chercher un passager, et qui à cet effet s'était adressé au commandant, vint me présenter une lettre à mon adresse. Ce jeune homme était l'employé d'une maison de banque de Georgetown, pour laquelle j'étais porteur d'une lettre de recommandation ; son patron, prévenu de mon arrivée par le bateau *Curaçao*, avait eu l'extrême obligeance de m'envoyer son commis pour me prendre et de m'inviter par sa lettre à descendre chez lui.

Il était donc écrit que dans chaque Guyane je trouverais la même hospitalité et les mêmes prévenances. Bien que sachant qu'à Georgetown il y a un très bon hôtel — le *Tower Hotel* — je n'en apprécie pas moins l'avantage qui résultera pour moi du *home* anglais, dans une famille dont déjà on m'avait vanté l'amabilité.

Une heure après j'étais installé dans une habitation luxueuse, où le confort britannique se manifestait dans les moindres détails. C'est que les Anglais ne sont pas installés dans leurs colonies comme des oiseaux de passage ; ils ne manquent jamais de s'y entourer du bien-être et des commodités de la vie que leur situation peut leur offrir.

M. S..., mon hôte, habite à quelques mètres hors des confins de la ville une maison bordée d'un coquet jardin, sur lequel donnent les croisées de ma chambre. Il part le matin de très bonne heure pour son bureau, et la voiture le ramène pour le déjeuner, qui se fait à dix heures. Après ce repas il se rend à ses affaires, qui l'occupent jusqu'à quatre; à partir de ce moment la journée est consacrée à la vie de famille. Presque tous les négociants de Demerara, ainsi que les fonctionnaires, ont réglé leurs occupations de la même façon; néanmoins il y en a qui déjeunent chez eux avant d'aller vaquer à leurs affaires, et qui prennent leur lunch à l'hôtel ou au cercle.

J'accompagne régulièrement M. S... dans ses allées et venues. Pendant la journée je trouve amplement de quoi satisfaire ma curiosité dans la ville, où il y a bon nombre d'édifices et d'établissements curieux à visiter; après quatre heures, les promenades en voiture me font connaître les parcs, les alentours et les beaux sites du côté de la rivière.

Georgetown, appelé communément Demerara, est situé sur le fleuve de ce nom, une des rivières les plus importantes de la colonie. De grands navires peuvent la remonter jusqu'à 110 ou 140 kilomètres de son embouchure et y prendre un chargement de bois.

Quand on arrive devant la ville, on est tout de suite frappé de l'activité qui doit régner dans ce centre de commerce, même quand on remonte la rivière à une heure matinale, comme c'était mon cas. Partout des magasins et des hangars, des *wharves*, qui permettent aux petits bateaux et aux chalands d'accoster; en quelques endroits même, des steamers débarquent ou chargent leurs marchandises à quai. A Cayenne et à Paramaribo on se demande ce qu'il peut bien y avoir derrière ce quai, ce que peut contenir cette ville qui porte

Georgetown.

le cachet colonial : ici on se croirait arrivé devant un port d'Europe.

En mettant pied à terre, la différence saute également aux yeux. Dans les colonies voisines vous pouvez par hasard vous trouver en face d'un nègre qui fait quelque chose, mais le plus souvent vous en serez réduit à contempler l'oisiveté d'une race trop paresseuse pour travailler et sans souci du lendemain. A Demerara, le spectacle est tout autre : il y a du mouvement sur le quai, dans les rues; les camions, les charrettes, les voitures se succèdent; les cargaisons des navires en rade prennent la route des magasins. Les marchandises à destination d'Europe sont transportées aux différents appontements, et le policeman, bien en forme, veille à l'observation des règlements, absolument comme son collègue de Liverpool ou de Londres.

Voici Water Street, le centre du mouvement commercial; c'est là que se trouvent les principaux bureaux et magasins. D'autres rues, peu distantes de la première, participent à l'animation que présente la ville dans la journée; elles sont larges en général et se coupent à angle droit. L'eau ne manque nulle part; les rues principales sont pourvues de tuyaux, alimentés par le canal Lamaha; un réservoir placé à 40 pieds d'élévation est installé de manière à fournir jour et nuit une quantité considérable d'eau en cas d'incendie.

Un marché, tout en fer, rappelle nos Halles; les églises ne manquent pas, comme en tout pays anglais. Celle dédiée au culte catholique est un bel édifice; l'intérieur est principalement en bois provenant du pays et représenté dans ses plus belles nuances. Les pilastres et le plafond, composés de bois de diverses couleurs, distribués artistement, font un très joli effet. La nouvelle cathédrale protestante est en construction; ce sera un édifice monumental, d'un style imposant et

Cathédrale de Georgetown.

sévère. Bien que les fondations soient en maçonnerie, tout le reste se fait en bois de la Guyane.

Les bureaux du gouvernement sont spacieux, bien aménagés et réunis dans une construction de belle apparence. Le gouverneur a sa résidence en ville, mais il passe une partie de l'année à la campagne.

J'avais visité le musée de Cayenne et celui de Surinam, installations plus que modestes et n'offrant au visiteur désireux de s'instruire qu'une collection péniblement acquise de quelques serpents en bouteilles, d'un boa attaqué par les insectes, d'un singe empaillé, et le reste à l'avenant. A Demerara je trouve un musée qui fait honneur à la colonie, sous la direction éclairée d'un homme de grand mérite, M. Quelch. Tout ce qui a rapport à la flore et à la faune de la Guyane y est représenté; la minéralogie y occupe une place importante; une exposition de photographies et de peintures de l'intérieur du pays donne une idée complète du caractère des paysages, des montagnes, des savanes, des forêts et des rivières.

J'avais été présenté à l'aimable directeur, qui, dans les différentes visites que je fais à l'établissement, veut bien se donner la peine de me renseigner sur les objets qui m'intéressent. La veille de mon départ il me fait cadeau de trois tout petits caïmans vivants, âgés de six semaines, et n'ayant encore que la dimension d'un hareng.

Ces curieux passagers, que j'emporterai avec moi en Europe, sont enfermés dans une grande caisse en bois, aérée par des ouvertures des deux côtés et dans le couvercle; un récipient en métal, consolidé dans le fond, contient de la vase et de l'eau, que je n'aurai qu'à renouveler de temps en temps. Comme nourriture, un morceau de viande fraîche tous les deux ou trois jours suffira pour l'appétit encore peu aiguisé d'un caïman en bas âge. Je n'aurai pas pour le moment à m'inquiéter de la croissance de mes bêtes, car le saurien ne se développe qu'avec une extrême lenteur. Leur société ne pourra commencer à me préoccuper, dans une certaine mesure, qu'au bout de plusieurs années; il sera temps alors de me ressouvenir qu'il existe un Jardin des Plantes, où mes protégés pourront terminer leur éducation.

Hélas! le beau rêve que j'avais fait ne devait pas se réaliser. Tout ce que mes caïmans ont pu admirer dans leur voyage se borne aux Antilles; aucun d'entre eux n'a vu la terre de France. Malgré tous mes soins, ils sont tous les trois passés de vie à trépas entre la Guadeloupe et les Açores, et c'est dans un bocal de cornichons, noyés dans l'alcool, que leur dépouille a passé sous le regard scrutateur d'un préposé de l'octroi à mon retour à Paris.

Le club de Demerara est un local installé suivant les besoins d'un pays tropical, réunissant tout le confort des cercles anglais. On y prend ses repas si l'on veut, et la salle de lecture contient un grand nombre de journaux et de publications illustrées, tant du Royaume-Uni que de l'étranger. C'est l'endroit de la ville où l'on trouve le plus de fraîcheur; une des façades découvre sur toute sa largeur une véranda qui donne sur la rue principale de la capitale, la Main Street. Cette véranda est le rendez-vous quotidien des membres du club non retenus par leurs affaires et avides d'une brise que souvent en vain on chercherait ailleurs.

Comme à Paramaribo, les rues ne méritent pas ce nom; leur disposition ressemble plutôt à celle d'une avenue ou d'un boulevard. Main Street est très large et fort pittoresque; elle est bordée des deux côtés des plus belles maisons de la ville, d'architecture différente et toutes isolées. Tantôt elles sont à deux ou trois étages, gracieusement surmontées d'une coupole ou d'une tourelle, tantôt elles sont à simple rez-de-chaussée, installées dans le sens de la longueur. Dans toutes ces constructions, le côté pratique par rapport au climat a été savamment observé, et les jardins élégants qui entourent chaque habitation constituent un décor du plus ravissant aspect.

Des deux côtés de l'avenue, une route large et bien entretenue donne accès aux maisons; dans le centre, une tranchée bordée de verdure sert à accaparer la masse d'eau qui tombe du ciel pendant les longues périodes de pluie, et empêche les routes de se transformer en cloaques. Le système de drainage, tant dans la ville que dans les campagnes, est du reste excellent et donne à la Guyane anglaise une grande supériorité sur ses voisines.

Le jardin botanique est tout simplement un chef-d'œuvre. Tracé en parallélogramme, il occupe une superficie de 65 hectares. La partie réservée particulièrement aux fleurs se trouve du côté de la ville, et comprend une étendue de 15 hectares. La grille par laquelle on entre donne accès à une avenue très large, avec laquelle correspondent un grand nombre d'allées, permettant aux piétons comme aux voitures de circuler dans tous les sens. Le côté gauche du jardin contient plusieurs lacs, communiquant entre eux par de petits conduits et constamment alimentés d'eau de source. Ces lacs sont entourés d'une collection de plantes et d'arbres des plus belles espèces et des genres les plus variés, parmi lesquels abondent les palmiers aux éventails déployés. La surface de l'eau est émaillée par les splendides nénuphars (les *Victoria-Regia*), pour lesquels Demerara a une juste célébrité.

A droite on admire des pelouses, entretenues avec un

Main Street.

soin tout particulier et parsemées de fleurs réunies en gigantesques bouquets. Au rond-point du parc un kiosque abrite deux fois par semaine la musique militaire ; c'est le rendez-vous des promeneurs et des habitants riches, mollement étendus dans leurs équipages. Plus loin une longue avenue, ombragée par des arbres de haute futaie, conduit à l'extrémité du jardin et communique par un petit chemin de traverse avec un champ où le directeur du jardin se livre à la culture comparative de toutes les cannes à sucre du monde.

Ce directeur, M. Jenman, est un homme de haute valeur, habitant la colonie depuis longtemps, versé dans tous les mystères de la botanique et honoré autant par le gouvernement, qui lui accorde toute sa confiance, que par le public de Demerara, qui lui doit une des plus belles promenades qu'il soit possible de trouver. Les serres ne sont pas publiques ; j'ai obtenu cependant la faveur d'en faire le tour sous la conduite de M. Jenman et de voir une superbe collection de fougères et d'orchidées, provenant des Guyanes, du Brésil et d'autres pays d'Amérique. Pour l'entretien de ce parc, une somme de 75 000 francs figure sur le budget de la colonie.

Il n'est pas étonnant que ce jardin botanique jouisse d'une réputation universelle ; tout voyageur qui relâche à Demerara, ne fût-ce que pour quelques heures, en fait le pèlerinage. En partant pour Cayenne trois mois auparavant, j'avais fait comme tout le monde et utilisé les quatre heures pendant lesquelles le bateau restait en rade pour me diriger *linea recta* vers cet Eldorado et en avoir l'avant-goût, en attendant que plus tard un séjour prolongé me fournît l'occasion de l'étudier à mon aise. En débarquant on n'est pas embarrassé pour trouver le chemin qui vous y conduit : le tramway y mène tout droit.

Quel avantage encore que ce moyen de transport peu coûteux, dans un pays où la marche devient pénible sous l'influence de la chaleur! J'ai entendu parler de « projets » de tramway dans les colonies voisines, mais

Hôpital à Georgetown.

je crains bien que la fondation des compagnies et par suite la circulation des voitures ne soient remises aux calendes grecques.

Les fiacres ne manquent pas, et se payent 1 shilling la course. Un règlement de police inflige une amende de 25 à 50 francs à tout cocher exigeant un prix supérieur ou coupable d'une infraction quelconque aux lois fixées par la municipalité. Le stationnement des voitures est réglé comme dans toute ville importante d'Europe.

La maison d'aliénés, l'hôpital colonial, pouvant héberger 500 hommes et 280 femmes, la maison de retraite pour les vieillards et les infirmes, la maison des orphelins, sont des établissements spacieux, d'une propreté irréprochable et confiés à des employés soucieux des intérêts qui sont en cause.

Les écoles, au nombre de 28 rien que pour la capitale, et de 177 pour la colonie entière, sont bien tenues. J'en visite deux, où je constate la valeur de l'instruction, mais où je ne trouve pas, comme à Surinam, des élèves apprenant deux langues étrangères. L'Université (*Queen's College*) ne le cède en rien aux collèges supérieurs de la mère patrie.

Chaque jour je visite quelque édifice public, et il n'en manque pas offrant un intérêt au touriste qui a pour but de comparer de quelle façon trois pays, occupant chacun une partie d'une seule et même terre, comprennent la colonisation, le développement et le progrès de leurs possessions d'outre-mer.

L'hôtel de ville est un bâtiment approprié au climat, tout en bois de couleur foncée et présentant en grand le type d'un chalet norvégien. Dans la salle du premier se donnent quelquefois des concerts.

Le palais de justice est un vaste quadrilatère, surmonté de tourelles, où les avocats haranguent tout comme chez nous, plus essoufflés cependant par les 30 degrés de chaleur sous laquelle leur éloquence se déploie, et par le martyre de l'austère perruque qui menace de les étouffer.

Je passe sous silence le bureau de poste, la caisse d'épargne et d'autres bâtiments d'un intérêt secondaire ; le nombre des banques et des compagnies d'assurances répond largement aux besoins de la population, et les magasins de confections, de modes, de librairie et d'objets de luxe n'ont guère besoin de se laisser inspirer par l'étalage de nos cités européennes pour attirer l'acheteur. L'éclairage se fait au gaz et à l'électricité; le

Hôtel de ville de Georgetown

téléphone est répandu à peu près partout, même dans les habitations des principales familles.

Terminons le catalogue des ressources de Georgetown par la mention des terrains adaptés au cricket et au lawn-tennis, et, *last not least,* du champ de courses. Une colonie anglaise sans champ de courses ne serait pas complète; celui-ci date déjà de 1829. Il y a deux réunions par an, en mars et en octobre.

Ce qui me frappe, dès mon arrivée, c'est que partout à Demerara, comme du reste aussi à Surinam, on voit le cheval, non seulement attelé aux équipages et aux fiacres, mais également aux chariots et aux camions.

A Cayenne on ne trouve que des mulets; le cheval ne figure que comme exception, et dans toute la Guyane française on en compte à peine 60 ou 80. Je ne puis que révoquer en doute la thèse soutenue là-bas que le cheval résiste moins bien au climat et rend moins de services que le mulet. On ne partage point cet avis dans les deux autres colonies.

Je lis chaque matin un ou deux journaux à quatre grandes pages, et j'entends les gamins dans la rue débiter leur marchandise d'une voix aussi stridente qu'aux bords de la Tamise. Voilà encore un bienfait dont j'ai été sevré à Cayenne, où le seul journal de la localité et du pays tout entier se publie le samedi de chaque semaine; c'est le *Moniteur de la Guyane française*, journal officiel de la colonie.

A Paramaribo les journaux ne représentent pas un intérêt palpitant; il y en a cinq qui paraissent deux fois par semaine et dont l'abonnement coûte relativement assez cher. Mais enfin, cela constitue une lecture plus que quotidienne, et vous tient au courant de ce qui se passe dans le monde, maintenant que le télégraphe ne connaît plus de frontières. Il sera inutile d'ajouter que ces cinq journaux éprouvent le plus souvent beaucoup de peine à remplir leurs colonnes, et que les rédacteurs doivent s'estimer bien heureux qu'il existe des onguents et des pilules, qui, s'ils ne font pas de miracles, servent toujours à remplir une page d'annonces.

Dans la Guyane anglaise, comme dans toutes les colonies du royaume britannique, la distance qui sépare le blanc du nègre et même du mulâtre est nettement fixée. L'homme de couleur, considéré comme un être inférieur, ne peut aspirer à remplir une fonction officielle de quelque importance, ou être investi d'un pouvoir relevant du gouvernement. Dans les bureaux des négociants il est rare d'en voir occupant une situation en vue, et les familles de pur sang européen ne frayeront pas souvent avec celles dont les veines sont plus ou moins maculées de sang noir.

Dans les colonies hollandaises, le préjugé n'est pas poussé aussi loin, bien qu'il existe une séparation entre les races, et que ce ne soit que rarement qu'on voit un poste important confié à un homme de sang mêlé. Si le cas se présente, c'est que l'occupant réunit dans sa personne des qualités prédominantes, qui l'ont désigné au choix du gouvernement ou de ses représentants.

L'Espagnol surenchérit sur l'Anglais. En visitant la Havane dans un voyage antérieur j'ai pu constater qu'au théâtre l'accès des loges et des galeries, réservées aux blancs, est strictement interdit à la race indigène, et que les places à elle destinées sont désignées par un écriteau spécial. Sur un bateau à vapeur faisant le service de la côte, une pancarte portant l'avertissement « *para personas de color* » empêchait le noir, quelque bellâtre qu'il fût, d'entrer dans le salon, et lui indiquait le devant comme séjour forcé pendant la traversée. Il est arrivé à l'Hôtel d'Angleterre que dans la salle du restaurant tous les dîneurs blancs se levèrent au moment où deux Cubains se mirent à une table pour prendre leur repas.

Dans les colonies françaises, le noir jouit des mêmes privilèges que l'Européen ou le créole. On lui confie les premières fonctions. Je laisse à chacun la liberté d'apprécier l'avantage ou le désavantage résultant de cette mesure administrative.

Les colonies françaises ont leur député à Paris. Ni l'Angleterre ni la Hollande n'ont jamais suivi ce système.

Pour ce qui est des relations commerciales et postales entre les trois Guyanes et l'Europe, la colonie anglaise arrive encore bonne première. Elle a son courrier bi-mensuel de Southampton, le *Royal Mail*, une ligne d'Amsterdam directement pour Surinam et Demerara, expédiant un steamer tous les vingt et un jours, plusieurs bateaux sans date fixe partant des ports du Royaume-Uni, et le bateau français, desservant les trois ports. Il n'est pas rare non plus de voir arriver des steamers venant des États-Unis, et tout récemment une ligne de bateaux a été établie entre Georgetown et le Canada.

La Guyane hollandaise a son courrier direct d'Amsterdam, mentionné ci-dessus, et un bateau de la ligne de la Compagnie générale transatlantique, partant de Saint-Nazaire le 9 de chaque mois.

La Guyane française n'a que ce dernier bateau.

De Cayenne et de Surinam on expédie en outre, une fois par mois, un petit steamer à Demerara pour correspondre avec le bateau du *Royal Mail*, qui a la spécialité d'arriver avec l'exactitude d'un train de chemin de fer. C'est invariablement à la pointe du jour que le panache de fumée se dessine à l'horizon, et que le courrier, parti l'avant-veille de la Barbade, mouille sur rade.

Le trafic par voiliers, qui est peu important pour Cayenne et Surinam, est assez considérable pour la Guyane anglaise. Il y a trente ans, ou même moins, il n'était pas rare de trouver une vingtaine de navires à voiles devant Paramaribo, prenant leur cargaison de sucre pour l'Europe. C'était à l'époque où la colonie était plus florissante qu'aujourd'hui.

Les routes, non seulement dans les environs de Demerara, mais dans toute la colonie, ne laissent rien à désirer. Elles sont très larges, et le système de drainage, scrupuleusement observé partout, prévient l'effondrement dans les saisons de pluie, et l'agglomération de la masse boueuse qui rend les chemins impraticables une grande partie de l'année en plusieurs pays voisins de l'équateur.

J'ai vu plus d'une fois les travaux d'entretien des routes. On réunit en un grand monceau la vase retirée des canaux et on la laisse sécher. Après quoi on y met le feu, et l'on obtient par ce procédé une masse friable qu'on brise à coups de marteau et qui ressemble en quelque sorte au macadam ou autre granit concassé. Les chemins couverts de cette matière résistante se consolident fort bien et résistent aux pluies torrentielles. La longueur totale des différentes routes dans la Guyane anglaise est de 440 kilomètres.

Dans l'intérieur, chaque propriétaire de plantation est tenu d'entretenir les routes qui desservent sa propriété. Le gouvernement tient un contrôle régulier pour que personne ne se dérobe à cette loi aussi formelle que générale. Il me semble que le gouvernement hollandais ferait bien d'imiter ce sage exemple; autour des plantations il m'est arrivé à plusieurs reprises de rencontrer des chemins assez mal entretenus.

Jusqu'à aujourd'hui il n'existe qu'une seule ligne de chemin de fer qui part de Georgetown pour aboutir à Mahaica, distance qu'on met environ une heure à parcourir. De même que dans les autres colonies, le transport se fait généralement par les rivières, et à tout endroit de débarquement il y a un appontement, menant à une route qui est toujours carrossable. Le besoin des voies ferrées ne s'est pas fait sentir d'une manière impérative. Néanmoins il y a des projets à l'étude, et dans un avenir prochain, quand l'exploitation des terrains aurifères exigera des communications plus rapides, le gouvernement saura sans conteste se mettre à la hauteur de sa tâche.

Le train pour Mahaica me fait passer par un paysage ayant beaucoup de ressemblance avec ceux d'Allemagne ou d'Autriche; seule la présence de la végétation tropicale me rappelle à la vérité. Le pays est plat et les pâturages se succèdent, peuplés de troupeaux de bétail de la plus belle apparence. Dès le premier jour de mon arrivée, j'avais pu apprécier la bonne qualité de la viande qu'on mange à Demerara; ce ne sont pas les tristes bœufs du Venezuela ou des bords de l'Orénoque dont on se contenterait ici.

En maint endroit j'aperçois des usines à sucre et de petits villages d'Hindous établis tout autour. Ce pays respire l'activité et le bien-être, et les fossés qui coupent les propriétés assurent partout l'écoulement régulier des eaux. Plus près de Mahaica on trouve des plantations de cocotiers et des jardins maraîchers.

Je passe par sept stations avant d'arriver à la station finale. L'élément européen y est représenté en minorité; c'est plutôt la population nègre qui alimente le trafic. Les localités où le train s'arrête sont de petites villes ou des villages, n'offrant rien de particulier, et quand j'arrive à l'extrémité de la ligne, je me contente d'une courte promenade pour reprendre le train qui me ramènera à mon point de départ.

Seul dans mon wagon, j'avais allumé un cigare. Au bout d'un quart d'heure une négresse, noire comme de l'encre, parfumée d'essence de rose pour masquer probablement le parfum naturel de sa peau, monte dans le compartiment et me lance un regard courroucé. Je lui demande si la fumée la dérange.

« Certainement, est la réponse ; je suis une dame (*I am a lady*), et devant une dame on ne fume pas! »

Je laisse madame Boule-de-Neige dans son compartiment de première, et je vais tranquillement finir mon cigare en seconde. En voilà une qui ferait bien de faire une petite excursion à la Havane!

Une voiture de troisième classe dans laquelle je jette un coup d'œil renferme un panaché de voyageurs, moins à cheval sur l'étiquette. Il n'y a pas de banquettes ; tout le monde est accroupi par terre ; des femmes hindoues fument la pipe, des négresses sucent un bout de canne à sucre, et trois Chinois bavardent à tue-tête.

En dehors du jardin botanique, Georgetown possède un parc ravissant dans le centre de la ville, où les plantes les plus variées des quatre coins du monde se réunissent dans un ensemble vraiment fascinant. L'entretien de ce site délicieux est confié à six gardiens qui ont soin que pas une feuille ne reste dans les sentiers et qui veillent à la bonne tenue des enfants qui y font leur entrée. Pas de jeux bruyants ou de courses effrénées ici : les perturbateurs seraient éconduits sans pitié.

Les pelouses étalent des bouquets de fleurs admirables, rangés avec un goût et une symétrie qui feraient honneur à une résidence royale. Des bancs à profusion, une fontaine avec des gobelets pour boire, et au fond un buffet pour se rafraîchir répondent aux besoins du public.

Je rends visite au gouverneur, le vicomte Gormanston, qui me demande en quoi il peut bien m'être utile. Je me trouve en de si bonnes mains dans la maison hospitalière de M. S..., que je n'ai qu'à remercier le chef de la colonie de sa bienveillance à mon égard.

Le quartier chinois est sale et puant comme tous les centres chinois qu'il m'a été donné de visiter. Une odeur de graisse et de fumée, atmosphère chère aux fils du ciel, vous saisit à la gorge avant même d'être entré dans cette partie de la ville où ils résident. Mais il y règne une grande activité, et dans chaque boutique le va-et-vient ne ralentit pas.

Suivant le dernier recensement, en 1891, le nombre des Chinois établis dans la Guyane anglaise était de 3 714. Dans ce nombre il y en a qui travaillent sur les plantations, mais beaucoup d'entre eux se livrent à un petit commerce tant à Demerara que dans les villages qui forment le complément de chaque exploitation sucrière. Dans les deux autres Guyanes, on trouve également un certain nombre de Chinois, bien qu'inférieur de beaucoup à celui de Demerara. Les statistiques de ces colonies ne me permettent pas de l'indiquer exactement, attendu qu'ils sont compris sous la rubrique collective d'immigrants autres qu'Hindous.

A première vue on serait tenté de croire qu'un tel quartier chinois devrait être un foyer permanent de maladies contagieuses, en première ligne de fièvre jaune, mais les règlements de la police et la surveillance exercée dans un climat où la propagation de toute épidémie deviendrait un fléau pour la population entière savent conserver à Georgetown sa juste réputation de salubrité, comparée à tant de villes des Antilles et de l'Amérique du Sud.

Ce que nous avons dit du climat de Cayenne et de Surinam s'applique également à la Guyane anglaise. Aucune de ces colonies ne peut être appelée malsaine, malgré la forte chaleur qui y règne et l'énorme quantité de pluie qui tombe tous les ans. C'est tout au plus si dans certaines contrées marécageuses ou insuffisamment assainies, telles que Saint-Jean du Maroni, la mortalité atteint un chiffre un peu élevé.

La fièvre jaune, qui fait tant de ravages aux Antilles et au Brésil, attaque quelquefois les Guyanes, mais dans des proportions beaucoup moins importantes. Sa dernière apparition sur le territoire anglais date de 1885, et le nombre des décès n'atteignit que 44 au total; pour l'année suivante, 10 cas de mort furent enregistrés; et pour 1887, 1888 et 1889, un seul cas par an.

Elle se déclara dans la Guyane hollandaise en 1856. Depuis cette époque elle n'y a pas fait son apparition. 878 personnes furent attaquées, sur lesquelles 125 succombèrent.

Depuis 1851, sauf quelques cas isolés, la terrible maladie ne s'est pas non plus déclarée dans la Guyane française. Cette année-là, il y eut un assez grand nombre de décès, mais, les données ne s'accordant pas entre elles, je ne veux pas m'exposer à indiquer un chiffre inexact.

La dysenterie, les fièvres intermittentes et paludéennes, et l'anémie, sont les maladies qui font le plus de victimes; encore faut-il en attribuer fréquemment la cause au manque de précautions que l'on peut reprocher à beaucoup de personnes habitant la zone torride:

Incontestablement tout climat débilitant exige une vie régulière et sobre, et se venge trop souvent de celui dont l'existence ne se conforme pas aux règles de prudence dictées par l'hygiène. Bien plus que dans les régions tempérées, tout excès peut engendrer des infirmités ou des troubles, qui plus tard, et à tort, sont portés sur le compte du climat.

C'est ainsi que la modération dans l'usage de boissons alcooliques s'impose d'une façon péremptoire, et je m'étonne avec raison que la mortalité dans la Guyane anglaise n'atteigne pas un chiffre plus considérable, étant donnée la quantité prodigieuse d'eau-de-vie et de whisky qu'on y consomme.

Qu'un stimulant pris à dose raisonnable fasse du bien plutôt que du mal, je n'en disconviens pas; mais de là au nombre répété d'excitants qu'une gorge britannique absorbe tous les jours sous un soleil brûlant, il y a une enjambée qui mérite réflexion.

A Demerara, le *whisky and soda* vous est offert à toute heure de la journée, partout où vous mettez le pied. Le *cocktail*, baptisé du terme local de *swizzle*, est l'apéritif forcé et réglementaire avant les deux repas. Et franchement il faut être membre de la société de tempérance, ou, pour le moins, doué d'une volonté de fer pour résister à la tentation qui vous est offerte deux fois par jour. Rien n'égale le swzzle de Demerara, qui a déjà passé la frontière et trouve des adeptes à Surinam.

En désire-t-on la recette? La voici : prenez pour chaque personne un petit verre de cognac ou de genièvre (le genièvre est préférable); ajoutez un morceau de sucre, une demi-cuillerée de bitter Angostura (tout autre bitter ne vaut rien pour le mélange) et un morceau de glace pilée, de la grosseur d'un œuf de pigeon. Secouez très fort dans un récipient quelconque bien fermé, de façon que le mélange se couvre de mousse, versez, et vous répéterez l'expérience, après en avoir goûté.

On fait aux États-Unis des cocktails qui ne valent rien. Si, par contre, l'isthme de Panama a laissé de tristes souvenirs, son cocktail passera à la postérité comme celui de Demerara, et tous ceux qui ont passé par le grand Hôtel de Panama se rappelleront le grave personnage — le *barkeeper* — qui du matin au soir désaltère les clients en secouant fiévreusement les deux gobelets ajustés, d'où sort le précieux liquide glacé, couvert d'une mousse veloutée.

Malgré l'usage un peu trop fréquent des boissons fortes que je ne puis m'empêcher de reprocher aux habitants de la terre anglaise, je suis forcé de constater que chez eux on n'entend que rarement des plaintes sur le climat, pas plus que dans la Guyane hollandaise.

Le négociant qui s'y est établi, le planteur qui dirige son exploitation, le fonctionnaire qui occupe l'emploi que le gouvernement lui a confié, ne se plaignent pas de la situation qu'ils occupent. A Cayenne, c'est tout le contraire. Comme il n'y a ni négociants, ni planteurs, en dehors de quelques créoles, l'élément européen, auquel je fais allusion, ne se compose que de fonctionnaires, dont la préoccupation principale est de calculer au départ à quelle époque et sous quel prétexte ils pourront bien demander un congé.

A Demerara et à Surinam la vie de famille existe comme en Europe; on s'entoure du bien-être et du confort que permet la situation pécuniaire; on ne dédaigne pas, à certaines époques, un voyage d'agrément en Angleterre ou en Hollande, mais on *habite* le pays, dans la véritable acception du mot.

A Cayenne le fonctionnaire européen se considère comme un exilé, un méconnu, une victime de sa carrière. Il part avec le projet bien arrêté de revenir le plus vite possible, ne se donne pas la peine de s'installer convenablement, et souvent, étant père de famille, il laisse sa femme et ses enfants en France.

« Bah ! à quoi bon ? me disait un jour un fonctionnaire occupant un poste important. Est-ce que vous croyez que je vais emmener ma femme et ma fille dans un pays comme celui-ci ? »

Il est largement secondé dans son désir de revoir le sol natal par la facilité à obtenir un congé et par l'élasticité des motifs qui lui en donnent le droit. On a le congé de convalescence, celui pour affaires de famille, celui pour affaires personnelles !

Le petit employé, bien entendu, n'entrevoit ces voyages qu'en rêve. S'il se porte malade, le conseil de santé statue sur son cas, et ses « affaires de famille ou personnelles » pourront se traiter par correspondance. Mais l'employé supérieur s'en tire avec peu de difficultés, quoique le décret stipule les conditions suivantes :

« Tout fonctionnaire qui a accompli trois ans de service consécutif dans la colonie a droit à un congé administratif de six mois. » Ces trois ans de service, applicables à une colonie réputée malsaine comme la Guyane, deviennent cinq ans pour une colonie déclarée saine, comme la Nouvelle-Calédonie, la Martinique ou la Guadeloupe.

Le prolongement de ces six mois de congé s'obtient avec une grande facilité.

Le fonctionnaire d'origine créole servant dans la colonie n'a pas droit au congé administratif.

Dans la Guyane hollandaise, le fonctionnaire parti d'Europe pour la colonie à l'âge de trente ans ou au delà peut obtenir un congé d'un an au bout de huit années de service consécutif. Si au moment de son départ il n'avait pas atteint l'âge de trente ans, ce congé ne lui est accordé qu'au bout de douze ans de service. Le congé de convalescence n'est accordé que dans le cas où l'état de maladie a été sérieusement constaté par un conseil de médecins.

L'Angleterre suit un système dont le résultat se rapproche du système hollandais. Elle accorde à chaque fonctionnaire un congé annuel de six semaines, qu'il peut aller passer dans une colonie voisine, à la campagne, où bon lui semble. S'il n'en profite pas, les six semaines sont portées à son crédit, comme dans un compte courant. L'année suivante, par conséquent, il aura le droit de prendre un congé de trois mois ; l'année après, de quatre mois et demi, et ainsi de suite. Au bout de huit à neuf ans, il se trouvera dans la même situation que le fonctionnaire hollandais : le congé sera d'un an.

Ce simple exposé suffira pour démontrer que le Français a un privilège considérable sur ses voisins, qui ne peuvent revoir le sol natal et leurs familles qu'au bout de huit ans de service, tandis que lui, il peut s'embarquer après trois ans de séjour en Guyane. Et dire que les premiers ne s'en portent pas plus mal, et que le gouvernement est bien mieux servi par leur séjour prolongé !

Il existe dans l'Inde anglaise un congé de trois mois, dont les militaires surtout profitent souvent pour faire un tour à Londres. On va de Bombay à la Tamise en vingt et un jours, ce qui fait quarante-deux pour le voyage d'aller et retour; restent quarante-huit à cinquante jours pour embrasser sa famille et aspirer le brouillard.

L'habitant de Demerara se trouve dans le même cas s'il use de son droit au bout de deux ans. L'aller et le retour en Europe ne lui prennent que trente-deux jours ; par conséquent il pourra profiter d'un séjour d'à peu près deux mois au milieu des siens.

En Angleterre on ne badine pas avec les congés de convalescence. Je me rappelle le cas d'un fonctionnaire qui avait pu convaincre le conseil de santé de son état de maladie, après avoir subi deux examens à quelques mois d'intervalle. Le cas ayant paru suspect, une enquête fut ordonnée, qui établit que les médecins avaient été trompés et que l'imposteur se portait comme un charme.

On lui fit parvenir une lettre l'informant qu'il était suspendu de ses fonctions, attendu que le climat l'exposerait, à son retour, à une rechute inévitable!

En comparant la situation pécuniaire faite aux employés du gouvernement dans les trois colonies qui nous occupent, nous arrivons à la conclusion que les fonctionnaires français sont généralement moins rétribués que leurs collègues anglais et hollandais, spécialement ceux qui occupent une position supérieure.

Je ne veux citer que les émoluments des gouverneurs. Le chef de la colonie britannique touche des appointements et des frais de représentation s'élevant à un total de 150 000 francs; le gouverneur de Surinam en a 57 000, et celui de la Guyane française n'est rétribué que de 45 000 francs, s'il a le grade de gouverneur de première classe. Étant gouverneur de seconde classe, il ne touche que 40 000 francs, et le chiffre de 35 000 représente les émoluments d'un gouverneur de troisième classe.

Ces derniers appointements me semblent bien insuffisants, surtout quand le chef de la colonie ne dispose pas d'une fortune personnelle. Le rang qu'il occupe l'oblige à des dépenses auxquelles il doit être difficile de faire face avec des moyens aussi restreints.

La Guyane anglaise appartenait autrefois à la Hollande. Il est facile de s'en apercevoir, même en ignorant l'histoire du pays, par le grand nombre de noms hollandais qui ont été conservés. Les noms français ne manquent pas non plus, la colonie s'étant trouvée, à la fin du siècle dernier, au pouvoir de la France. C'est ainsi que parmi les plantations nous en trouvons plusieurs portant un nom hollandais ou français; il en est de même pour les noms de villages ou de petites villes. Le chemin de fer de Georgetown à Mahaica, dont j'ai parlé, passe d'abord par deux stations qui ont conservé leur dénomination française; une troisième est d'origine hollandaise; les quatre dernières seulement portent des noms anglais.

La législation en vigueur pour affaires civiles est la loi hollandaise, remaniée et modifiée par des ordonnances locales. Quant aux affaires criminelles, la colonie possède une législation basée sur celle du Royaume-Uni.

Dans la Guyane hollandaise nous retrouvons également un certain nombre de plantations dont les fondateurs ont été Français ou Anglais. Les noms n'en ont jamais été changés. A Cayenne le passage de l'étranger se trahit par ce qui reste de quelques vieilles constructions, et celui qui visite l'île Royale (îles du Salut) n'a pas de peine à reconnaître dans certains bâtiments ce cachet spécial qui indique l'architecture hollandaise d'un siècle écoulé.

L'histoire des trois Guyanes est curieuse au point de vue du chassé-croisé qui s'est produit entre les trois nations depuis leur occupation jusqu'à l'époque, relativement peu éloignée, où le pouvoir de chaque nation fut définitivement établi par les traités.

Rappelons succinctement l'origine de ces possessions et les différentes phases par lesquelles elles ont passé.

La Guyane fut découverte par Christophe Colomb en 1498; il aborda sur le delta de l'Orénoque, mais poursuivit son voyage sans se livrer à une exploration sérieuse. Peu de temps après, les navigateurs espagnols d'Ojeda et de la Cosa abordèrent à leur tour sur un point de la côte, mais ne s'y arrêtèrent pas, et dirigèrent leur course vers le nord.

Le véritable honneur de la découverte de cette partie du continent sud-américain revient à Vincent Yanez Pinçon, qui avait accompagné Colomb à son premier voyage. Lui et deux de ses frères, partis d'Europe avec une flottille composée de quatre caravelles, longèrent la côte depuis l'Amazone jusqu'à l'Orénoque, et furent les premiers à en faire connaître quelques détails.

D'autres navigateurs, parmi lesquels Gonzalès Pizarre, frère du conquérant du Pérou, firent relâche dans ce pays fertile que les aborigènes appelaient Ouyana, et à leur retour répandirent sur cette terre les récits les plus fantaisistes.

Cette Guyane était représentée comme un vrai pays de cocagne. Dans l'intérieur se trouvait un lac, appelé Parimé, sur les bords duquel une ville toute bâtie d'or, de perles et de diamants était la demeure du plus fastueux des monarques. Les aventuriers et les utopistes de l'époque se sentirent attirés vers cette plage mystérieuse, et l'histoire conserve le souvenir de mainte expédition organisée dans le but de découvrir cette ville des *Mille et une Nuits,* décorée du nom de Manoa del Dorado. La ville d'or, but de tant de recherches, tenta spécialement les Anglais. Sir Walter Raleigh, Charles Leigh et Robert Harcourt sondèrent les profondeurs de la terre inconnue, mais ils ne furent pas plus heureux que leurs devanciers, tout en rapportant à leurs compatriotes les mêmes bruits, recueillis de la bouche des habitants, au sujet de l'existence de la cité miraculeuse.

La croyance à ce Manoa del Dorado, dont le nom avait fait place en Europe à l'« Eldorado », subsista pendant des années. Faut-il en conclure qu'au XVIe siècle la présence de l'or, en quantité assez abondante pour maintenir la légende, était manifestement connue des Indiens? La supposition est très admissible, même probable. Toujours est-il que la croyance fut entretenue encore longtemps après par l'apparition de pépites que les indigènes venaient échanger contre des produits.

De 1604 à 1652 plusieurs expéditions parties de France débarquèrent dans la partie du territoire qui est aujourd'hui la Guyane française. L'une des premières fut organisée par des marchands de Rouen; une vingtaine de colons s'établirent sur un point de la côte où nous trouvons actuellement Sinnamary. Quelques années plus tard, d'autres immigrants se fixèrent dans l'île de Cayenne, et en 1643 une expédition conduite par le sieur Poncet de Brétigny s'établit près de l'embouchure du Mahury.

C'est ce dernier qui fonda un village à l'emplacement même où maintenant se trouve Cayenne.

Les Hollandais et les Anglais, de leur côté, ne restèrent pas inactifs. Un des premiers, nommé de Vries, partit en 1633 à la tête d'une expédition et aborda à Surinam. Il y trouva une cinquantaine de colons anglais, qui, arrivés trois ans auparavant, s'occupaient de l'abatage du bois et de la culture du tabac. Il continua son voyage jusqu'à Cayenne, y fonda une colonie de trente paysans zélandais, et poussa une pointe jusqu'au Maroni, où il rencontra des Indiens Arrowaks et Caraïbes, qui lui firent le meilleur accueil.

En 1630, cent cinquante familles israélites, sous la conduite de David Nassi, partirent de Livourne pour Cayenne. Ils s'y établirent et y restèrent jusqu'en 1664, époque à laquelle des difficultés survenues entre eux et les colons français les décidèrent à partir pour Surinam, qu'ils trouvèrent dans la possession des Anglais. Ceux-ci les accueillirent très bien. Ils fondèrent une colonie dans le haut Surinam, se firent connaître comme colons laborieux, commencèrent des plantations le long du fleuve, et furent les premiers à entreprendre la culture de la canne à sucre. A l'heure qu'il est, on trouve encore à Paramaribo une famille du nom de Nassi, descendant du chef de l'expédition.

Avant cette époque la culture du roucou, du coton et du tabac existait également déjà dans l'île de Cayenne. Une centaine de mille arbres de chaque espèce y avaient été plantés par les Anglais et les Hollandais, et depuis 1634 on y avait essayé la plantation de la canne à sucre.

Nous arrivons à l'année 1666, où les Anglais, en guerre avec la France et la Hollande, se dirigèrent sur la Guyane. Les Français, écrasés par le nombre de leurs assaillants, se réfugièrent à Surinam, tandis que les

Anglais se livraient à un pillage en règle et dévastaient les habitations et les plantations.

En 1676, après que la colonie française de Cayenne eut été quelque peu reconstituée sous M. de Lézy, envoyé sur les lieux par M. de la Barre, gouverneur des Antilles, une flotte hollandaise composée de douze vaisseaux s'en empara. Six mois après, une flotte française expulsa à son tour les Hollandais.

Alors commence une longue période de tranquillité pour la Guyane française. Plus d'un siècle s'écoule avant qu'une nouvelle prise de possession vienne la troubler. Dans l'intervalle, plusieurs essais de colonisation se préparèrent en France; des compagnies furent fondées pour donner à la colonie l'essor et le développement que la fécondité du sol semblait devoir lui garantir, mais pendant ce long espace de temps la colonie ne présenta aucun accroissement sensible, soit dans ses cultures, soit dans son commerce, soit dans sa population. Toutes les entreprises, généralement mal conçues et mal dirigées, avaient englouti des capitaux considérables et n'avaient produit que des résultats déplorables.

Voyons maintenant ce qui s'était passé entre le Maroni et l'Orénoque.

Vers la fin du xvie siècle, une centaine d'habitants de la Zélande, province de la Hollande, étaient venus atterrir entre la rivière Essequibo et la rivière Pomeroon, c'est-à-dire sur le territoire qui appartient actuellement à l'Angleterre.

Ces colons réussissant dans leurs cultures, et la véracité de leurs rapports sur la prospérité de leurs établissements ayant été constatée par le gouvernement néerlandais, celui-ci leur vint en aide par l'envoi d'un convoi d'esclaves de la côte d'Afrique. En 1657, d'autres immigrants partirent de la Zélande pour les mêmes rives de la Guyane, et bientôt après les villes de Nouvelle-Zélande et Nouveau-Middelbourg furent fondées.

A peu près à la même époque, d'autres immigrants hollandais s'établirent aux bords de la rivière Berbice, et les États Généraux des Pays-Bas accordèrent en 1732 une constitution à Berbice, en 1739 une autre à Demerara. La colonisation de Demerara et d'Essequibo ne s'effectua que lentement : ce n'est qu'en 1745 qu'une colonie vint s'établir sur la rivière Demerara et obtint l'autorisation du gouvernement d'y fonder une plantation.

Cette plantation fut suivie de bien d'autres. Mais c'est dans ce qui est aujourd'hui la Guyane hollandaise que les colons néerlandais travaillaient avec le plus de succès. Les Anglais ne s'étant bornés qu'à quelques cultures insignifiantes, exécutées par de petits nombres isolés d'immigrants, les Hollandais étaient les seuls maîtres du pays représenté actuellement par les deux colonies anglaise et hollandaise.

La culture du café, du cacao, du coton et des bananes réussissait à merveille. En 1745 cinq cents plantations, en majeure partie sur les rives du fleuve Surinam, étaient en plein rapport.

L'histoire des Guyanes n'ayant consisté, comme je l'ai dit plus haut, qu'en prises et reprises de possession continuelles, il semblait à la fin du siècle dernier que la tranquillité dont jouissaient les Guyanes française et hollandaise avait trop longtemps duré.

Pour la dernière, la convoitise du Royaume-Uni faillit mettre un terme à la domination des Pays-Bas. En 1781 l'Angleterre s'empara de toutes leurs possessions, et ce ne fut que deux ans après qu'elles leur furent rendues, pour tomber peu après dans les mains des Français, qui se hâtèrent de construire des forts sur les deux bords de la rivière Demerara.

En 1796 les colonies de Demerara, Essequibo et Berbice sont redevenues possessions anglaises, et se développent à grands pas en ce qui concerne le commerce et l'agriculture. Rendues à la Hollande en 1802 par le traité d'Amiens, la guerre de 1803 changeait une dernière fois l'état des choses. Dans cette année la possession de Demerara, Essequibo et Berbice fut définitivement garantie à l'Angleterre, sous la domination de laquelle elles sont toujours restées depuis. Berbice fut considérée comme colonie séparée jusqu'en 1831, époque à laquelle elle fut unie aux deux autres, et où les trois territoires prirent le nom collectif de Guyane anglaise.

Cayenne végéta tant bien que mal, jusqu'à ce qu'en 1808 une expédition anglo-portugaise vint mouiller devant la ville. Le gouverneur, Victor Hugues, capitula en stipulant que la colonie serait remise, non aux troupes britanniques, mais à celles de leurs alliés. C'est ainsi que la Guyane française tomba entre les mains des Portugais. En 1814 le traité de Paris rendit la colonie à la France.

Ce traité confirma le traité d'Utrecht de 1802, en ce qui concernait la cession à l'Angleterre par la Hollande des trois comtés de Berbice, Demerara et Essequibo.

Voilà donc quatre-vingts ans environ que la France, l'Angleterre et la Hollande exercent leurs droits sur les territoires que les traités leur ont assurés et que la lutte pacifique, en ce qui touche le développement de ces terres éminemment fertiles, a remplacé les longues périodes d'agitation, de prises et de reprises que nous avons retracées sommairement.

A-t-on mis en œuvre durant ce long laps de temps les moyens et l'énergie dont on aurait pu se servir pour tirer de ce sol privilégié les richesses qu'il contient? S'est-on donné la peine de porter la lumière sur les régions immenses qui confinent au Brésil et dont elles sont séparées par la chaîne des Tumuc-Humac? A-t-on profité de cet Eldorado existant réellement, non pas sous la forme de palais en or, incrustés de diamants, mais enseveli sous la couche féconde d'humus ou représenté par des milliers et des milliers d'arbres précieux?

Hélas, non! Une grande partie de ces riches colonies attend encore l'empreinte du premier pas européen; la forêt solitaire et mystérieuse a bien soulevé une partie de son voile devant quelques hardis explorateurs qui se sont aventurés, guidés par l'amour de la science et le désir des découvertes; mais une tâche sérieuse reste à accomplir, dont les gouvernements respectifs devraient saisir l'importance, et que l'initiative privée ferait bien de seconder par tous les moyens en son pouvoir.

CHAPITRE X

L'Essequibo. — Bartica. — Le Massaruni et le Cuyuni. — Le pénitencier. — Les plantations de la Guyane anglaise. — Statistique de productions. — Le *balata*. — Les chercheurs d'or et les placers. — La faune des trois pays. — Les serpents boas. — Berbice. — L'avenir des trois colonies.

Comme j'ai visité plusieurs plantations dans la Guyane hollandaise, je suis curieux de leur comparer des exploitations semblables sur le territoire anglais. A mon départ d'Europe l'obligeance d'un ami, directeur d'une des plus importantes plantations de Demerara, m'avait facilité les moyens de la visiter en détail sous la conduite de son représentant.

M. Ross, qui dirige la propriété, se met gracieusement à ma disposition et m'accompagnera dans l'excursion, qui prendra deux jours. Nous en prendrons deux autres pour remonter la rivière Essequibo (ou Essequebo) et pour visiter la ville de Bartica.

Le départ se fait à 9 heures du matin. Nous ne sommes que quatre passagers de premières sur le bateau qui fait le service du fleuve jusqu'à peu près la limite de sa navigabilité. Mais le devant et le milieu du steamer sont occupés par une macédoine de voyageurs dont les différents types sont curieux à étudier. Ce sont presque tous des gens se rendant aux placers, parlant l'anglais, le portugais et des idiomes dont je n'arrive pas à découvrir l'origine. Les épidermes représentent toutes les couleurs dont une colonie américaine offre journellement le spectacle.

Tel nègre joue de l'accordéon, son instrument favori ; tel autre tire d'une flûte des notes larmoyantes. Les femmes font une sorte de cuisine, dont les émanations nous suffoquent ; les enfants crient à tue-tête. Au milieu de ce méli-mélo, deux individus fument gravement leur pipe, ne disant pas un mot et fixant le ciel. Leurs longs cheveux, couverts d'un énorme chapeau de feutre, retombent sur un veston crasseux ; leurs pantalons effilochés semblent indiquer des années de service. Ils me font l'effet de déclassés, ayant connu des hauts et des bas, et allant, eux aussi, à la recherche d'un Eldorado, pour redorer leur blason.

Pendant une demi-heure le bateau, dont le chargement est à peu près nul, roule comme un possédé en débouchant de la rivière de Demerara et en s'engageant dans la haute mer pour contourner un bas-fond avant d'atteindre l'embouchure de l'Essequibo. Un paquet de mer vient s'abattre sur l'arche de Noé, inonde tous ces passagers de pont et met une sourdine à leur gaieté.

Les berges de la rivière, où nous ne tardons pas à entrer, présentent le même aspect que les fleuves de Surinam : ce sont des terrains alluvionnaires, bordés de palétuviers. Mais bientôt la vue change, la végétation tropicale se montre dans toute son exubérance.

L'Essequibo est le fleuve le plus important de la Guyane anglaise, et se caractérise, comme toutes les rivières des Guyanes, par la multiplicité et l'étendue de ses méandres. Il a environ 1 000 kilomètres de longueur, mais il n'est navigable pour de grands navires que jusqu'à 95 à 130 kilomètres de son estuaire, dont la largeur est de 30 kilomètres. Les îles, grandes et petites, que son cours sinueux a formées, se montent à 365.

Nous en passons plusieurs, parmi lesquelles mon cicérone m'indique le Fort Island. C'est dans cette île que, du temps des Hollandais, les gouverneurs avaient établi leur résidence. J'aperçois encore quelques ruines de l'habitation gouvernementale, ainsi que celles d'un fort, d'une église et des baraques militaires de cette époque. Une autre île s'appelle Hog Island; elle est grande comme la Barbade et contient une population de 200 âmes. Autrefois il s'y trouvait une plantation de sucre, qui est abandonnée aujourd'hui.

Le coup d'œil, changeant à chaque instant par les courbes multiples que décrit notre bateau, est des plus pittoresques. Après une heure de navigation je constate que l'Essequibo se rapproche plutôt, comme aspect, du Maroni que des rivières de Surinam, le Para excepté. La verdure est plus abondante, plus compacte, et laisse deviner derrière ses bandes littorales l'immensité de la forêt et le mystère de l'inconnu.

Voici l'ébauche d'une ville qui apparaît dans le lointain. C'est Bartica, autrefois petit village, où le gouvernement avait autorisé l'Église anglicane à établir une mission. En 1887 on a commencé à bâtir des maisons; aujourd'hui on compte 500 habitants, et la population flottante s'élève souvent à 1500.

Nous sommes ici à 105 kilomètres environ de Demerara, à la jonction de l'Essequibo avec les rivières Massaruni et Cuyuni. C'est un *dégrad*, ou point d'atterrissage. Tout ce qui se rend aux placers ou en revient doit y être transbordé dans des embarcations auxquelles leur forme et leur peu de tirant d'eau permettent d'atteindre les gisements aurifères et de passer les nombreux rapides.

Le gouvernement anglais a fort bien compris l'intérêt que présentait la création d'une ville à cet endroit ; il a résolu avec la promptitude qui lui est propre une question qui chez ses voisins aurait demandé des années de réflexion, de débats, de commissions, pour aboutir probablement à un projet remisé dans un carton quelconque. Un appontement solide nous permet de descendre à quai ; trois agents de police font le service du débarcadère : d'emblée on s'aperçoit qu'il y a de l'ordre ici et que le nègre n'est pas appelé à jouer un rôle prépondérant dans l'administration coloniale. Trois hôtels ont surgi de terre en un rien de temps ; celui où nous descendons me rappelle les hôtels de la Californie et du Far West. Les rues de la ville sont déjà tracées ; les Chinois se sont empressés d'y accourir et d'ouvrir des boutiques, où le saucisson coudoie le chapeau de paille, et les boites de conserves les vêtements complets. Un hôpital d'une installation irréprochable reçoit les mineurs qui reviennent malades des placers. L'église est terminée ; on travaille à la construction de maisons et de magasins.

La bande hétérogène de notre bateau part en grande partie le soir même pour les champs aurifères ; le reste s'embarquera le lendemain dans les longues pirogues que je vois échelonnées sur la plage. Que d'illusions, et quelles déceptions peut-être pour le retour !

Le pénitencier de la Guyane anglaise est installé à Massaruni, sur la rivière du même nom, à peu de distance de Bartica. On s'y rend en une heure avec une bonne embarcation.

Bartica.

Ce pénitencier contient environ trois cents forçats, tous condamnés pour délits graves et se composant d'Européens, comme d'Hindous, de Chinois et de nègres. Ils sont astreints à un travail plus sérieux que dans les établissements que nous avons visités au Maroni. La surveillance, confiée à un nombre suffisant de gardiens, rend l'évasion des plus difficiles. On ne se souvient que d'une seule tentative d'évasion, en 1885, mais l'amateur de l'air libre n'a pu aller bien loin : sorti des rangs et ne s'arrêtant pas à la sommation qui lui fut faite, une balle de revolver le tua net sur place.

Ces forçats sont en cellule tout le temps qu'ils ne travaillent pas. Le vin ou le tafia n'entrent pas dans l'établissement; la seule boisson est l'eau. Pour les insoumis on use de la cravache et du pain sec.

Tout près du bagne se trouve une résidence du gouverneur, placée dans un site ravissant. Le chef de la colonie la préfère à celle de Georgetown et y passe une partie de l'année, surtout dans la saison sèche. Toujours sur le même emplacement, il y a les habitations des fonctionnaires du pénitencier, du directeur et du ministre protestant.

Au départ de Bartica, par le même bateau qui nous y a amenés, une foule tout aussi bigarrée que l'avant-veille assiège les secondes. Ce sont des chercheurs d'or, revenant des placers avec une récolte plus ou moins fructueuse.

Le temps est clair et magnifique; les bords de l'Essequibo apparaissent des deux côtés comme une mer de feuillage, nourri par la puissance de la sève tropicale, tandis que les vaguelettes, poussées par la brise, expirent doucement sur le sable. En différents endroits

M. Ross appelle mon attention sur l'abondance des arbres de haute futaie que cache la ceinture de verdure. L'abatage de ces arbres à riches essences se fait en grand le long du fleuve; trois navires, dont deux trois-mâts, sont mouillés dans l'échancrure d'une petite baie, en attendant leur chargement pour l'Europe.

Les arbres ne sont ni sciés, ni découpés; on les attaque à coups de hache et l'on enlève seulement le sommet et le tronc.

Au fur et à mesure que nous descendons la rivière, j'aperçois des habitations et des bourgades. De temps en temps notre steamer envoie un coup de sifflet; une embarcation se détache du rivage et l'homme qui la monte happe au passage une bouteille que notre commandant jette à la mer. Cette bouteille contient le courrier! Le procédé est pratique et bien anglais. *Time is money*; stopper, ce serait perdre un temps inutile.

Nous arrivons à la station de Tuschen, et nous y débarquons. Un appontement qui a 370 mètres de long nous conduit devant la voiture de mon hôte, envoyée de la plantation pour attendre notre arrivée.

Le chemin par lequel nous passons est loin d'être désert. Les plantations et les villages se succèdent; le pays est peuplé et toutes les routes sont bien entretenues. Tantôt nous longeons une série d'habitations de coulis hindous, tantôt c'est un centre chinois, dont l'église forme la construction la plus importante.

Partout la canne à sucre est revêtue d'un plumet, qui est de bon augure. Nous sommes à la fin de septembre, les pluies ont été abondantes, et la fabrication va commencer. Toutes les fois que, vers l'époque de la maturité de la canne, la pluie fait défaut, le plumet ne s'épanouit pas et la matière oléagineuse qu'il contient est absorbée par la canne elle-même. Le pressurage s'en ressent et le rendement est moindre.

Nous voici arrêtés devant la demeure du directeur, située sur le terrain de la plantation, qui date du temps de l'occupation hollandaise et porte le nom de Cornelia Ida.

Le lendemain matin à la pointe du jour nous montons à cheval pour en faire le tour. L'exploitation occupe une superficie de 545 hectares, dont la moitié environ est cultivée. La récolte annuelle est de 1 200 tonnes de sucre et de 250 barriques de rhum. La main-d'œuvre consiste principalement, comme partout dans la Guyane anglaise, dans l'élément hindou. La plantation en a 82 sous contrat, et 522 comme travailleurs libres : en dehors de ce total de 604 Indiens, 98 Chinois, Portugais et nègres se partagent différents travaux.

Ce que j'admire sur cette plantation, comme sur les autres que j'aurai le temps de visiter dans la colonie, c'est le système parfait de drainage et l'excellent entretien de l'ensemble. Si j'étais arrivé quinze jours plus tard, j'aurais vu les puissantes machines à l'œuvre, mais la coupe de la canne n'aura lieu qu'au commencement d'octobre. Il faut que je borne ma tournée d'inspection aux bâtiments de la fabrication et aux annexes, après avoir visité les champs.

Presque toutes les plantations de Demerara sont installées sur le même plan que celles de Surinam, et se complètent par un village de travailleurs, de petits magasins et une école pour les enfants. La Cornelia Ida cependant n'a pas d'école, mais les enfants reçoivent leur éducation dans une classe qui se trouve à un demi-kilomètre de distance.

Une fois de plus, les rapports qu'on me fait sur les

Hindoùs qu'on emploie me prouvent qu'il serait difficile de trouver de meilleurs travailleurs. A Demerara on est très content d'eux, à la condition de les traiter avec douceur et de tenir compte de certains côtés ombrageux de leur caractère. Aussi je maintiens mon opinion, en ce qui touche Surinam, que les conflits qui se sont produits quelquefois proviennent plutôt du manque de tact des chefs que des mauvaises qualités de la race.

Tout directeur de plantation, du reste, n'est pas un modèle de modération ou de perspicacité. Il y en a plusieurs, tant dans les Antilles et en Guyane que dans les îles de la Sonde, que les administrations feraient bien de changer. La situation de régisseur d'une plantation demande beaucoup d'expérience à différents points de vue; bien à tort on confie souvent ce poste à un membre de sa famille à la recherche d'une position sociale, ou à un protégé quelconque dépourvu de tact et de connaissances pratiques.

Comme domestique, l'Hindou a d'excellentes qualités. J'ai pu m'en convaincre dans l'Inde même, ainsi que dans les colonies américaines où le hasard m'a fait me servir de lui.

Un serviteur de M. Ross excelle dans la fabrication du cocktail, et, supposant à mon réveil que l'eau destinée à mes ablutions ne doit pas être suffisamment froide, il m'apporte un grand bloc de glace pour la rafraîchir. Je dois bien au brave « Kynei » cet épanchement de reconnaissance!

Je retourne à Georgetown par un autre chemin. La voiture me dépose, au bout d'une heure, à une station de la rivière Demerara. En route je passe devant quelques autres villages et je vois trois crocodiles se chauffant paisiblement au soleil. Un bateau-mouche me ramène en ville.

La plantation la plus importante de la colonie est le *Diamond Estate*, situé sur la rive gauche de la rivière Demerara. Son étendue représente le chiffre colossal de 2 234 hectares, dont la moitié est en culture. La récolte annuelle est de 5 500 tonnes de sucre et de 2 450 barriques de rhum.

La main-d'œuvre se compose de 2 944 Hindous et 787 travailleurs nègres, chinois et portugais.

Les quelques détails que je viens de donner sur le Diamond Estate, ainsi que sur la Cornelia Ida, suffiront à démontrer que Demerara l'emporte de beaucoup sur Surinam, par l'étendue et le rendement de ses plantations. Je pourrais en citer plusieurs autres dont la récolte se chiffre par 2 000 à 3 000 tonnes de sucre. A Surinam nous avons trouvé comme maximum de production la plantation Marienburg, avec une récolte de 3 millions à 3 millions et demi de kilos de sucre pour les années 1891 et 1892.

Autrefois les cultures de la Guyane anglaise ne se bornaient pas à la canne à sucre, comme c'est le cas presque exclusivement aujourd'hui. Le coton jouait un grand rôle; en 1827 on en exportait encore 15 000 balles. Graduellement ce chiffre a baissé, et à partir de 1844 l'exportation de ce produit a entièrement cessé. En 1830 nous trouvons une récolte de 5 millions de kilos de café de la meilleure qualité; ce chiffre a également beaucoup baissé depuis.

Les exploitations sucrières étaient au 31 décembre 1891 de 91. La colonie possède en outre un grand nombre de plantations de cacao, de cocotiers et de bananiers. Sur les 50 millions de francs en produits que la Guyane anglaise a exportés en 1891, le sucre seul figure pour 36 millions.

La Guyane hollandaise compte 107 plantations différentes, où l'on cultive principalement le cacao, le café et le sucre. La valeur des produits exportés en 1891 était de 9 millions de francs en nombre rond.

La Guyane française forme un triste contraste avec ses deux voisines. Les quelques plantations, peu importantes, qu'elle possède, n'ont fourni pour la même année 1891 que 52 000 kilos de sucre, 17 000 kilos de café et 26 000 kilos de cacao. Ce rendement est même insuffisant pour les besoins de la colonie ; il n'est pas étonnant en effet que le café qu'on boit à Cayenne vienne de Paris, ainsi que le riz et d'autres denrées coloniales qu'il serait si facile de cultiver.

Comme dernière comparaison, mentionnons que dans la Guyane hollandaise le sucre, le café et le cacao forment les cultures de 9 388 hectares. Pour la Guyane française nous ne trouvons dans les statistiques officielles que 621 hectares en culture pour les mêmes produits, soit à peu près le seizième de Surinam. La différence est beaucoup plus considérable, si l'on compare ces insignifiantes cultures avec celles de la Guyane anglaise, dont le chiffre exact en hectares me manque, mais qui doit en représenter un total de 36 à 40 000.

En faisant le voyage du Maroni, j'ai consacré quelques lignes aux bois précieux que contiennent les Guyanes. A peu d'exceptions près, les mêmes bois se trouvent sur les trois territoires, et tous ils sont d'une qualité dont on pourrait tirer le plus grand parti. Mais, hélas ! ce beau produit du sol semble plutôt destiné à augmenter le volume puissant d'une brousse impénétrable et de forêts, vierges de toute exploitation, qu'à alimenter l'industrie européenne. On a pu admirer à notre dernière exposition la collection de ces bois, richement marbrés et tachetés, à tissu serré, pouvant servir à tout usage de menuiserie ou d'ébénisterie, résistant dans les pays chauds aux attaques des insectes et surpassant en qualité la majorité des espèces dont on se sert chez nous pour meubles de luxe. La Guyane anglaise seule a commencé à en apprécier la valeur et à en faire un article d'exportation d'une certaine importance. Ce que les Guyanes française et hollandaise en exportent n'entre pas en ligne de compte.

Depuis quelques années on s'occupe dans les colonies de Demerara et de Surinam d'un arbre non moins précieux, qui s'appelle le *balata*, et dont la sève forme un produit analogue au caoutchouc. La gomme sécrétée par le balata a la couleur du lait; exposée à l'air, elle prend d'abord une nuance jaune-grisâtre, et se rembrunit graduellement. Sans aucune préparation ou manipulation on l'expédie en Amérique et en Europe; c'est là que se fait la préparation ultérieure.

A Surinam l'exportation de l'article n'a pas encore atteint de bien grandes proportions; on l'exploite le long des rivières Corantyn, Nickerie et Coppename. Néanmoins plusieurs concessions ont été demandées, et l'attention du gouvernement a été appelée sur le profit qu'on commence à en tirer chez les Anglais.

Dans la Guyane anglaise notamment, l'exploitation du balata a pris ces derniers temps de grandes proportions; on a compris l'importance et la valeur de ce produit, destiné à faire une concurrence sérieuse au caoutchouc, tiré jusqu'ici de l'Inde et des îles de la Sonde. Ce qui est nécessaire, c'est que le travail soit bien surveillé, et que des mains inexpérimentées n'exposent pas l'arbre à un dépérissement inévitable. On fait dans l'écorce des entailles peu profondes, en sens oblique et à égale distance. Une entaille transversale, par conséquent quasi perpendiculaire, met en contact le milieu de la coupure supérieure avec celle qui se trouve en dessous. La sève qui se met à couler, à l'état parfaitement liquide, est recueillie dans une calebasse.

La saison qui se prête le mieux à l'opération est la saison sèche; dans les mois de fortes pluies, l'eau, en se mêlant à la gomme, forme nécessairement un mélange, si le travailleur ne prend pas les plus grandes précautions.

Au bout de cinq ans, pour peu que les incisions aient été faites avec prudence, l'arbre a repris une vitalité suffisante pour subir une nouvelle saignée. Dans le cas où une main inhabile aurait fait des entailles trop profondes ou mal disposées, la sécrétion ne se produit plus, ou bien l'arbre meurt.

Le gouvernement a ses inspecteurs pour la récolte du balata; tout terrain concédé est étroitement surveillé. C'est une précaution que feraient bien d'imiter les autorités hollandaises.

Il est plus que probable que l'exportation de l'article suivra une marche ascendante. De 46 000 livres en 1880, elle s'est élevée à un chiffre de 250 000 à 300 000 pour les deux dernières années. La Guyane hollandaise en a exporté environ 100 000 kilogrammes en 1891. Les rapports de fabricants anglais et américains constatent que le caoutchouc fabriqué avec la gomme de la Guyane est supérieur à celui qui vient de la Malaisie ou de l'Inde.

Une grande partie des Guyanes forme encore une

terre inconnue, spécialement le territoire qui appartient aux Pays-Bas; il y a bien des régions où l'Européen n'a jamais pénétré, à cause des difficultés multiples qui en défendent l'accès. Parmi les explorateurs qui ont contribué à lever le voile sur certaines parties inconnues, nous pouvons citer : pour la France, le docteur Crevaux et le voyageur Henri Coudreau; pour l'Angleterre, MM. Schomburgh, Im Thurm et Brown.

C'est ce dernier explorateur qui a découvert, en 1870, une cascade, dépassant en hauteur le Niagara, dans la partie centrale des Guyanes anglaise et vénézuélienne réunies. Cette cascade, produite par la rivière Potaro, tributaire de l'Essequibo, a une hauteur de 250 mètres. Elle tombe d'abord à pic d'une paroi de 226 mètres, continue sa course pendant un court trajet, et vient ensuite se jeter, après une descente de 24 mètres formée par des rochers, dans un jardin de verdure perpétuelle.

Au point de sa chute, la cascade se trouve à 345 mètres au-dessus du niveau de la mer; sa largeur à cet endroit est de 75 à 110 mètres, suivant les saisons.

M. Im Thurm a visité les lieux en 1878 et donne la description la plus enthousiaste de la beauté du paysage qui entoure cette cascade — *the Kaieteur Fall*. Il est probable que d'ici peu les explorations se dirigeront de ce côté, parce que depuis deux ans on connaît l'existence de gisements aurifères sur les bords de la rivière Potaro, qui n'avait été visitée auparavant que par un nombre très restreint d'Européens.

Une autre cascade, dont on dit des merveilles, doit exister dans la petite rivière Ireng; les Indiens lui donnent le nom de *Corona Fall*, mais aucune description écrite n'en a été faite.

La formation géologique des trois colonies est à peu près la même. Du côté de la mer nous trouvons une couche de terre végétale, argileuse et fortifiée par les alluvions. Plus loin, dans l'intérieur des terres, le sol semble se solidifier, et cache sous des roches d'agrégation une base de diorite et de feldspath. Les terres basses s'étendent sur toute la zone du littoral, jusqu'à une distance qui varie de 60 à 80 kilomètres de la côte; elles sont entrecoupées de savanes; puis une immense étendue boisée se prolonge jusqu'aux régions où le pays devient de plus en plus montagneux.

Cette dernière partie, représentée d'abord par des pitons et des mornes de peu d'élévation, se composant de grès, de granit et de gneiss, donne naissance, partout où elle est traversée par des rivières, aux nombreux sauts et rapides dont nous avons eu l'occasion de parler. Les véritables montagnes ne viennent qu'après, et ce n'est que dans la Guyane anglaise que nous trouvons des pics d'une certaine hauteur.

Le plus élevé est le Roraima; il mesure environ 3 000 mètres. M. Im Thurm, qui en a fait l'ascension en 1884, s'extasie sur l'entourage pittoresque de cette montagne, placée dans un décor sauvage de rochers, qui ont les formes les plus fantastiques et les plus invraisemblables. Dans les intervalles des rochers, le voyageur a observé des plateaux de sable jaune, émaillés de ruisseaux et de petits lacs d'une transparence admirable. La végétation tout autour se bornait à quelques arbrisseaux d'une seule et même espèce et à des broussailles de peu de développement; nulle trace de vie animale, rien que la solitude d'un immense désert.

Personne après M. Im Thurm n'a fait l'ascension du Roraima; le champ est ouvert aux alpinistes pour se livrer à une étude plus détaillée de cette curieuse montagne, la seule d'une certaine élévation dont le sommet ait été atteint par un explorateur.

La majorité des montagnes contiennent du fer, qu'on a trouvé en quantité prodigieuse, tant en morceaux spéculaires que sous forme d'hématites, de couleur brune et rouge. Quelques collines sont entièrement composées de matières ferrugineuses, et en plusieurs endroits la surface de la terre en est couverte. Quelquefois les rivières les charrient et en forment un dépôt sablonneux noirâtre.

Nous arrivons à l'or, ce grand point interrogatif pour l'avenir des trois Guyanes. C'est dans la partie française que la première découverte du précieux métal a eu lieu. Un Indien brésilien étant allé chercher, en 1855, de la salsepareille sur les bords de la rivière Arataye, trouva dans le sable une petite pépite et en fit part aux autorités de Cayenne. Le gouverneur prescrivit une exploration officielle du terrain où la présence de l'or avait été constatée, et confia la direction de la mission à M. Couy, commissaire commandant de l'Approuague.

D'autres trouvailles confirmèrent bientôt l'idée que le sol contenait des richesses ne demandant qu'une exploitation bien dirigée. On trouva de l'or sur les bords de la Mana, de l'Approuague, du Sinnamary et ailleurs, et bientôt la Compagnie de Saint-Elie eut en exploitation les plus riches gisements d'alluvions aurifères que l'on eût découverts dans la colonie.

Mais cette fièvre d'or produisit en Guyane les mêmes résultats qu'elle avait produits à des époques antérieures en Californie, en Australie, en Tasmanie. N'est pas chercheur d'or qui veut!

D'aucuns étaient favorisés par le succès, mais beaucoup d'autres avaient épuisé leurs modestes ressources et leurs économies pour ne faire qu'une piètre récolte. Les cultures, qui avaient tant besoin du peu de bras disponibles, furent abandonnées en partie; le commerce s'en ressentit, et le métal enchanteur, s'il fit le bonheur de quelques privilégiés de la fortune, n'apporta à d'autres que le découragement et souvent la ruine. On se demande à juste titre si, au point de vue de la prospérité du pays, la découverte de l'or a été jusqu'à l'heure actuelle un bienfait ou un malheur pour la Guyane française.

Beaucoup de concessions furent accordées par le gouvernement, et des sociétés pour l'exploitation des terrains ne tardèrent pas à se fonder; mais l'entrain qui éclata jadis en Californie et dans les pays australiens ne se manifesta pas à Cayenne. Les aventuriers que ces derniers pays avaient vus affluer sur leur sol semblaient insensibles au miroitement de la richesse; le délire que provoque généralement la découverte d'une pépite ou d'un filon aurifère ne se communiqua que lentement à certains chercheurs sérieux.

Voilà trente-sept ans qu'on a la conviction que le sol guyanais doit contenir des gisements fort riches, et l'exportation pour l'année 1891 n'accuse encore qu'un chiffre de 4 263 451 francs. Au début, les recherches se sont bornées aux gisements alluvionnaires, encaissés dans le fond des vallées et dans les nombreuses criques. Bientôt cependant, sur le plateau Saint-Elie par exemple, on a attaqué la masse rocheuse et creusé des galeries souterraines pour trouver les filons quartzeux qui ne pouvaient manquer d'exister.

C'était le commencement d'une mine, mais à quand le jour où le sol sera perforé et creusé jusqu'à des profondeurs importantes; qu'une main-d'œuvre abondante arrachera aux entrailles de la terre les trésors qu'elle cache dans son sein? Il y a loin encore des mines de la Guyane à celles de la Californie et de l'Australie, dont la profondeur atteint fréquemment de 500 à 1 000 mètres, et même au delà.

Il est incontestable que le sol des Guyanes a été bouleversé à des époques très diverses par des phénomènes géologiques. A côté d'éruptions anciennes, les savants ont reconnu la trace de soulèvements produits par des éruptions relativement récentes, qu'ils attribuent au commencement de l'époque quaternaire.

L'or alluvionnaire des criques conduit le plus souvent aux filons de quartz; les recherches opérées par des personnes expérimentées en ont fréquemment démontré la vérité. Ces graviers aurifères, déplacés dans le courant des siècles, échoués au fond d'un filet d'eau ou retenus par une couche d'humus, ne peuvent provenir en effet que de la décomposition d'un filon à la suite des causes les plus diverses.

Sans aucun doute, à une époque plus ou moins reculée il y a eu des ébranlements du sol, des soulèvements plutoniens qui ont brisé la masse rocheuse et en ont éparpillé des blocs à la surface de la terre. Ces débris se sont désagrégés sous l'influence du soleil, des pluies torrentielles, de la végétation. En s'émiettant, la partie boueuse s'est dissoute dans les eaux, la parcelle d'or est restée déposée dans quelque interstice ou a suivi son chemin, entraînée par le courant.

Ce qui paraît suffisamment démontré, c'est que la partie majeure des Guyanes est sillonnée de filons quartzeux. Ces filons semblent suivre une même direction, parallèlement à la chaîne des Tumuc-Humac, pour

Un placer dans la Guyane anglaise.

les Guyanes française et hollandaise, et se prolonger légèrement jusque sur le territoire anglais. Un ingénieur avec qui j'ai eu le plaisir de me trouver en rapport partageait cet avis et me confirma que le sol tout entier de la colonie française présente les plus grandes analogies avec celui de la colonie hollandaise. Il n'y a, en somme, qu'une large rivière, le Maroni, qui divise le pays en deux. Le territoire anglais, par contre, ressemble plutôt à la Guyane vénézuélienne, et mon interlocuteur ne serait pas étonné si plus tard, quand les exploitations aurifères auront pris plus d'extension, la découverte des gisements dans ces deux pays ne confirmait entièrement ses études sur la conformation du sol.

Des deux côtés du Maroni, la terre est riche en or, et le delta formé par le Lawa et le Tapanahoni — le territoire autrefois contesté, mais accordé depuis au gouvernement des Pays-Bas — contient des placers de grande valeur. Il est à remarquer que la sentence arbitrale du tsar de Russie avait reconnu les droits acquis *bona fide* par les ressortissants français dans les limites du territoire qui avait été en litige. C'est principalement sur la rive gauche du Maroni qu'on avait commencé à trouver des pépites; peu de temps avant mon passage on avait découvert d'importants gisements sur la rive droite.

Dans la Guyane hollandaise, la première découverte eut lieu en 1874; l'année suivante, 52 500 hectares de terrain avaient déjà été donnés en concession. Pas plus que dans la Guyane française, le résultat n'a produit jusqu'ici ce qu'on aurait pu logiquement en attendre. Ici comme là-bas, il y a eu des heureux comme des désappointés, et les recherches ont englouti les économies de pas mal d'utopistes qui croient que dans tout pays où l'on trouve de l'or, le néophyte n'a qu'à se baisser pour le ramasser. La statistique de 1890 n'indique qu'une exportation de 2 750 000 francs.

Depuis quelque temps l'attention s'est portée davan-

Le *sluice*.

tage, à Surinam, sur la recherche et l'exploitation des gisements quartzeux. On vient d'acheter un placer où des machines assez puissantes seront installées pour explorer le sol.

Quelques jours avant mon départ de Paramaribo j'ai pu contempler le plus beau morceau de quartz qu'on ait encore trouvé dans la colonie, et qui venait d'arriver en ville en ligne directe du placer. C'était plutôt un conglomérat, une agrégation de substances diverses où l'or jouait le plus grand rôle, qu'un bloc de quartz proprement dit; suivant une estimation sommaire, on lui attribuait une valeur de 50 000 francs.

Sur le placer dont il s'agit, les recherches opérées depuis quelques années n'avaient pas donné des résultats satisfaisants. Les propriétaires avaient fait étendre les opérations jusqu'aux ravins dépendant des montagnes, et un petit chemin de fer Decauville transportait les terres déblayées jusqu'à la vallée, où on les traitait au moyen du longtom et du sluice.

On entend par *sluice* un canal de lavage par lequel on fait passer la matière, rendue liquide par un courant d'eau. C'est un appareil composé de plusieurs auges, longues de 4 mètres chacune, formées de planches et s'emboîtant les unes dans les autres.

L'appareil est suspendu à des piquets disposés de façon à présenter une inclinaison. Le sable et les parties terreuses, converties en boue liquide, s'écoulent par la grille en fer qui se trouve à l'extrémité du sluice. L'or s'amalgame avec le mercure qu'on a préalablement distribué dans le canal, et est soigneusement retiré de l'appareil avant qu'on y introduise d'autres pelletées de gravier.

Le *longtom* est plus simple que le sluice; il ne se compose que d'une seule auge, dont l'extrémité est munie d'une plaque de métal percée de trous très fins. Le débourbage se fait par un homme ou deux, qui remplissent l'appareil de la terre de la couche aurifère, brisent les conglomérats, rejettent les cailloux, et soumettent ce qui reste à l'action de l'eau, qui entre d'un côté et s'écoule par le côté opposé, disposé en pente et protégé par la grille en métal.

Un procédé plus simple, mais plus primitif en même temps, dont le chercheur d'or se sert, s'appelle la *battée*. C'est une sorte de plat en bois, évasé, dans lequel on lave le gravier supposé contenir des parcelles aurifères. Le prospecteur met la battée dans l'eau, et, la soutenant d'une main, il lui imprime un mouvement

Le *longtom*.

giratoire et broie de l'autre main les matières dont il a rempli le récipient. La terre bien délayée s'écoule, et le gravier mêlé de parcelles d'or, s'il en existe, se dépose au fond. Quelque simple que paraisse ce procédé, le maniement de la battée exige une grande expérience et une extrême habileté, sous peine de voir l'or, souvent de volume presque imperceptible, s'écouler avec la masse argileuse.

Revenons après ces courtes explications à notre placer de Surinam. Les résultats obtenus par le longtom et le sluice encourageaient les propriétaires de l'exploitation, et surpassaient en rendement ce qu'avaient produit les recherches dans les criques. Déjà l'on avait trouvé des morceaux contenant 1 kilogramme d'or ou plus, lorsqu'en repoussant du pied un bloc de quartz, sa pesanteur extraordinaire attira l'attention. On le soumit à l'action du feu pour pouvoir mieux le réduire en morceaux, et l'on ne tarda pas à constater que la majeure partie contenait de l'or pur, dont le poids pouvait atteindre de 18 à 19 kilogrammes.

Cette trouvaille a son importance au point de vue des explorations à suivre. Le ravin où ce morceau a été trouvé confine aux montagnes, qu'on croit à juste titre contenir de riches filons. Aussi a-t-on commencé à creuser des galeries qui seront sérieusement exploitées dans la saison prochaine ; on songe également à améliorer les moyens de transport. Déjà ce placer commence à se développer sérieusement et toutes les mesures sont prises pour lui assurer l'importance que les lieux paraissent mériter.

Tout propriétaire de terrain où l'on a trouvé précédemment, dans les criques, des parcelles d'or ou des pépites, a tort de ne pas pousser ses investigations plus loin. En admettant que ces parties, minuscules quelquefois, ont souvent surgi sur place par voie éruptive, il est possible que la région contienne des gisements filoniens, ou des couches quartzeuses, enfouies sous l'humus ou les agglomérations séculaires de la végétation.

En Californie et en Nouvelle-Zélande les résultats ont maintes fois confirmé cette thèse; l'observation des alluvions y a souvent servi de point de départ à la recherche des filons.

Dans la Guyane anglaise, les prospections sont de date plus récente que dans les deux autres colonies. Il n'y a qu'une douzaine d'années qu'on s'en occupe, mais depuis peu les recherches ont pris une extension considérable. Les districts où l'on a trouvé le plus d'or, et sur lesquels dans ces derniers temps le plus d'explorations ont été dirigées, sont les terres parcourues par le Puruni et le Potaro, tributaires de la rivière Essequibo. En remontant ces cours d'eau pour atteindre les placers, il faut franchir des rapides et des cataractes qui offrent un grand danger et qui déjà ont coûté la vie à beaucoup de gens.

Au début les concessions accordées par le gouvernement comprenaient jusqu'à 200 hectares; en 1887 les conditions ont été modifiées. On n'accorde plus maintenant que des concessions de 20 hectares, et une seule et même personne ne peut en obtenir que cinq différentes dans un périmètre de 5 milles.

A Surinam on commence à comprendre que l'exemple donné par Demerara est des plus logiques. En n'accordant que des concessions d'étendue limitée, le pays tend à se peupler bien plus, des centres industriels s'y forment, le petit commerce s'y établit.

La première statistique de l'or exporté remonte à 1884; la valeur n'était que de 26 000 francs. En augmentant chaque année, nous trouvons pour 1891 un chiffre de 8 millions de francs, dépassant de beaucoup les exportations des deux autres Guyanes.

Mais à Demerara, l'apathie des colonies voisines se

trouve remplacée par un esprit d'activité qui ne connaît pas d'obstacles; les Anglais, quand il s'agit de marcher en avant, ont le don de posséder cette foi robuste qui fait les apôtres. L'attention des gouvernants s'est portée vers la partie du pays où les fouilles ont donné des résultats aussi rémunérateurs, et l'on s'attend à ce que dans un avenir prochain l'industrie de l'or devienne une des meilleures ressources de la colonie.

Le développement qu'on est en train de donner aux districts de l'Essequibo et de ses affluents, la fondation de la ville de Bartica à l'endroit précis où tout le mouvement est appelé à se centraliser, les projets de chemins de fer et de nouvelles routes qui sont à l'étude prouvent suffisamment que la question intéresse au plus haut degré le pouvoir.

A Demerara, on prélève un droit de 4 fr. 65 par *ounce* d'or trouvé par les prospecteurs; il n'existe pas de droit de sortie. A Cayenne le droit d'entrée est de 5 francs le kilogramme, et l'on paye un droit de sortie de 8 pour 100 sur la valeur, ou environ 230 francs le kilogramme.

A Surinam il n'y a pas de droit d'entrée, et le droit de sortie est de 5 pour 100, ce qui fait environ 145 francs le kilogramme.

Ces droits de sortie impliquent nécessairement la visite de la douane, tant à Cayenne qu'à Surinam. Comme cependant rien n'est plus facile à cacher, il en résulte que la fraude est encore assez fréquente et qu'on ne peut se baser d'une façon positive sur les chiffres de l'exportation, qu'accusent les statistiques des deux dernières colonies.

La faune des trois Guyanes est représentée par un grand nombre de fauves, de reptiles et d'insectes; les uns plus nuisibles que les autres.

Terrains aurifères.

Parmi les premiers nous trouvons le tigre d'Amérique ou jaguar. Il n'a pas la dimension de son congénère de l'Inde, il n'attaque pas l'homme, mais il fait des hécatombes parmi le bétail et les bêtes des fermes quand il peut s'en approcher.

Dans la forêt, les cochons, les cerfs et tout ce qu'il peut attraper disparaît sous ses griffes puissantes; au bord de la mer, il surprend les tortues qui la nuit abordent la plage pour y déposer leurs œufs, les tourne sur le dos et les épluche sans briser la carapace. En dehors du tigre, il y a plusieurs sortes de chats sauvages.

Les crocodiles et les caïmans sont fréquents dans chacune des colonies; ils habitent les rivières, dont ils dévorent les poissons, et font leur sieste sur les berges ou s'enfouissent dans la vase qui baigne les palétuviers. Leur grandeur moyenne est d'un mètre à un mètre et demi; cependant dans la Guyane anglaise on en trouve d'une dimension beaucoup plus forte. Les Indiens mangent la chair du caïman, et en sont même très friands. A Cayenne on prépare avec la queue une soupe qui doit être bonne, d'après ce qu'on m'a affirmé; à mon grand regret je n'ai jamais trouvé ce potage sur mon menu.

Le paresseux, le fourmilier, le porc-épic, le sanglier, le tapir, abondent dans les grands bois, à côté de singes de toutes sortes et de toutes couleurs. Le singe hurleur fait entendre ses cris même dans la proximité des habitations; il vit d'habitude en bandes et atteint souvent la taille d'un mètre. Le singe le plus amusant, je dirais presque le plus coquet des Guyanes, est une espèce de capucin, tout petit, auquel à Cayenne on donne généralement le nom de *macaque* et qu'on appelle *kesi-kesi* à Surinam. Il est très doux et s'apprivoise facilement. Au palais du gouvernement, à Paramaribo, il y en avait deux de cette espèce, dont l'un était attaché et m'amusait beaucoup par ses gambades et ses caresses. Le second était libre et avait choisi comme domicile les grands arbres du parc; au moment du repas offert à son camarade, il ne manquait jamais d'accourir et de s'assurer de sa quote-part.

Les oiseaux sont nombreux, depuis le vautour et l'aigle, jusqu'aux infiniment petits, qu'on voit dans l'intérieur des terres et qui font un merveilleux effet au milieu de la puissante végétation. Les perroquets, et parmi eux l'ara, se rencontrent par bandes dans la solitude de la forêt; gravement perché sur une branche, le toucan, au long bec pointu, vous regarde avec la sévérité d'un maître d'école. Le secrétaire, les aigrettes, le flamant, l'ibis rouge et d'autres échassiers habitent les bords des rivières; les bécasses, les bécassines et les sarcelles se trouvent un peu partout.

L'urubus, ou oiseau-puant comme on l'appelle à Surinam, est le mangeur de charognes, le chiffonnier toujours veillant à son poste, avalant tous les détritus de la rue, et par ce fait rendant de grands services à la police urbaine, surtout dans une ville comme Cayenne, où les boîtes Poubelle n'ont pas encore été introduites.

Nous avons parlé des poissons qui peuplent les grands fleuves; consacrons quelques lignes aux serpents qui abondent dans ces pays. En règle générale, les serpents des Guyanes ne sont pas venimeux, surtout dans la Guyane hollandaise. Sur le territoire français, notamment aux bords du Maroni, il y en a de plus redoutables; parmi ceux-ci je citerai le grage et le serpent corail.

Le grage est une variété du trigonocéphale de la Martinique; il a à peu près la même dimension et la même couleur. Le serpent corail n'est pas toujours venimeux, d'après ce qu'on a voulu souvent m'affirmer, cependant je n'ai jamais consenti à adopter cette théorie que sous bénéfice d'inventaire. Dans tous les pays que j'ai visités et où l'on trouve cette catégorie de reptiles, on le considère sans exception comme un des plus dangereux qui existent.

Le serpent le plus redoutable des Guyanes est le boa, qui n'a pas de venin, mais dont la force musculaire est proverbiale. La proie qu'il enlace dans ses puissants anneaux est impitoyablement broyée, fût-ce un cerf, ou une vache, même un être humain, comme le cas s'est produit bien des fois.

On m'avait souvent donné des détails sur la longueur des boas monstres qu'abritent les grands bois, et j'avoue qu'à ce sujet je m'étais toujours montré incrédule. Un serpent de 12 à 15 mètres m'avait produit l'effet d'avoir passé par le microscope. Cependant j'ai dû me rendre à l'évidence, en mesurant moi-même la peau d'un de ces terribles reptiles, qu'on avait capturé aux bords du Maroni. J'arrivai à une longueur de 12 mètres et demi. En 1862 on a tué à la Montagne d'Argent, comme m'a raconté un témoin digne de foi, un boa qui mesurait 15 mètres.

Le serpent à sonnettes est toujours venimeux; sa queue se termine par un certain nombre d'anneaux qui ont l'apparence de la corne et s'emboîtent les uns dans les autres. Quand la bête est en colère, cette extrémité de la queue, mise en mouvement par un ébranlement nerveux, produit le bruit d'une crécelle. On prétend que cette excroissance constitue un remède contre l'asthme; le malade l'applique au-dessous de la gorge dans le creux de la poitrine.

Comme animaux bons à manger, citons le pécari, espèce de petit sanglier, dont la chair est très délicate, et l'iguane, dont le goût se rapproche plus ou moins de celui du veau. Avec ce dernier on fait un kary délicieux.

Les insectes sont légion, comme nous avons eu l'occasion de le dire. Je ne crois pas qu'il y ait un pays au monde où la création se soit complu à réunir une horde aussi variée d'animalcules malfaisants, d'insectes intolérables, qu'en Guyane. Passe encore pour le moustique, ce compagnon forcé de jour et de nuit dans toutes les terres de la zone tropicale, mais ces scarabées, ces scolopendres, cette hideuse araignée-crabe aux six pattes velues, dont la piqûre produit une fièvre violente : à quoi peuvent-elles bien servir ?

Elles sont une preuve éclatante de l'existence de Dieu, a écrit un auteur anglais, car l'homme ne les aurait jamais inventées !

Et cet immonde crapaud, qui souvent atteint la dimension d'un melon, tandis que ceux grands trois fois comme nos crapauds d'Europe n'ont rien d'extraordinaire ! Un soir j'ai vu une de ces bêtes traverser le chemin et se faufiler dans les broussailles ; il me semble que le serpent même devrait éprouver un certain scrupule à se repaître d'une proie pareille.

Un médecin avec qui je me suis trouvé en rapport a bien voulu me renseigner sur la terrible maladie de la lèpre, qui règne très peu dans la Guyane française, mais qui atteint de fortes proportions dans les deux autres colonies. Dans la Guyane anglaise on trouve à Mahaica un établissement destiné à soigner les lépreux mâles ; il y en avait 288 au 31 décembre 1891. A cinq kilomètres de distance, l'asile de Gorchum contient les femmes, dont le nombre à la même date s'élevait à 85. Malgré toutes les mesures prises par le gouvernement, il doit y en avoir plus, se cachant dans leurs familles ou dans des endroits éloignés.

Les statistiques de Surinam accusent un chiffre de 300 à 400, forcés de rester chez eux, mais en réalité le nombre des malheureux atteints de ce fléau peut être évalué au double. Un décret gouvernemental a stipulé qu'aucun lépreux ne peut se montrer dans les rues, sous peine d'être arrêté par la police, et d'être conduit devant la commission sanitaire, qui statue sur la gravité du cas. La léproserie se trouve actuellement à Batavia, commune située à l'embouchure de la rivière Coppename, où les malades vivent séparés dans des cabanes. A l'époque de mon passage, il y était question de construire un établissement plus vaste et mieux installé, sur une presqu'île du haut Surinam, située à une distance de quatre heures de Paramaribo en chaloupe à vapeur.

Dans la Guyane française il n'y a de lépreux que dans l'établissement que nous avons visité près de Mana; on n'en comptait qu'une vingtaine.

Heureusement que l'Européen peut se considérer comme à l'abri de la maladie. En vingt-cinq ans, un seul cas s'est produit dans la marine hollandaise et deux dans l'armée; parmi les civils, personne n'a jamais été atteint. Dans la Guyane anglaise on ne se souvenait d'aucun cas; par contre, sur le territoire français, une brave sœur est morte de la maladie il y a quelques années après un séjour prolongé parmi les lépreux qu'elle entourait de ses soins.

Mon voyage touche à sa fin; je n'ai plus que deux jours à passer à Demerara et j'en profite pour refaire les promenades en voiture qui m'ont le plus charmé. Du reste on ne se fatigue pas de ces parcs superbes;

où la flore nous révèle à chaque visite un décor nouveau, de ces avenues élégantes bordées d'une ceinture de verdure et de fleurs.

Le temps m'a manqué pour faire une excursion à Berbice, la partie de la Guyane anglaise qui se trouve à l'est et que le Corantyn sépare de la Guyane hollandaise. Cette province a été une des premières colonisées par les Hollandais; elle avait un gouvernement établi longtemps avant Demerara et Essequibo. Berbice obtint une constitution en 1732, c'est-à-dire sept ans avant Essequibo, et quarante et un ans avant Demerara. Bien qu'en 1785 ces deux dernières provinces eussent déjà été réunies, Berbice continua à être une colonie séparée jusqu'en 1831. Sa population est un peu moins importante que celle d'Essequibo, et forme à peu près le tiers de celle de Demerara.

Il est à remarquer que Berbice seul a conservé intact son nom indien. Lemdrare a été corrompu en Demerara, et Dessekebe en Essequibo, chaque contrée empruntant son nom à la magnifique rivière qui parcourt son territoire, et qui lui ouvre des moyens de communication jusqu'à des centaines de milles dans l'intérieur des terres.

La capitale du comté de Berbice s'appelle New Amsterdam; elle est située sur la rive gauche du fleuve et compte une population de 9 000 âmes.

Au point de vue des cultures, Berbice n'a pas progressé depuis une soixantaine d'années. En parcourant l'annuaire de la Guyane anglaise de l'année 1830, dont M. Ross me fit cadeau, je trouve pour cette année un nombre considérable de plantations de coton, de café et de sucre. L'annuaire de 1891 n'accuse qu'un nombre restreint de plantations de sucre, et quelques exploitations de peu d'importance.

La veille de mon départ j'étais invité à un concert classique où tout le beau monde de la ville devait assister. La salle était comble et la température me paraissait convenir bien mieux à l'éclosion d'une plante de serre chaude qu'à mon éducation embryonnaire en matière des chefs-d'œuvre de Liszt ou de Beethoven. La lune, qui était pleine et dont les rayons argentés pénétraient dans l'enceinte, comme pour jeter un défi à la puissance de la lumière électrique, me fascina à tel point qu'après avoir jeté un rapide coup d'œil sur les toilettes de ces dames, je me sauvai subrepticement. Il était 9 heures et le concert ne devait finir qu'à 11 ; j'avais donc deux heures pour me promener en voiture dans ce clair de lune superbe, pour jeter un dernier regard sur les environs de la capitale, éclairés par cet éclat fantastique que seul un ciel tropical peut produire.

Que les mânes de Liszt et de Mozart ne m'en fassent pas un péché ! J'aurai d'autres occasions encore dans ma vie de subir l'inspiration de leurs accords, mais ces deux heures de voiture me laisseront toujours un souvenir impérissable. J'eus soin cependant de me retrouver dans la salle à l'heure voulue pour payer mon tribut aux applaudissements de l'assistance et pour rejoindre les dames que j'étais chargé de reconduire.

Et voilà que le lendemain le *Salvador* est encore signalé, venant de Cayenne et de Paramaribo, en route pour la Martinique, où il correspond chaque mois avec le grand bateau de la Compagnie générale transatlantique, qui fait le service entre Colon, le Venezuela et Saint-Nazaire. Le bateau est plein de passagers de Cayenne pour l'Europe, mais l'obligeant capitaine Crevos a bien voulu me réserver une cabine. Je me trouve en pays de connaissance ; la plupart des voyageurs sont des personnes que je connais, des fonctionnaires partant en congé.

Nous avons vu dans ce voyage rapide à travers les trois colonies combien elles diffèrent entre elles au point de vue du développement en général, des cultures et de l'exportation, comme de l'administration. Une question se pose : quel est l'avenir de ces trois pays?

Nous croyons pouvoir affirmer que la colonie anglaise marchera toute seule dans la voie qu'elle s'est tracée depuis les quatre-vingts ans que le Royaume-Uni occupe cette terre féconde. L'Angleterre est un pays essentiellement colonisateur ; elle sait tirer parti des avantages de toutes ses possessions d'outre-mer, elle les fait fructifier et y répand le bien-être.

La Guyane hollandaise, après bien des années de malaise et de déclin, peut espérer un avenir plus favorable. Le gouvernement s'occupe de son relèvement ; les cultures s'étendent et s'améliorent. Ce qui lui manque, ce sont des bras, de meilleures communications et l'esprit confiant d'initiative qui lui fait souvent défaut dans la mère patrie. Après une longue période de prospérité, la colonie a souffert, plus que les deux autres, de l'abolition de l'esclavage ; une main-d'œuvre suffisante lui a manqué, et les riches plantations d'autrefois, tombées en décadence pour la plupart, ne se remplaceront pas facilement. Cependant la Hollande a fait ses preuves en matière de colonisation. Java, Sumatra et les Moluques sont là pour attester sa force vitale. Au gouvernement à donner un vigoureux coup d'épaule à la colonie souffrante : la confiance renaîtra, et Surinam pourra redevenir ce qu'elle a été.

En ce qui concerne la Guyane française, tout reste à faire pour la transformer en un pays qui rapporte.

Tant que l'immigration ne s'y portera pas, tant que des colons entreprenants n'attaqueront pas cette terre éminemment fertile, tant que la brousse ne sera pas convertie en cultures bien comprises, ce beau pays de la Guyane ne se développera jamais et jouira d'une mauvaise réputation, qu'il ne mérite cependant d'aucune façon.

Au surplus, faut-il le répéter, le renouvellement continuel des fonctionnaires, agissant nécessairement sans esprit de suite, est la plaie des colonies françaises.

Il se pourrait fort bien que les richesses aurifères devinssent pour les trois pays une source générale de bien-être et de prospérité. Encore faudrait-il que les Guyanes française et hollandaise s'en occupassent plus sérieusement, qu'elles missent tout en œuvre pour arracher au sol les trésors qu'il cache et que le hasard seul ne fait pas toujours découvrir. Nous avons vu, en comparant les quantités d'or exportées, à quels résultats est arrivée l'Angleterre dans l'espace de douze ans, tandis que pour les deux autres colonies, une exploitation bien plus longue n'a pu arriver qu'à des chiffres considérablement inférieurs.

Que ces deux dernières s'inspirent donc, aussi sous ce rapport, de l'exemple donné par le gouvernement britannique; que dans un avenir prochain une Bartica française et une Bartica hollandaise s'élèvent glorieuses et convertissent des placers isolés en centres d'activité, en cités florissantes! Que le souci des deux gouvernements se porte avant tout sur les communications à établir, sur les routes à construire; qu'ils provoquent par tous les moyens en leur pouvoir une immigration abondante et laborieuse : il y va de leurs intérêts, il y va de leur honneur!

CHAPITRE XI

Une mauvaise traversée. — Les ravages d'un ouragan. — Les quarantaines. — Le passage de la Boca. — La Trinidad. — Un poisson d'avril. — Jack, le singe. — Encore la *France*. — Une nuit sur une bouée. — L'acide phénique. — Concerts à bord. — Retour à Saint-Nazaire.

Le trajet de Demerara à la Trinidad est mauvais, comme toujours. Si le *Salvador* a beaucoup de passagers, il a d'autant moins de cargaison, ce qui le fait rouler encore un peu plus qu'à mon voyage d'aller. Le commandant Crevos déduit des fluctuations du baromètre qu'il fait, ou que, tout au moins, il a fait un gros temps dans les parages vers lesquels nous nous dirigeons. La mer est plus tourmentée que d'habitude, et le vent souffle avec force. La société qui vient de Cayenne voit sa table de jeu renversée et les cartes s'envoler sur le pont; les garçons et la femme de chambre ne sont plus occupés qu'à soigner des malades.

Le bateau a pris à Paramaribo un pianiste distingué, originaire de la Hollande, mais établi à Londres depuis de longues années. Ce monsieur, qui voyage avec sa femme et sa fille, a fait un voyage de plaisir à Surinam, où naguère il a passé une partie de sa jeunesse, et où il a conservé des amis. Je l'avais rencontré tant chez le gouverneur que dans différentes familles et j'avais pu apprécier son remarquable talent. A bord du *Salvador* le piano est mauvais et le mouvement perpétuel du bateau ne se prête que médiocrement au sentiment que notre passager sait mettre dans son art.

Le roulis menace de renverser le tabouret; l'artiste lui-même n'est pas sûr de son aplomb et nous promet de nous dédommager pendant le reste du voyage, car il nous accompagnera jusqu'à Saint-Nazaire.

Nous sommes partis de Demerara dans l'après-midi de mercredi; vendredi matin, à la pointe du jour nous entrons dans le passage de la Boca, route différente de celle que nous avions prise en juillet, en quittant Port-d'Espagne. Mais trois mois auparavant, en passant par la Bouche-du-Serpent, nous étions favorisés par un temps exceptionnel et la mer était calme comme un lac; aujourd'hui aucun capitaine de navire ne se risquerait dans ce détroit. En longeant les côtes accores de l'île, et en apercevant à tribord les rochers et les îlots entre lesquels nous allons nous engager, je remarque un courant effrayant. Si dans cet étroit passage il survenait à la machine un accident, même momentané, nous serions infailliblement jetés contre les sinistres obstacles qui se dressent tout autour de nous.

Voici bientôt la ville. A la Trinidad on mouille assez loin de terre, ou plutôt du quai de débarquement, à cause des bas-fonds. Au moment du mouillage, une pluie torrentielle vient nous souhaiter la bienvenue, et nous masque instantanément les rives enchanteresses de cette terre privilégiée par la nature. Mais le brouillard qui nous enveloppe soudain, ne nous empêche pas d'apercevoir, à une encablure de l'endroit où nous nous trouvons ancrés, deux petits mâts sortant de l'eau, et un chaland submergé à côté d'un stéamer. Le docteur du port, qui est monté à bord, nous donne le mot de l'énigme ; notre commandant ne s'est pas trompé en supposant qu'il s'est passé quelque chose d'insolite dans ces parages.

La veille, un ouragan a traversé l'île et y a causé des ravages considérables. Plusieurs embarcations ont été jetées à la côte, des wharves ont été détruits, des arbres déracinés, des ponts enlevés par la force des eaux. Une pluie diluvienne n'avait cessé de tomber durant des heures, et l'on avait vu des chevaux et des mules regagner leurs écuries à la nage. Dans une fabrique d'huile, la toiture tout entière s'est écroulée, et sur 230 000 noix de coco amoncelées devant les bâtiments, pas une seule n'a été retrouvée le lendemain. Elles avaient disparu avec les barils, les tonneaux et tout le matériel qui se trouvait sous les hangars. Dans certaines parties de la ville, les rues étaient transformées en lacs ; un steamer en partance n'avait pu prendre ses passagers.

Quoique la pluie tombe encore, je vais à terre et puis ainsi me rendre compte d'une partie des dégâts. Je patauge dans la boue et les flaques d'eau ; en maint endroit le sol est jonché de débris de toitures et de charpentes. Une nouvelle promenade au jardin public étant impossible, je vais rendre visite à un négociant de Port-of-Spain, qui veut bien satisfaire ma curiosité et me conduire dans un de ces *sailors' home* (hôtels de marins) qu'on trouve non seulement dans presque tous les ports de l'Angleterre, mais également dans ses colonies. L'hôtel de marins est un refuge — on pourrait dire une espèce de cercle — où le matelot revenant de voyage est admis moyennant une somme très minime. Il y est logé, il y est nourri et même soigné, en cas de maladie. Il peut y prendre son bain, y acheter des vêtements et autres objets nécessaires. Une salle spéciale est affectée à des cours et à des conférences; une autre contient une bibliothèque, une troisième sert pour la correspondance. L'établissement possède même une banque où l'hébergé peut placer ses économies.

Le premier hôtel de marins a été fondé à Londres en 1835. Aujourd'hui pas de port anglais un peu important qui n'ait le sien. L'institution des sailors' home, comme toutes les entreprises de bienfaisance de la Grande-Bretagne, est fille de la charité privée. C'est une association d'officiers de marine qui a créé de ses deniers le refuge de Londres; lord Bute, celui de Cardiff; une société d'armateurs, celui de Liverpool; différentes corporations ou quelques bienfaiteurs individuels, ceux d'autres villes. C'est tout le monde, en un mot, qui a fondé ces maisons hospitalières; leurs parrains et leurs patrons sont les personnalités les plus éminentes de la nation : la reine, les princes, des lords, des membres du Parlement, des évêques.

L'avantage de ces hôtels se laisse facilement deviner. Dans beaucoup d'autres pays le matelot, à son retour d'une navigation souvent longue, est guetté par des individus, cumulant plusieurs fonctions, qui se chargent de le débarrasser d'une forte partie de ses économies. Véritables oiseaux de proie, ces industriels qui sont à la fois logeurs, cabaretiers, placeurs — et souvent voleurs par-dessus le marché — fournissent au brave mathurin tout ce dont il a besoin; ils le logent, le nourrissent, l'habillent, lui procurent un nouvel engagement et emploient tous les trucs possibles pour le pousser à la dépense et le dépouiller.

Il serait à désirer que l'exemple donné par l'Angleterre fût suivi par toutes les nations maritimes. Dans quelques rares ports de France et de l'étranger, on trouve des établissements analogues, mais ils ne forment que l'exception et ne suffisent pas à enrayer le mal dont le marin est trop souvent victime après plusieurs mois ou même des années de campagne. Depuis peu on s'est occupé de la question à Paris; le ministre du commerce, reconnaissant l'utilité des hôtels de marins, s'en est fait le partisan convaincu. Les subventions à accorder ne seraient pas si fortes, une industrie honteuse disparaîtrait et nos bons matelots, dignes d'intérêt, béniraient la création d'asiles où leur pécule, amassé péniblement, se trouverait à l'abri d'une exploitation éhontée.

Le sailors' home qu'on me fait voir est d'une grande propreté, bien aéré et confortablement installé. J'y passe une heure, causant avec différents pensionnaires, et recueillant de toutes les bouches l'aveu de leur satisfaction et de leur contentement.

Avant de retourner à bord, j'ai une mission à remplir. Il s'agit de recueillir des détails et de me procurer, si possible, des renseignements authentiques sur un fait qui se serait passé à la Trinidad en 1890. Dans ce but, je vais rendre visite à un homme de science pour qui je suis porteur d'une lettre de recommandation.

Dans le courant de mars 1890 on aurait, suivant des articles de journaux reproduits par la presse du monde entier, tué dans l'intérieur de l'île un serpent monstre d'une longueur fabuleuse, survivant de la race éteinte des *huilliar*. L'ophidien titanesque, après avoir répandu la terreur dans l'île entière et dévoré des bêtes à cornes, même des enfants, aurait été découvert, après plusieurs chasses infructueuses, dans un marais entouré de rochers du district d'Arima. Vingt hommes à cheval, armés de carabines, délogèrent le monstre de sa retraite, et une décharge générale lui fracassa la tête.

En le mesurant, on arriva à une longueur de 15 mètres avec une grosseur de 80 centimètres. La bête se trouverait empaillée maintenant dans la salle du conseil de Port-of-Spain.

Mon interlocuteur me laisse finir tranquillement quand je lui explique le but qui m'amène, et tout en me demandant, à titre de curiosité, par quel journal j'avais appris l'histoire, il part d'un grand éclat de rire.

La coupure que je lui montre est du journal l'*Age* de Melbourne; j'exhibe en outre le fragment découpé d'une publication parisienne considérée comme des plus sérieuses et des plus scientifiques, et je nomme la personne qui m'a chargé d'obtenir des communications sur le serpent phénoménal.

« Voilà, me dit-il, comment un canard fait le tour du monde, comment des écrivains de bonne foi se laissent mystifier. Le récit du huilliar n'a été qu'un fameux poisson d'avril, publié par un des journaux locaux; l'auteur de l'article est un fonctionnaire qui, pour des motifs trop longs à développer, a voulu se venger d'un collègue, et, par suite, a été vertement réprimandé par les autorités. A la Trinidad, au bout de huit jours on ne pensait plus à l'aventure, mais l'apparition du serpent avait été signalée à Londres. Le *Times* lui-même avait parlé de ce cas extraordinaire, et de là à la reproduction du fait par nombre de journaux et de publications d'Europe, d'Amérique et de partout, il n'y avait eu qu'un pas. Des zoologues distingués, le directeur d'un musée avaient écrit pour demander des renseignements ultérieurs, et constamment encore l'histoire revenait sur le tapis. Aurai-je été le dernier en quête de détails? Cela n'est pas probable; dans tous les cas, peu de mystificateurs auront eu plus de succès de leur fumisterie. Qu'un simple journal, avide de nouvelles à sensation, publie un fait divers de ce genre, passe encore : le mal n'en est pas bien grand. Mais la leçon est dure pour des hommes de la science, à la tête de publications savantes, avalant sans contrôle un semblable poisson d'avril! »

A la Trinidad, la Santé nous avait accordé la libre pratique. Dans les colonies anglaises, les autorités sont plus imprudentes suivant les uns, moins affolées suivant les autres. Je me range du côté de ces derniers.

Ce pauvre *Salvador* avait été mis en quarantaine à Cayenne, et pourquoi? Parce qu'en Europe, notamment à Hambourg, à Anvers et au Havre, il y avait des cas assez nombreux de choléra! Le *Salvador* se borne à faire la navette entre la Martinique et la Guyane, mais à Fort-de-France, il aurait pu communiquer avec un bateau venu d'Europe : décidément c'est pousser les précautions un peu loin. Le gouverneur de Surinam, pour se dégager de toute responsabilité, ou plutôt pour être agréable à son collègue de Cayenne, avait donné des ordres pour que le steamer, au lieu de mouiller devant la ville, restât ancré devant le fort Amsterdam. A Demerara, la Santé, sur la production de la patente nette, avait donné libre pratique à tous les paquebots arrivés d'Europe ou des Antilles.

De Port-d'Espagne à Sainte-Lucie nous roulons encore d'une belle façon. Pendant que je me distrais à lire sur le pont les derniers journaux de France que j'avais reçus à Georgetown la veille de mon départ, un passager me saute sur l'épaule et me couvre de caresses. C'est Jack, le singe de l'Oyapock qui accompagne en Europe son maître, le commandant Bertaud. Jack me reconnaît parfaitement; nous avons été si bons camarades pendant notre excursion aux îles du Salut. Son domicile ordinaire est chez les matelots sur le gaillard d'avant, mais de temps en temps on lui permet une petite escapade aux premières, où on le bourre de bananes et autres friandises.

Nous ne restons que deux heures à Sainte-Lucie et n'accostons pas à quai. Le capitaine du *Salvador*, d'accord avec le médecin du bord, décide de se mettre en quarantaine lui-même. Cela pourra lui épargner des ennuis à Fort-de-France, car ainsi il n'aura pas communiqué avec l'île, déclarée suspecte à cause de ses rapports avec les paquebots venant d'Europe.

Dans la même soirée nous mouillons devant Fort-de-France. O miracle! la quarantaine ne nous est pas imposée, mais à un quart de mille au large nous apercevons le grand bateau la *France*, sur lequel nous transborderons demain, victimes de l'ostracisme des autorités martiniquaises. Et cependant nous avions eu un décès à bord, le jour même de notre arrivée : le premier de mes crocodiles avait rendu le dernier soupir.

Nous apprenons le lendemain qu'à son voyage d'aller, la *France* n'avait pu communiquer ni avec Puerto Cabello, ni avec Savanilla et Colon. Dans ces deux derniers ports on lui avait défendu de mouiller sur rade et le steamer n'avait pas même stoppé. La *France* était partie de Saint-Nazaire avec très peu de passagers, qui tous avaient été avertis que dans le cas où, à cause d'une imposition de quarantaine, ils ne pourraient être débarqués, le steamer les ramènerait en Europe, sous l'obligation toutefois de payer leur voyage de retour. C'est ainsi que deux passagers pour Colon ont dû tranquillement rester à bord et qu'ils repasseront avec nous l'océan.

En revanche, reparti de Colon avant sa date réglementaire, n'ayant pu toucher nulle part, le bateau, sauf ses deux prisonniers, n'a ni cargaison ni passagers; c'est une perte sèche pour la compagnie. Il est arrivé à la Martinique en avance de cinq jours, et sous un prétexte quelconque l'autorité sanitaire l'a mis en quarantaine.

9 octobre. — Rien ne s'oppose à ce que nous autres allions nous dégourdir les jambes dans les rues torrides de Fort-de-France. La reconstruction de la ville n'a pas beaucoup avancé depuis juillet et la savane est toujours parée de ses boutiques d'occasion. Dans l'après-midi je transborde mes bagages sur le grand paquebot, dont désormais je ne pourrai plus descendre sous aucun prétexte. Un douanier rôde autour du bord dans une petite embarcation, et dans le bassin de la Darse, sur le quai, un garde sanitaire surveille l'application du règlement. Un autre garde est posté devant la passerelle; sa fonction de sentinelle lui rapporte 5 francs par jour.

Je retrouve l'excellent commandant Ducrot qui s'est rappelé que je devais être parmi ses passagers dans ce voyage-ci, comme je lui en avais donné l'assurance en le quittant trois mois auparavant. Il a eu l'obligeance de me faire réserver une des meilleures cabines; du reste tous les passagers se trouveront à leur aise, car la place ne manque pas. Nous ne prenons ici qu'un seul créole; les autres voyageurs, sauf les deux retour de Colon, se composent des transbordés du *Salvador*.

Le départ est fixé pour 10 heures du soir. Dans la dernière chaloupe à vapeur qui se présente le long de l'échelle, j'aperçois M. Vié, le sympathique agent de la Compagnie transatlantique, qui vient remettre quelques dépêches et faire ses adieux au commandant. La conversation terminée, je descends l'échelle à mon tour pour prier M. Vié de bien vouloir remettre ma carte à un habitant de Fort-de-France, que je n'ai pas pu aller voir dans la journée.

Halte-là! nous sommes en quarantaine; il y a des règlements à observer. Il faut que cette carte, réceptacle peut-être des plus terribles microbes, reçoive au préalable une douche d'acide phénique. Il me faut remonter sur le pont, où l'on fait subir l'importante opération à mon petit carré de carton; après cet arrosage d'un parfum douteux, M. Vié est autorisé à l'accepter et à infecter sa poche. Tout sent l'acide phénique à bord, tous les papiers que nous envoyons à terre ayant dû y passer.

Enfin le bon voyage traditionnel s'est fait entendre de la bouche des occupants de la chaloupe, et la *France* se dispose à lever l'ancre. Mais il nous reste le gardien à cent sous et deux malheureux marchands d'oranges, un nègre et une négresse, qui deux jours auparavant ont trouvé le moyen d'enfreindre le règlement et de monter à bord pour écouler leur marchandise. On les avait mis sous séquestre; maintenant on les renverra avec le gardien.

Le sifflet à vapeur retentit deux, trois fois, mais on ne se dérange pas à terre pour venir chercher le garde sanitaire. Le commandant cependant ne peut pas emmener ces passagers de rencontre; il faut s'en débarrasser quand même. On descend une baleinière, qui dépose le trio sur une des bouées du port, en attendant que le lendemain on vienne le cueillir, et le déposer au lazaret.

Jolie perspective d'une nuit blanche, agrémentée peut-être de grains et de coups de vent, sur une bouée où il n'y a pas moyen à trois de s'allonger, et où il faut toujours avoir la préoccupation de l'équilibre à conserver.... Certes il y avait encore plus de confort sur le radeau de la *Méduse*!

A la Basse-Terre l'acide phénique recommence à jouer son rôle. Toutes les correspondances, les papiers du bord, les colis postaux sont désinfectés. Dans aucune colonie l'affolement ne s'est produit avec autant d'intensité qu'à la Guadeloupe ; il atteint son apogée à la Pointe-à-Pitre. L'embarcation qui accoste l'échelle porte un pavillon jaune, large comme un drap de lit ; on nous considère d'en bas comme des pestiférés, et je suis convaincu que les autorités se croient excessivement malignes.

Nous avons à bord un passager de Cayenne et une pauvre famille de la Pointe-à-Pitre, revenant du Venezuela, ruinée par l'insurrection. Ces infortunés avaient un petit commerce à la Guayra et retournent dans leur pays natal. Mais l'agent de la compagnie annonce à notre commandant qu'on ne veut pas les recevoir, pas plus que le monsieur de Cayenne. Et le commandant Ducrot, qu'en fera-t-il ? Il ne peut pas cependant déposer tout le monde sur une bouée ; il faut que les sentiments d'humanité parviennent à découvrir une issue dans ce pénible dilemme.

On discute sans trouver une solution ; je m'étonne que les prescriptions quarantenaires ne stipulent pas que le personnel suspect du bord, avant d'entrer en pourparlers avec des immaculés, doive se rincer la bouche avec une dose suffisante de phénol. En attendant, nos malheureux, penchés sur les bastingages, ressemblent à des accusés aux assises, attendant le verdict de la cour.

Enfin, il est décidé qu'une goélette viendra se ranger

à côté de la *France* et qu'elle prendra les victimes, pour les conduire au lazaret des Saintes, où elles purgeront la quarantaine obligatoire. Cette application exagérée d'une mesure sanitaire, le départ de ces pauvres gens dans de pareilles conditions, est un spectacle à la fois ridicule et navrant. Il n'y a pas ombre de maladie à bord, la *France* a quitté l'Europe le 9 septembre, elle n'a communiqué avec aucun autre bateau sur tout son parcours jusqu'aujourd'hui, 10 octobre, et dans les ports intermédiaires elle n'a pu contracter aucun germe de contamination. Le cerveau d'un profane n'arrivera jamais cependant à approfondir les mystères de bon sens qui président à l'édiction de semblables décrets.

Enfin, l'échelle est relevée; nous voici quittant la dernière escale et en route pour le vieux monde, dont nous sépare encore une distance de 3 520 milles marins, équivalant à un trajet de 6 519 kilomètres. Notre steamer est bon marcheur, et, en filant une moyenne de treize nœuds à l'heure, nous verrons le onzième jour les feux de Saint-Nazaire.

Tout le monde est content, la mer est belle, le ciel est bleu, il n'y a pas d'encombrement, pas de roulis; nous sommes comme en famille. M. C... a constaté que le piano est supérieur à celui du *Salvador* et nous fait passer des heures charmantes, en nous donnant les plus beaux morceaux de son répertoire. Le soir il y a concert, car en dehors de notre grand artiste nous possédons encore d'autres ressources musicales. Parmi les officiers de l'*Oyapock* se trouvent un bon violoniste et un chanteur qui a plusieurs cordes à son arc. M. C... nous a fascinés avec ses symphonies de Beethoven, avec les morceaux les plus classiques de Liszt et de Wagner; il a fait vibrer les touches de son instrument avec une agilité merveilleuse, mais ce que nous ne pouvons obtenir, c'est qu'il se lance dans la musique profane et qu'il nous joue des fragments d'opéra. A la fin, le maître se laisse émouvoir; peut-être dans son for intérieur a-t-il pitié de nos goûts dépravés, car il finit par accéder à nos désirs : il est inépuisable et va même jusqu'à accompagner notre chanteur dans le répertoire de Paulus et les chansons du Chat-Noir.

Le médecin du bord est photographe, il prend des groupes et nous les distribue comme souvenir. Le commandant organise des réceptions dans son coquet petit salon à côté de la passerelle, et certain jour il m'invite avec quelques autres passagers à faire le tour de la machine et de toute la partie inférieure du navire. C'est une excursion fort intéressante qui m'initie aux détails compliqués d'une foule de choses, dont on serait loin de soupçonner l'importance et le mécanisme. Quand on admire les progrès de notre civilisation moderne, et qu'on se rend compte des merveilles de la navigation actuelle, les idées se reportent involontairement sur les faibles ressources dont disposaient jadis les explorateurs hardis qui bravaient les dangers de l'océan, à la recherche de pays inconnus. Il y a juste quatre siècles — car nous écrivons le 12 octobre — que Christophe Colomb aborda le nouveau continent. Ce quatrième centenaire est l'objet de manifestations éclatantes dans les deux hémisphères en mémoire de l'humble marin qui découvrit les terres immenses qui allaient dès lors exciter la convoitise des peuples conquérants, ces terres peu habitées alors et qui aujourd'hui nourrissent au delà de 100 millions de descendants d'Européens, plus ou moins mêlés aux autochtones.

Ce même immense espace d'eau, dont les lames

phosphorescentes sont silencieusement fendues par le puissant taille-mer du pyroscaphe de notre époque, traçant son chemin exact au moyen d'inventions sur inventions que le courant des siècles a produites, a vu glisser sur ses ondes la modeste caravelle — la *Santa Maria* — qui portait l'illustre navigateur. Les innombrables sargasses qui flottent sur les vagues n'attirent guère notre attention; mais pour les marins de la *Santa Maria* elles furent tour à tour un objet de curiosité, d'espoir et de déception. Ils s'imaginèrent qu'ils se trouvaient en présence de plantes arrachées aux rivages; ils en conclurent que la terre ne pouvait plus être loin. Le découragement s'était emparé de l'équipage, mais Colomb sut inspirer la confiance, et, toujours se basant sur l'abondance de ces fucus, il ranima l'espoir qui allait en s'éteignant de jour en jour.

L'histoire nous a retracé les péripéties de sa lutte contre les éléments et contre l'insuccès que l'on commençait à redouter. Si dans ce moment-ci, tant en Amérique qu'en Europe, le souvenir du célèbre Génois est réveillé dans toutes les sphères géographiques et scientifiques, il convient à nous, passagers commodément installés sur un somptueux moyen de transport des temps modernes, d'ajouter nos hommages à notre illustre devancier, dont la persévérance, le génie et le courage ont tracé la route que nous suivons maintenant.

Nous apercevons les derniers poissons volants, nous aspirons les dernières bouffées tièdes des tropiques, la Croix du Sud disparaît et les vestons blancs sont remisés dans les malles. Jack a l'air navré; il fait pitié à voir. Une dame remplie de compassion lui a confectionné une camisole de flanelle, et dans ce costume il s'enfuit un beau jour dans la mâture. Repris et enfermé dans une cage à poules sur le pont, il reçoit beaucoup de visites et passe son temps à croquer des noix; mais souvent il a l'air de ne plus reconnaître ses meilleurs intimes. On le loge en bas à l'infirmerie; il souffrira moins du froid et servira de distraction à un soldat malade. Pauvre Jack, pourquoi, au lieu de te faire voir la France, ne t'a-t-on rendu la liberté en Guyane? Tu aurais été plus heureux au sein de ta famille, dans les grands bois, que dans l'étroit village de Bretagne où l'on va te conduire.

Les Açores dépassées, la fraîcheur s'accentue. Habitué depuis six mois à la température tropicale, il m'est bien permis de grelotter et de me couvrir d'un épais manteau de voyage pendant mes promenades sur le pont. La transition assez brusque déplaît à tout le monde; il y a moins d'entrain, et déjà on escompte l'heure de l'arrivée.

Voilà de faibles lueurs à l'horizon; un phare — Saint-Nazaire. Mon voyage est terminé.

FIN

TABLE DES MATIÈRES

PREMIÈRE PARTIE

LES ANTILLES

CHAPITRE I

Le paquebot la *France*. — De Saint-Nazaire au Venezuela. — Passagers ennuyeux et passagers aimables. — Les Açores. — La Guadeloupe. — La Martinique. — Les trigonocéphales. — Route de Saint-Pierre à Fort-de-France. — Le cyclone de 1891. — La Savane. — La Guayra. — Chemin de fer de la Guayra à Caracas.... 1

CHAPITRE II

Caracas. — En pleine révolution. — Une bombe. — Le climat, le commerce, les richesses du sol. — Les jolies femmes. — L'armée. — « *Otra Acera.* » — Les édifices publics. — Antimono. — Les promenades. — Le gouverneur de Caracas. — Retour à la Guayra. — La douane. — Puerto Cabello. — En route pour Curaçao. 38

CHAPITRE III

Curaçao. — L'entrée du port. — Son histoire. — Les hôtels. — La fameuse liqueur. — Le commerce avec le Venezuela. — Le *De Ruyter*. — Les cultures. — Voyage en goélette. — Excursion dans l'intérieur. — Les écoles. — Le *papiamente*. — Les salines. — Le phosphate de chaux. — L'île d'Aruba. — L'avenir du pays.. 66

CHAPITRE IV

Jacmel. — Les rues haïtiennes. — Les Cayes. — Les Allemands à Haïti. — Port-au-Prince. — Turgeau. — L'armée. — Une revue. — La chambre des députés. — La police. — Les habitants. — Le Vaudoux. — Fertilité et incurie. — La race nègre. — Promenades à cheval. — Saint-Marc. — Les requins. — Gonaives.................................. 103

CHAPITRE V

Le Cap Haïtien. — Son luxe passé. — Le 14 juillet. — Porto Plata. — La timbromanie. — Puerto Rico. — Saint-Thomas. — Son déclin. — Le charbon. — Encore les négresses. — Retour à la Guadeloupe. — Le Camp Jacob. — Température d'Europe. — En route pour Cayenne. — Le *Salvador.* — Sainte-Lucie. — La Trinidad. Splendide végétation tropicale. — Un lac d'asphalte. — De la Trinidad à Cayenne.................................. 131

DEUXIÈME PARTIE

LES TROIS GUYANES

CHAPITRE VI

Arrivée à Cayenne. — Visite au gouverneur. — La ville et les environs. — La conduite d'eau du Rorota. — Le pénitencier. — Kourou. — Les îles du Salut. — Condamnés de marque. — Départ pour le Maroni. — Saint-Laurent. — Saint-Jean. — Transportés, récidivistes et femmes reléguées. — Les évasions. — Promenade en forêt. — Albina. — Les Hattes.................. 167

CHAPITRE VII

Les territoires contestés. — Les bois de la Guyane. — Le nouveau chantier. — La Forestière. — La main-d'œuvre pénale. — Mana. — Une réception enthousiaste. — Un banquet officiel. — Tour de l'île de Cayenne. — Le Mahury. — Roura. — Le tribunal maritime spécial.

— La rivière Surinam. — Paramaribo. — Le palais du gouvernement. — Les cultures. — Les coulis hindous. — Une fabrique de sucre. — Les écoles............ 206

CHAPITRE VIII

Les races de la Guyane. — Encore des écoles. — Les environs de Paramaribo. — Promenades sur les grands fleuves. — Les Frères Moraves. — Évadés de Cayenne. — Excursion au Para. — Villages de nègres. — Les pirogues. — Retour dangereux. — Plantations de cacao. — Les insectes nuisibles. — Nickerie.......... 242

CHAPITRE IX

Demerara. — Le confort de l'Europe. — Les édifices publics. — Le musée. — Mes caïmans. — Le jardin botanique. — Les noirs et les blancs. — Les routes. — Mahaica. — Le climat des trois Guyanes. — Le cocktail. — La vie de famille. — Les congés de fonctionnaires. — Histoire des Guyanes............................. 277

CHAPITRE X

L'Essequibo. — Bartica. — Le Massaruni et le Cuyuni. — Le pénitencier. — Les plantations de la Guyane anglaise. — Statistique de productions. — Le *balata*. — Les chercheurs d'or et les placers. — La faune des trois pays. — Les serpents boas. — Berbice. — L'avenir des trois colonies................................ 313

CHAPITRE XI

Une mauvaise traversée. — Les ravages d'un ouragan. — Les quarantaines. — Le passage de la Boca. — La Trinidad. — Un poisson d'avril. — Jack, le singe. — Encore la *France*. — Une nuit sur une bouée. — L'acide phénique. — Concerts à bord. — Retour à Saint-Nazaire. 349

www.ingramcontent.com/pod-product-compliance
Lightning Source LLC
Chambersburg PA
CBHW050302170426
43202CB00011B/1786